国民政府
粮食问题研究：

1937-1945

陈雷 等著

中国社会科学出版社

图书在版编目(CIP)数据

国民政府粮食问题研究：1937-1945／陈雷等著．—北京：中国社会科学出版社，2019.4
ISBN 978-7-5203-4047-2

Ⅰ.①国… Ⅱ.①陈… Ⅲ.①国民政府—粮食问题—研究—1937-1945 Ⅳ.①F329.06

中国版本图书馆 CIP 数据核字(2019)第 027200 号

出版人	赵剑英
责任编辑	刘 艳
责任校对	陈 晨
责任印制	戴 宽

出 版	中国社会科学出版社
社 址	北京鼓楼西大街甲 158 号
邮 编	100720
网 址	http://www.csspw.cn
发行部	010-84083685
门市部	010-84029450
经 销	新华书店及其他书店

印 刷	北京明恒达印务有限公司
装 订	廊坊市广阳区广增装订厂
版 次	2019 年 4 月第 1 版
印 次	2019 年 4 月第 1 次印刷

开 本	710×1000 1/16
印 张	16.25
插 页	2
字 数	215 千字
定 价	69.00 元

凡购买中国社会科学出版社图书，如有质量问题请与本社营销中心联系调换
电话：010-84083683
版权所有　侵权必究

目 录

前言 ……………………………………………………………（1）

第一章　粮食与粮食问题 …………………………………（1）
　一　抗战时期关于粮食问题的讨论 ………………………（3）
　二　抗战时期关于田赋征实的讨论 ………………………（19）

第二章　战时国民政府粮食政策措施与管理成效 ………（34）
　一　抗战时期粮食危机与国民政府应对 …………………（37）
　二　抗战时期国民政府农业推广 …………………………（52）
　三　抗战时期国民政府粮食增产 …………………………（66）
　四　抗战时期国民政府粮食管理成效与评价 ……………（77）

第三章　战时各地解决粮食问题实践与成效 ……………（101）
　一　抗战时期云南的田赋征实 ……………………………（103）
　二　抗战时期湖南的田赋征实 ……………………………（116）
　三　抗战时期安徽国统区的粮食管理 ……………………（128）
　四　抗战时期陕西国统区粮食仓储管理 …………………（146）
　五　抗战时期重庆粮价管制 ………………………………（160）

六　抗战时期四川农业推广 …………………………（174）

第四章　战时粮政管理人物与粮政机构 …………………（185）
　　一　卢作孚与全国粮食管理局 ……………………（190）
　　二　穆藕初与农产促进委员会 ……………………（201）
　　三　徐堪与粮食部 …………………………………（215）

结语 ………………………………………………………（226）

主要参考文献 ……………………………………………（231）

后记 ………………………………………………………（240）

前　　言

本书所考察的"抗战时期国民政府粮食问题"，主要是指在抗日战争的环境中国统区所产生的一系列粮食问题，如粮价高涨、粮食供应困难、粮食危机等。这些问题如果不能很好地解决或进行妥善的应对，不仅会冲击国民党的统治基础，甚至会影响抗战大局。为了坚持抗战和稳固国民党统治，国民政府必须妥善应对和处理所面临的粮食问题。为此，国民政府根据抗战需要适时出台了一系列加强粮食管理、巩固粮食基础、强化粮食供应、限制粮价等政策措施，以图解决粮食困难，渡过粮食危机，坚持抗战。基于此，本书所研究的内容主要包括四部分：一是粮食与粮食问题；二是战时国民政府粮食政策措施与管理成效；三是战时各地解决粮食问题实践与成效；四是战时粮政管理人物与粮政机构。在此基础上，对抗战时期国民政府粮食问题进行全面考察和分析，总结其经验和教训，并给予一个较为客观、公正、全面的评价。

一　研究意义

粮食问题是抗战时期国民政府面临的重要问题之一，加强粮食管理和统制，解决战时军粮民食是国民政府坚持抗战的基础，也是国民政府主要经济战略措施之一。通过本书研究，可以对抗战时期国民政府粮食问题有一个全面、系统的了解和认识，在此基础上对国民政府战时粮食政策和粮食管理、储运、供应等有一个客观、公正的评价，进而分析其利弊得失，总结其经验和教训。

在我国当前经济发展过程中，粮食问题与粮食安全愈来愈突出，成为经济能否持续、稳定、快速发展的关键。"无粮不稳"，农业是国民经济的基础，加强农业生产，促进粮食增产，强化粮食管理和调配，对于应对经济下滑、经济衰退的冲击和影响，保障国家的安全和社会的稳定至关重要。因此，本书所研究的抗战时期国民政府粮食问题具有重要的历史借鉴意义，有着重要的理论和现实指导意义，对于当前时期我国的粮食管理有着重要的参考价值。

二　学术前史

抗日战争时期，国统区、根据地和沦陷区都面临着十分紧迫的军需民食问题，粮食问题是关系战争各方成败的重要经济因素之一。近年来，随着相关史料的进一步发掘、整理及学者们研究视野的开阔，这一领域研究取得显著进展。这不仅表现在研究领域的延伸和一些具体问题研究的深入，而且评价也更趋客观与公允。虽然如此，但是研究中仍存在不足之处。

我们知道，粮食对于国计民生的重要性不言而喻。中国人口众多，自古以农为本，粮食安全关系到统治稳定。粮食安全是一个现实问题，也是一个历史问题。抗日战争的研究一直是史学界研究的一个重要课题，长期以来，学者们对这一时期日本侵华罪行的揭露和中国的政治、经济、军事、社会生活、外交及其援助等领域展开广泛探讨，也取得了一系列的成果。单就经济方面而言，经济政策、经济组织、农村经济、交通建设、西北开发和金融、外债等均有学者涉及。与此同时，粮食问题研究也在迅速展开，下面就近年来的研究状况作一整体评述。

前　言

（一）粮食危机相关问题研究

近代以来，中国粮食危机频发，学者对于粮食危机的考察，或探析危机原因，或梳理应对措施。关于粮食危机的研究，有不少学者撰文。如清光绪三十二年（1906年）夏秋之际，江皖地区发生严重的洪涝灾害，粮价飞涨，饥荒日重。王丽娜认为这次粮食危机的形成，"不仅仅是水灾破坏所引起的，它与当时的粮食市场、粮食政策都有着莫大的关系，江皖地区所暗藏的粮食生产与供应的矛盾、备荒能力严重下降的事实也在水患中凸显了出来"[①]。同类文章还有张强的《太平天国粮食危机原因考论》[②]、苏宏的《民国初年城市粮食危机的原因》[③]、韩志浩的《粮食危机与明清以来东海北部带鱼捕捞》[④]等。柳武则对中国近代粮食生产衰落的原因进行了探讨，认为农业科学技术的停滞和落后是近代中国粮食生产衰落的根本原因。[⑤]

抗战时期，粮食危机更加凸显，粮食是坚持抗战的重要战略物资，但由于战争的影响，国统区、根据地均出现粮食危机。罗玉明通过对1940—1941年国统区一场规模空前的粮食危机的阐述，认为"粮食危机的出现原因主要是由于国统区粮食产量的大量减产、生产成本和销售成本的增加、通货膨胀和投机者囤积居奇所致"[⑥]。齐春风、姜洪峰认为日本策动国统区与沦陷区之间的粮食走私活动也是造成国统区粮荒局面的一个原因，日本此举不仅给国统区带来严重的社会问题，还借机达到了一定的政治目的。[⑦]张鹤认为国民政府在抗战爆发后没有立即对粮

[①] 王丽娜：《光绪三十二年江皖水灾与粮食危机研究》，《中州学刊》2010年第5期。
[②] 张强：《太平天国粮食危机原因考论》，《龙岩师专学报》2001年第2期。
[③] 苏宏：《民国初年城市粮食危机的原因》，《巢湖学院学报》2005年第6期。
[④] 韩志浩：《粮食危机与明清以来东海北部带鱼捕捞》，《科学与管理》2012年第1期。
[⑤] 柳武：《中国近代粮食生产衰落原因分析》，《科学对社会的影响》2004年第2期。
[⑥] 罗玉明：《抗日战争时期国统区的粮食危机及其原因》，《安徽史学》2008年第1期。
[⑦] 齐春风、姜洪峰：《抗战时期国统区与沦陷区间的粮食走私活动》，《中国农史》2003年第4期。

食进行有效管理，使得国统区后方特别是四川省出现严重的粮食问题，而在这一过程中不法商人和官员不顾民族危亡，囤积居奇粮食，大发国难财，使粮食问题更为严峻，并成为粮食危机出现的重要因素。[①] 罗玉明还指出"粮食危机的出现，极大地影响了国统区人民的生活及军队的粮食供应，对抗战前途产生了不利的影响"。[②]

王海龙对陕甘宁边区粮食危机及其成因则有所考察，认为是多种因素综合作用的结果。中国共产党和陕甘宁边区政府针对粮食危机采取的相关措施得到积极贯彻落实，收到明显效果，基本上完成预定目标，顺利渡过了危机。[③] 邢永光则以晋冀鲁豫边区为考察中心，认为日伪军对根据地的抢掠、自然灾害发生、军队扩大与沦陷区灾民涌入，是该根据地发生粮食危机的原因。面对严重的粮食危机，边区政府采取了积极有效的措施，如加强粮食生产；与日伪作坚决的粮食斗争；扩大粮食征收的范围，建立了合理负担政策下的救国公粮制度；针对人员增加，边区政府采取精兵简政的政策；作好边区内外及内部的粮食调剂工作；并且适时采取生产节约运动等。有效的粮食安全工作，挫败日伪军对根据地的掠夺，战胜严重的自然灾害，更为抗日战争的胜利奠定经济基础。[④]

（二）粮食生产与增产问题研究

抗战时期，国民政府为解决粮食匮乏问题，增加粮食生产，以应战争之需，在大后方开展了一场声势浩大的粮食增产运动。郑起东从

[①] 张鹤：《1939—1942年四川省粮食囤积居奇及国民政府的处理措施》，硕士学位论文，吉林大学，2007年。
[②] 罗玉明：《抗日战争期间国统区的粮食危机及其影响》，《江西社会科学》2007年第5期。
[③] 王海龙：《抗战时期陕甘宁边区的粮食危机及其成因探析》，《黑龙江史志》2009年第2期；王海龙：《抗日战争时期陕甘宁边区的粮食危机及其解决》，硕士学位论文，兰州大学，2009年。
[④] 邢永光：《抗战时期晋冀鲁豫边区的粮食安全》，硕士学位论文，河南大学，2010年。

国民政府角度出发，指出抗战时期大后方的农业改良，对夺取抗日战争的最后胜利具有重大意义。① 李圣菊则专注后方粮食品种的改良与推广，认为国民政府在这方面卓有成效，成绩显著，作用巨大，影响深远。② 李圣菊还以湖南为例论证观点，认为湖南积极开展粮食品种的改良与推广工作，"大幅度增加了湖南粮食的单位面积产量与总产量，为抗战提供了大量的军民用粮，同时也增强了国统区粮食管理的宏观调控能力，为坚持抗战做出了重大贡献"③。李俊以四川省为例，探讨了四川农业改进所对该省粮食作物的改良活动。④ 李俊还认为四川采取扩大种植面积和增加单位面积产量两大措施，扩大粮食作物栽培面积，增加各种粮食作物产量，粮食总产量增长迅速，粮食生产总体上获得了较大发展。但同时指出粮食作物单位面积产量并未获得提高，与战前相比较，甚至反而有所降低。⑤ 庄可荣指出宁夏利用有利条件，促使粮食稳步增长。⑥

陈雷认为国民政府进行战时农业推广，"在一定程度上改善了后方地区的农业生产条件，促进了农业生产力的增长，使后方各省的农业生产取得了一定的发展，基本上满足了抗日战争的需要，确保了大后方人民生活的基本稳定，为中国坚持八年抗战并最终取得胜利奠定了一定的物质基础，具有重要意义"⑦。郭从杰通过考察认为，安徽

---

① 郑起东：《抗战时期大后方的农业改良》，《古今农业》2006年第1期。
② 李圣菊：《抗日战争时期后方粮食品种的改良与推广》，硕士学位论文，湘潭大学，2008年。
③ 李圣菊：《论抗战时期湖南粮食品种的改良与推广》，《华南农业大学学报》（社会科学版）2007年第2期。
④ 李俊：《抗战时期四川省农业改进所对川省粮食作物之改良述略》，《天府新论》2006年第S2期。
⑤ 李俊：《抗战时期大后方粮食增产措施及其成效分析——以四川为例》，《求索》2011年第5期。
⑥ 庄可荣：《1931—1945年宁夏粮食生产稳步增长的原因探析》，《宁夏社会科学》2009年第5期。
⑦ 陈雷：《抗战时期国民政府的农业推广政策》，《阜阳师范学院学报》（社会科学版）2009年第3期。

战时设立省粮食增产督导团、省农业改进所等机构，颁布相关政策，制订推广计划，推进了战时农业的增产，成绩斐然。这些措施贯彻了抗战必胜、建国必成的纲领，配合了前方军事力量的持久抗战。①

牛建立则对晋察冀边区粮食增产开展研究，认为晋察冀边区政府制定农田水利建设条例和暂行办法，调动广大农民积极投身农田水利工程建设和管理，取得了显著成就，促进了边区农业发展和粮食增产，为抗战胜利奠定了物质基础。②

此外，对民国时期粮食生产方面的研究成果还有：朱汉国分析了民国时期河北省种植的主要粮食作物比重变化，认为该省北部地区的粮食作物种植与农家食粮的关联度较高，北部农家的食粮基本依赖于其所种植的农作物；南部和东部地区的粮食作物种植与农家食粮的关联度较低。③王莉、耿占军盘点了民国时期甘肃省镇原县粮食作物种类和种植规模，认为"粮食作物的种类及其耕作规模的变化发展，是自然因素和社会因素综合作用的结果，其中自然因素所占的比重要稍大一些"。④于春英、张立彬则对东北地区粮食种植结构与布局作了动态性考察。⑤张兴吉则对民国时期海南岛粮食生产状况作了探究。⑥

（三）粮食统制研究

中日战争对于经济实力相对贫弱的中国来说，若想取得胜利，采

---

① 郭丛杰：《抗战时期安徽的农业推广》，《淮北煤炭师范学院学报》（哲学社会科学版）2010年第3期。

② 牛建立：《抗战时期晋察冀边区的农田水利建设》，《许昌学院学报》2012年第3期。

③ 朱汉国：《关于民国时期河北省粮食作物种植与农家食粮的考察》，《史学月刊》2012年第2期。

④ 王莉、耿占军：《民国时期甘肃省镇原县粮食作物种类和种植规模研究》，《唐都学刊》2011年第5期。

⑤ 于春英、张立彬：《清末民国时期东北地区粮食种植结构与布局的变迁》，《历史教学》（下半月刊）2010年第2期；于春英：《伪满时期东北地区粮食生产变迁的研究》，《中国农史》2009年第3期。

⑥ 张兴吉：《民国时期海南岛粮食生产状况研究》，《海南师范大学学报》（社会科学版）2012年第1期。

前 言

取非常措施集中全国物资以维持抗战,是国民政府的必然选择。而统制经济是国民政府随着抗日战争的全面展开而逐步确立和实施的一种战时经济体制,其最高目标是为战争服务。从战争的角度衡量,它是必需和必要的,是抗日战争环境下的特定产物,在维持战时生产,最大限度保障军需民用,支持抗日战争方面发挥了重要作用。[1]

粮食统制是统制经济的一部分,陈雷、罗玉明等都对粮食统制政策予以肯定。陈雷认为粮食统制是为保障军粮民食供应,其措施主要包括田赋征实、军公民粮定量供应和限制粮价等。[2]而罗玉明、李勇则认为粮食统制是国民政府为应对粮食危机而被迫采取的政策,同时也更详细指出措施,"加强战时粮食管理,实行以田赋征实、征借、征购为核心的统购政策,实行军粮、公粮统一供应的统供政策,实行粮食平价公卖、调剂有无的统销政策,并严厉打击囤积居奇"[3]。

近十年来,不少学者从某一省入手,如广东[4]、广西[5]、四川[6]、江西[7]、陕西[8]、湖北[9]等,探讨各省国统区粮食统制管理中的某几个

---

[1] 陈雷、戴建兵:《统制经济与抗日战争》,《抗日战争研究》2007年第2期;陈雷:《国民政府战时统制经济研究》,博士学位论文,河北师范大学,2008年。

[2] 陈雷:《抗战时期国民政府的粮食统制》,《抗日战争研究》2010年第1期。

[3] 罗玉明、李勇:《抗战时期国民政府的粮食统制政策述论》,《湘潭大学学报》(哲学社会科学版)2010年第2期。

[4] 霍新宾:《抗战前夕广东的粮食市场及其管理》,《广东史志》2002年第4期;霍新宾:《市场机制与政府行为——抗战时期广东国统区粮食市场管理的个案考察》,《抗日战争研究》2004年第2期。

[5] 陈炜、侯宣杰:《略论抗日战争时期的广西粮政》,《古今农业》2005年第2期;陈炜、秦彬:《抗日战争时期广西的粮食经济政策》,《柳州师专学报》2007年第3期。

[6] 汤梓军:《抗战时期四川粮食动员研究》,《求索》2005年第10期。

[7] 邬琴兰:《抗战时期江西国统区粮食管理探析》,硕士学位论文,江西师范大学,2005年;杨吉安、邬琴兰:《政府主导与市场调节的互动:抗战后期江西粮食管理机制研究》,《江西师范大学学报》(哲学社会科学版)2009年第4期。

[8] 王茜:《论抗战时期陕西国统区的粮食管理政策》,硕士学位论文,四川师范大学,2010年。

[9] 谢路明:《论抗战时期湖北省国统区的粮食管理述评》,硕士学位论文,华中师范大学,2011年。

环节，分析利弊。当然，也有学者着重某一环节的研究，以下就具体环节的研究分专题进行简要概述。

（1）粮食征收。田赋征实是抗战时期国民政府对田赋制度的重大变革，即将田赋收归中央并改征实物。田赋征实是史学界长期以来最为关注的粮食问题，成果也最为丰硕。近十年来，田赋征实依然为学者所关注，如于成安[1]、陈炜[2]等关于某一省田赋征实的探讨，李铁强[3]、冯敏[4]、潘红石[5]、陈国庆[6]等从政府角度分析该制度。

郝银侠对抗战时期国民政府田赋征实制度进行了系统研究[7]，她从国民政府角度考虑，认为田赋征实是抗战时期特殊环境下的历史产物，是当时环境中解决财政经济粮食困境的必然选择。"从机构的相对完善性、实践成效的显著性、粮食供应的相对畅通性等方面观察，田赋征实是国民政府在抗战时期实施的一项最有成效的制度，它以及相关的征购征借，成为抗战中后期国民政府财政收入的中坚，也是支持中后期抗战最有力的保障之一。"[8] 不过，郝银侠指出了田赋征实实施过程中存在的多种利益关系。[9] 更进一步，郝银侠还专文着重探

---

[1] 于成安：《福建抗战时期田赋征实始末》，《福建党史月刊》2005年第5期。
[2] 陈炜：《略论抗战时期广西的田赋征实》，《广西地方志》2007年第2期。
[3] 李铁强：《抗战时期国民政府田赋征实政策再认识》，《中国社会科学院研究生院学报》2004年第3期。
[4] 冯敏：《抗战时期国民政府田赋征实政策探讨》，硕士学位论文，郑州大学，2007年。
[5] 潘红石：《试析抗战时期国民政府田赋征实之弊端》，《邵阳学院学报》（社会科学版）2008年第1期。
[6] 陈国庆：《试析抗战时期国民政府田赋征实政策》，《历史教学问题》2009年第3期。
[7] 郝银侠：《抗战时期国民政府田赋征实制度之研究》，博士学位论文，华中师范大学，2008年。
[8] 郝银侠：《新视角：国民政府田赋征实制度之再探讨》，《民国档案》2011年第2期。
[9] 郝银侠：《抗战时期国民政府田赋征实中的利益集团关系》，《南京师大学报》（社会科学版）2009年第6期。

讨了该制度的弊失,比较全面地认识国民政府和抗日战争。① 并对国民政府实施田赋征实制度原因进行了进一步探讨和梳理。②

此外,郝银侠所著《社会变动中的制度变迁:抗战时期国民政府粮政研究》一书"运用政治制度史、经济学、博弈论等方法,以抗战大环境为背景,以粮政中各个子政策、子制度的演变为主线,通过对政策与制度运作全方位之梳理与分析,全面系统地揭示了抗战时期国民政府粮政的变迁过程,粮政实施中各个利益集团之间的博弈,进而揭示出粮政的作用以及这种变迁对国民政府各个方面之影响,尤其是对国民党政权、抗战大局的影响"。"是近年来第一部研究抗战时期国民政府粮政的专著。"③ 该书的出版,对抗战时期国民政府和抗战史研究具有一定参考价值。

近年来,学术界对田赋征实的研究不断向纵深发展和延伸,对国统区各省各地区田赋征实的研究越来越多,出现了一批研究成果。如曹风雷对河南省④、黄均霞和胡忆红对湖南省⑤、范松对贵州省⑥、李丽杰和蓝勇对西康省⑦的田赋征实问题进行了考察和探讨,进一步加深了对这一政策在各地实施情况的了解,丰富了其内涵和实施细节及其过程。

除单纯的田赋征实研究之外,一些学者还对与田赋征实制度有关

---

① 郝银侠:《抗战时期国民政府粮政研究——田赋征实弊失分析》,《历史档案》2010年第2期。
② 郝银侠:《抗战时期国民政府实施田赋征实制度原因探析》,《齐齐哈尔大学学报》(哲学社会科学版)2013年第5期。
③ 郝银侠:《社会变动中的制度变迁:抗战时期国民政府粮政研究》,中国社会科学出版社2013年版。
④ 曹风雷:《抗战时期河南的田赋征实探析》,《连云港职业技术学院学报》2016年第1期。
⑤ 黄均霞、胡忆红:《抗战时期湖南田赋征实述论》,《当代教育理论与实践》2013年第3期。
⑥ 范松:《浅析抗战时期的贵州田赋征实》,《贵州文史丛刊》2015年第3期。
⑦ 李丽杰、蓝勇:《抗战时期西康省田赋征实仓建设》,《历史教学》2015年第2期。

的地方制度①、经济法律制度②等问题进行了考察,并提出了自己的见解和看法。另外,汤水清等以湖南省和第九战区为例,论述了国民政府建立的从中央到地方、从行政机构到军事组织一整套的运作系统行之有效,妥善解决了军粮供给问题。③ 陈善本也有同样结论。不过,陈善本以安徽地区为例,探析军粮征收手段以及征收过程中的不良现象,指出军粮在田赋的征收率低,严重削弱其应有功效。④ 张燕萍则是分前期和中后期两段论述了国民政府军粮供应的手段和绩效。⑤

（2）粮食储运。国民政府在实行田赋征实之后,为了保证粮食的完好无损并及时供应军需民用,颁布了一系列粮食法规和政策来解决粮食储运问题,也进行了一些仓储运输建设。谭刚比较了抗战时期国民政府在四川的粮食储运政策实施过程的三个阶段,认为四川粮食储运产生了一些积极作用,一定程度上达到了支撑抗战的目的,但政府粮政腐败、决策失误等原因又限制了粮食储运作用的发挥。⑥ 潘红石分别论述了湖南在粮食仓储和运输两个方面的强化措施,认为湖南粮食仓储管理为支持全国抗战做出了较大贡献,但也存有缺陷。⑦

罗玉明、李勇探讨国民政府的仓储措施,对粮仓调查、仓址选择、仓库设计和施工、仓库验收、粮食入仓、保管、粮食出仓等方面均一一论述,认为"这不仅保证了粮食的及时入仓贮藏,减少了粮食因霉烂变质、虫蛀鼠噬而造成的损失,而且对于抑制粮食价格的持续

---

① 袁也:《论抗战时期的湘政建设与湖南田赋征实》,《学理论》2015年第12期。
② 丁新正:《"田赋征实"经济法律制度在陪都、四川地区的实施及效果分析》,《南阳师范学院学报》2014年第10期。
③ 汤水清、罗玉明、温波:《抗战时期国民党军队的粮食供给——以湖南省和第九战区为例》,《军事历史研究》2004年第3期。
④ 陈善本:《抗战时期国统区军粮的征购》,《乐山师范学院学报》2011年第4期。
⑤ 张燕萍:《抗战时期国民政府军粮供应评析》,《江苏社会科学》2007年第4期。
⑥ 谭刚:《抗战时期的四川粮食储运》,硕士学位论文,四川师范大学,2002年。
⑦ 潘红石:《抗战时期湖南粮食储运之研究》,硕士学位论文,湖南师范大学,2008年。

前言

上涨、保证军需民食的供应起了积极作用"。①

（3）粮食配给。国民政府还对全国军公民粮实行定量供应和配给，对军粮供应予以优先配拨、对军公教人员实行免费定量配给制、价拨征实余粮供应市场以调剂民食。陈雷认为，"这一战时特殊粮食统制措施的实施，保障了抗战后期军粮民食的供应，稳定了后方社会秩序，成效较为明显，为坚持抗战做出了一定贡献"②。

对于根据地的粮食问题，近年来也有研究。赵平试图对抗战时期陕甘宁边区政府粮食工作的全貌进行剖析，主要论及边区粮食问题产生的原因，粮食工作的制约因素，边区政府粮食工作的思路以及对边区政府粮食工作的绩效评析。③

根据地为适应敌后游击战争的特殊需要，也改变思路，创设了一整套不同于传统完粮纳税形式的救国公粮制度，包括统一累进的征收原则、藏粮于民的储存办法、凭票领粮的支取方式。李淑蘋通过对晋察冀边区政府救国公粮制度的考察，认为该制度的制定与实施，不仅改善了晋察冀抗日根据地的财政状况，保证了晋察冀抗日部队和政府机关的粮食供给，而且还为其他敌后根据地解决粮食问题树立了典范，成为中国共产党领导的抗日根据地坚持持久抗战的重要的物质保障。④ 刘腾则专注于陕甘宁边区政府救国公粮征收过程中统一战线的研究。⑤ 值得一提的是，有学者对国共两党的粮政进行比较研究。史会来、连永新认为国共两党粮政殊途同归，均有效果。⑥ 郝银侠认为，

---

① 罗玉明、李勇：《抗日战争时期国民党粮食仓储制度述论》，《怀化学院学报》2008年第10期。
② 陈雷：《试论抗战时期国民政府的粮食供应和配给》，《安徽史学》2010年第6期。
③ 赵平：《抗战时期陕甘宁边区政府粮食工作研究》，硕士学位论文，西北大学，2008年。
④ 李淑蘋：《试论晋察冀抗日根据地的救国公粮制度》，《晋阳学刊》2007年第2期。
⑤ 刘腾：《抗日战争时期陕甘宁边区征收救国公粮中的统一战线研究》，《江苏省社会主义学院学报》2010年第1期；刘腾：《抗战时期陕甘宁边区征收救国公粮中的统战工作》，《中共山西省委党校学报》2010年第1期。
⑥ 史会来、连永新：《抗战时期国共两党粮政之异同》，《学术交流》2004年第2期。

国共两党粮政差异性主要表现在政策内容、主体负担对象和实施效果三个方面。从双方粮政各方面观察，共产党优于国民党，而粮政成败关乎到政党命运。[①]

至于沦陷区的粮食问题，也有学者涉及。周德华综合吴江市档案馆馆藏档案及其他有关文献资料撰文揭露日军在吴江地区掠夺米粮的罪行，"日军始而将田赋中之绝大多数充作军粮，继而低价压级强制收购稻米，最后甚至派军警宪特下乡抢粮，致使农民工人城乡百姓食不果腹，遍受饥饿之苦。'清乡'期间，日伪当局在加紧掠夺、无情榨取的同时，还实施粮食禁运和'缉私'，切断抗日部队的粮源"[②]。华中沦陷区也被关注。"米统会"是在日伪原有的粮食统制政策日益陷入困境，日本被迫实行"对华新政策"的背景下产生的，它是一个完全受日伪控制的半官方商业经济组织。张根福认为，"米统会"为实施粮食统制而采取多种超经济的强制手段，给华中沦陷区民众带来深重的灾难。[③] 张劲通过具体分析日伪在华中的粮食掠夺并推行的"计口授粮"制度，展示日伪统治给华中人民日常生活带来的苦难，说明其政策不仅破坏中国社会经济的正常发展，并且已经危及城乡广大民众基本生存的条件，因此必然遭到中国人民的反抗而破产。[④]

（四）目前粮食问题研究的不足和存在的问题

抗战时期粮食问题研究虽然取得一些成果，但仍存在一些不足，需要学术界进一步加强研究。

首先，由于中国本身特殊的国情和抗日战争环境的影响，战时的

[①] 郝银侠：《抗战时期国共两党粮政之差异性研究》，《求索》2011年第5期。
[②] 周德华：《沦陷时期日军对吴江的粮食掠夺》，《抗日战争研究》2002年第3期。
[③] 张根福：《"米统会"与汪伪粮食统制》，《浙江师范大学学报》（社会科学版）2002年第6期。
[④] 张劲：《殖民统治的恶果：日伪在华中的"计口授粮"》，《同济大学学报》（社会科学版）2007年第4期。

中国分为国统区、根据地、沦陷区。即使在同一政权的控制下，不同地区经济情况也是具有很大差异性的。而学者对于这种区域差异性应该更加注意，才能更准确地把握战时经济。而近十年来的研究成果显示，有些研究成果存在根据某一省的研究结论去推而广之，甚至上升到全国高度。当然，这会导致最终的评价不够客观完整。

其次，缺乏细致化研究，有些方面还存在研究的空白，冷热不均现象依然较为突出。从政权层次上讲，研究成果多偏重于对国民政府的研究，对于根据地和沦陷区的研究则显得过于薄弱。单纯就国民政府而言，粮食征收，尤其是田赋征实一直是研究的重点，而关于粮食征收之后的仓储、运输、供应和配给的文章则成果甚少，而就这些问题的个案研究更是尚无专文论及。

最后，专门性研究著作缺乏。粮食关系国计民生，粮政又在一定程度上反映一个时期的政治、经济状况，尽管当前粮食安全的概念发生了变化，粮食对人类的生存发展，对各国社会的稳定、经济的繁荣仍然具有不可小觑的意义，世界粮食市场的紧张状况使发展粮食生产、保障粮食安全仍然是各国政府面临的十分迫切的问题。抗战时期粮食问题的解决思路为我们提供了有益借鉴。近十年来，不少硕士论文、博士论文选题开始着眼于这一领域，但尚未见到整体性的专著。

总的说来，近年来的抗战时期粮食问题研究为当前粮食问题的解决提供了有益的启示，为今后的研究打下了良好的基础，也极大地推动了抗战时期经济史的研究。相信随着相关史料的发掘和整理，海内外专家学者的交流，相关研究理论和方法的进一步成熟与发展，这一领域的研究必将会取得更大的成就。

三 基本思路和创新点

（一）基本思路

本书结构，除前言和结语外，正文分四部分展开论述。

第一章是粮食与粮食问题。主要论述抗战时期粮食的重要性及粮食问题的产生，首先通过对战时粮食问题、田赋征实问题的讨论，指出抗战时期国民政府面临的粮食问题的严重性，明确这一问题首先是由战争引起的，有其历史发展的必然性。其次是关于粮食问题及其解决方案的讨论。通过民间社会和政府官方对粮食问题、田赋征实问题的讨论，分析、归纳对粮食问题的不同看法和相关政策主张，从而为国民政府制定粮食政策措施提供借鉴。

第二章是战时国民政府粮食政策措施与管理成效。主要探讨在抗战时期，为坚持抗战，稳定社会，安定军心民心，切实解决粮食问题，保障军需民粮的有效供应，国民政府制定的一系列粮食政策措施，主要包括两方面：加强农业生产，提高粮食产量，奠定粮食基础；实行田赋"三征"，强化粮食管理，保障粮食供应等。在执行和实施这些粮食政策措施中，国民政府进一步加强和强化了粮食管理、粮食供应、储运、分配等各个环节，从而在一定程度上满足和适应了战时的需要，使国民政府度过了抗战最困难阶段，为抗战胜利奠定了物质基础，并最终取得了抗战的胜利。

第三章是战时各地解决粮食问题实践与成效。主要探讨抗战时期各地按照国民政府的决策和部署，为解决战时粮食问题、支持和坚持抗战而采取的一些重要粮食管理措施，并通过一些具体实践来评价其实施成效。

第四章是战时粮政管理人物与粮政机构。通过对一些重要粮政人物的研究，进一步深化对粮食政策措施执行问题的认识，进一步认识到粮管工作的复杂性、困难性和重要性，加深对有关问题的认识和了解。

结语：通过对抗战时期国民政府粮食问题与粮食政策措施的考察探讨，分析其实施的效果，总结其政策措施发展演变的规律和特征，分析其对抗日战争的作用和影响，从而对其有一个恰当的评价和历史定位。

（二）创新点

创新是学术研究的目标和生命力，因此努力创新就成为本书始终注意把握的要旨，这在成稿中也得到反映。本书的创新点主要有以下几方面。

（1）战时粮食问题的产生是与抗日战争密切相关的，是战争环境下的产物；其问题的解决及过程也与支持抗战、坚持抗战相互联系，相辅相成，是战时统制经济的重要组成部分。

（2）抗战时期国民政府各项粮食政策措施的理论依据是战时统制经济思想，其目的是适应和支持抗日战争。其各项粮食政策措施是国民政府战时经济政策和统制经济的重要组成部分，为坚持抗战、稳定社会做出了一定贡献。

（3）抗战时期国民政府各项粮食政策措施及其在各地的实施与效果都有一个发展演变的过程，它是随着抗战形势的发展和变化而逐步确立和形成的，并在其中发挥着一定的作用。

（4）抗战时期国民政府各项粮食政策措施的实施，对中国人民坚持抗战并最后取得胜利产生了重要的作用和影响。

（5）通过对抗战时期国民政府粮食问题的分析、探讨和考察，总结其经验和教训，为我国在危机时期的粮食管理和调配提供借鉴，以更好地促进我国经济社会的发展。

第一章　粮食与粮食问题

抗日战争是中国近代以来规模最大、持续时间最长、斗争最激烈的一次全民族反抗外来侵略的战争，也是第一次最终取得全面胜利的反侵略战争。在战争中，中国全境、全民族、各阶级、阶层浴血奋战，前仆后继，团结抗战，彻底打败了日本帝国主义，捍卫了国家主权和民族独立，并为世界反法西斯战争的胜利做出了巨大贡献。

这次战争是中日两国的全面对抗，是综合国力的较量。由于日本是强大的资本主义国家，世界列强之一，对华侵略蓄谋已久，准备充分，依仗其强大的经济、政治、军事实力，在战争中始终处于优势，给中国造成了巨大破坏，是一场空前的民族灾难。中国虽然人口众多，国土辽阔，但是处于半殖民地半封建社会，经济、军事落后，政治上四分五裂，在战争中处于劣势。但中国"得道多助"，日本"失道寡助"，最终中国取得了抗日战争的最后胜利。

战争是残酷的，过程是艰辛的。日本的侵略给中国社会造成了严重后果，经济衰退，社会动荡，军事惨败。为抵抗日本的侵略，中国人民奋起抗战，在废墟上重建家园，筑起血的长城。战争摧残了中国经济，特别是粮食问题，它关乎军粮民食、战争胜败、社会安定，意义重大。并且，随着战争的持久和规模的扩大，其影响也随之加大。因此，粮食及粮食问题与抗日战争密不可分，其相辅相成，相互影响，并由此产生了一系列关于粮食统制、粮食管理的政策措施，其出发点和目的均是解决日益严重的粮食问题，坚持抗战。

有鉴于此，本章主要探讨了抗日战争时期中国社会面临的粮食与粮食问题，对抗战时期粮食问题的产生及讨论、田赋征实问题的讨论等进行了考察，提出对相关问题的看法和认识，加深了对此问题的研究，有助于进一步推动抗日战争史研究的深入与发展。

抗战期间关于粮食问题的讨论，主要从战时粮食问题产生的原因、粮食危机的应对、粮食问题讨论的评价等几方面作了探讨，认为抗战期间这场关于粮食问题的讨论，国民政府和民间人士都积极投入，提出各种意见，涉及粮食问题产生的原因以及对应之策。其中既有共识，亦有分歧。其带来的影响是多方面的、复杂的。简言之，一方面，作为全民族抗战生动体现的这场讨论有助于战时粮食危机的缓解，为抗战的胜利奠定物质基础；另一方面，由于战争因素以及政府自身利益等方面的原因，政府的粮食政策偏于管制，很少涉及生产，与民间倡导的某些积极的粮食政策尚有差距，对政府和社会的发展亦有不利方面。但是，在战争的环境下，其积极方面是主导。

抗战时期关于田赋征实的讨论，主要对田赋征实政策出台的背景、各方态度、意见与评价等作了考察，指出当时学术界、政界对此问题既有一定共识，又有相当大的分歧；既有政策出台前的分歧，也有对政策实施过程中困难的担忧与疑虑。但面临着抗日战争的艰苦环境，以及粮食危机和粮食问题的严重，田赋征实政策的实施又是必然的，它是抗日战争环境下的产物，是国民政府统制经济的重要组成部分。因此，尽管当时社会各界议论纷纷，支持和反对者都有自己独到的观点，这些观点在田赋征实政策实施中或多或少起到了应有的作用。国民政府实行田赋征实是必然的趋势，从它颁布的法令和政府官员的言语中就能看出其实施的决心。总而言之，就后世看来，田赋改征实物为抗战做出的巨大贡献，仍是不容抹杀的事实。

一 抗战时期关于粮食问题的讨论

战争，尤其是对于被侵略的国家来说，于国于民，都是一场灾难。自1931年"九一八"事变发生后，中国，这个自鸦片战争后就活在侵略和反侵略交织中的国家，又开始了另一场更大规模的反侵略战争——抗日战争。1937"七七"事变则使这场局部的抗战演变成全民族的抗战。全面抗战八年，带给中国的不只是战场上的伤亡，与战争相伴而行的还有粮食短缺、物价飞涨、民生艰难等问题。面对日益严重的粮食问题，民间人士纷纷建言献策，使得该问题在抗战时期讨论激烈。国民政府对此也给予了高度的重视，采取了相应的措施，一定程度上缓解了粮食问题，为抗战胜利奠定了物质基础。对于抗战时期的粮食问题，以往学界多集中研究国民政府采取的一些政策措施，很少涉及民间人士对该问题的看法，这里依据相关史料把政府和民间对粮食问题的讨论加以梳理整合，从中找出两者的共识及差异，以及这场讨论所起的影响，以期该问题的研究有进一步深入。

（一）抗战期间粮食问题的讨论

作为国计民生的重要问题，粮食问题在战争时期更显得尤为重要。在抗日战争的前两年，国统区粮价比较稳定，粮食问题尚不突显。但是到了1939年夏秋之际，粮价首先从当时的陪都所在地四川开始上涨，随后其他地区的粮价也跟着上涨。直至1940年下半年粮食价格猛涨，而且涨幅远远高于一般物价的上涨幅度，从而使粮食问题蔓延整个国统区并产生了严重的社会问题，抢购、抢米风潮充斥后方，使得后方的社会稳定受到了严重威胁。为稳定统治，国民政府开始关注粮食问题，同时民间人士亦对粮食问题纷纷建言。于是，有关粮食问题产生原因和应对之策的讨论成为后方的热点话题。

1. 关于粮食问题产生原因的讨论

作为战时大后方经济的基础，农业的重要性不言而喻，而粮食又是其中极为重要的战略物资。抗战的大后方是相较于战区而言，在地理上经常变动。一般来说包括滇、黔、川、陕、甘、宁、青7个比较稳定的省区，另外再加上处于战区的湘、鄂、粤、桂、闽、浙、赣、豫8省。新疆、西藏，远处西陲，基本不牵涉，一般不以大后方视之。由于战争、劳动力不足以及自然灾害等因素，战时大后方农业一直都不景气，其主要粮食作物的产量在总体上是下降的，如表1-1所示①。

表1-1　　　　1938—1945年主要粮食作物产量　　　　单位：千市担

年份 品种	1938	1939	1940	1941	1942	1943	1944	1945
籼稻	747569	763649	618863	643519	635229	609488	674715	586017
糯稻	58932	56589	43347	40634	36940	33273	34303	32170
高粱	33997	34299	31264	29665	24044	28055	27467	29449
小米	23814	23990	21171	20706	14754	17915	17456	20909
玉米	70371	71293	67039	66533	58496	64899	67340	72631
甘薯	276550	248662	256404	277096	242606	290284	303431	306397
小麦	202911	198188	201110	165120	209729	199196	248264	215991
大麦	90338	91534	85831	73797	89363	81042	92387	79877
豌豆	43694	47172	43064	37548	42217	37925	43675	37975
蚕豆	47644	52359	47715	41906	47617	43871	49135	40061
燕麦	3118	3375	3048	2877	3094	2916	2911	2323

由表1-1可以看出主要粮食作物的产量在抗战期间总体上是下降的，尽管偶尔有些上涨。

---

① 李良玉：《新编中国通史》（第4册），福建人民出版社2001年版，第459页。

在抗战开始后的相当一段时间，国统区并未产生粮食问题，那时我国粮食连年丰收，后方供应丰裕，再加上敌人尚未封锁所有海口，对外贸易尚且存在。但随着战争的扩大，时间的延长，粮食问题逐渐显现。至1940年，"国际路线及国内交通节节受阻，江运阻断，滨湖余粮不能后运"①，同时大量沿海人员陆续内迁，使得国统区的粮食市场供求关系十分紧张。随之后方粮食囤积居奇之风渐盛，粮价飞涨。同时，因为交通受阻，重庆及鄂西军粮民食几乎全部依靠川省接济，致使四川当地粮食供求失调，民情空前恐慌。另外，由于当年四川省春寒夏旱，秋收荒歉，致使川省粮价高涨。其后，抢购风潮、抢米风潮由四川、福建而席卷整个国统区。粮食危机演变成整个社会危机。

粮食问题的出现，原因错综复杂，对此，国民政府和民间人士各有看法，当然也有某些共识。比如，他们都认为囤积居奇、投机倒把之风对粮价的上涨有着不可推卸的责任。当时有人谈到："近三十年来，我国内地各省的富豪以及官僚军阀们的资本，多用在侵略土地的一途。"② 蒋介石在1940年3月15日给川省秘书长贺国光等的手令中也指出："根据近日成都米价陡涨，确系奸商大贾囤积抬价居奇，诚堪痛恨。"③ 粮食部部长徐堪也认为，在抗战爆发后，一大批商人"看到粮食是可以赚钱的好商品，于是收购囤积，粮价自然跟着暴涨"。④ 又如战争造成劳动力减少，"要使一个士兵在前线作战，后方就要有六个到十个劳动者来支持他。我们现在有五百万作战的士兵，

---

① 《国民政府粮食部关于检送有关粮政工作报告的公函附送本部粮政工作报告》，中国第二历史档案馆编：《中华民国史档案资料汇编》第5辑，第2编，财政经济（九），江苏古籍出版社1997年版，第360页。
② 陶镕成：《当时粮食问题及其对策》，《大路半月刊》1941年第4卷第5期，第24页。
③ 周开庆：《民国川省纪要》，台北：四川文献月刊社1972年版，第120页。
④ 张鹤：《抗日战争时期关于粮食上涨原因的讨论》，《科教文汇》2006年第10期，第186页。

就需要有三千万以上的劳动者来支持他们，这些劳动者最大多是从农村里抽出来的，那么农业生产力哪能不受到很大的影响呢？"①交通运输的破坏也是一个不能忽视的方面，侵华战争的爆发，日本占领了我国大量公路、铁路，又因战争的需要，我方自行破坏了些铁道、公路、车辆、船舶、飞机等，运输设施遭到了相当大的损失。而且日本自1938年起开始对重庆进行空袭，以促使国民政府投降，一些交通要道被炸，造成正常的粮食运转受到阻碍。而我国对外贸易的海口又被敌人封锁，使"国际路线及国内交通节节受阻"②，从而直接影响了后方粮食的运输。至于二者对粮食问题出现原因的不同看法有以下几点。

（1）初期政府粮食政策是否落实到位。抗战爆发后，国民政府在相当一段时间并没有重视粮食问题，一直对其采取放任自由的态度。正如时人所谈："政府对生产未能视人、物、资三力，予以规定详确之计划，致成效难著，且时有浪费。"③尽管抗战伊始，国民政府颁布了《统制战时粮食管理条例》《食粮资敌治罪暂行条例》《战时农矿工商管理条例》《各战区粮食管理办法大纲》《非常时期粮食调节办法》《非常时期农矿工商管理条例》《非常时期评定物价及取缔投机操纵办法》等法令。同时为适应战时需要，战时最高统帅部军事委员会于1937年7月22日密令成立国家总动员设计委员会，由军政部长何应钦负责，决定对粮食、资源、交通、卫生机构及人员进行统制。10月，经国防最高会议决议，国民政府决定在军事委员会下设立农产、工矿、贸易3个调整委员会和1个水陆运输联合办事处，其

---

① 陶镕成：《当时粮食问题及其对策》，《大路半月刊》1941年第4卷第5期，第25页。
② 中国第二历史档案馆编：《中华民国史档案资料汇编》第5辑，第2编，财政经济（九），江苏古籍出版社1997年版，第360页。
③ 杨志信：《战时发展生产之意义及其途径》，《中农月刊》1942第3卷第7期，第81页。

中农产调整委员会即是负责粮食的收购、运销、储运及管理事宜。诚然，国民政府出台这些条例表面上是为粮食统制的先声，但是这些政策并未得到认真的落实，自由流通仍是主流。

等到问题真正出现之时，国民政府又把责任推卸于他人。1939年福建与四川两省首先爆发抢米风潮，并很快波及大后方其他各省。国民政府竟然诬赖说是共产党的所作所为导致这种情况出现，同时查封了《新华日报》成都营业分销处，逮捕、枪杀了共产党员。但事实真相却在蒋介石高级幕僚唐纵日记中有所披露："抢米之案，层见叠出。有人多疑为共党鼓动，企图暴动，而不知军阀、官僚、地主、资本家故意囤积，致激民变。委座曾令省政府组织平准处，稳定价格。孰知评价之人，即系操纵之人，如何能制止风潮，消弭隐患？"[①]

（2）粮食短缺是否存在。时人称，中国虽以农业立国，历代惠农足食之政斐然，但"清代去今未远，其农业经济与粮食政策尤堪注意"[②]，且中国粮食供应尚且需要依赖外贸进口，据海关贸易统计，1933年至1937年五年中我国每年平均进口面粉59.5万吨、大米99.2万吨，由东北三省输入关内的黄豆等杂粮亦达33.1万吨。[③] 至1940年，各大海口被敌切断，洋米来源断绝，使我国大后方粮食供应趋之紧张。然而国民政府部分高层官员却不以为然，在1939年1月召开的国民党五届五中全会上，众人还沉浸于一片盲目乐观之中："我国是农业国家，正在建设期中，突受暴力侵略，当初原是深可顾虑的一种危机，但是……大多数省份由于去年农产丰收，消费节约，民间反而显出充裕的现象"，"进入了第二期抗战以后，深信战时经济决无问题。"

[①] 公安部档案馆：《在蒋介石身边八年——侍从室高级幕僚唐纵日记》，群众出版社1991年版，第143—144页。
[②] 陈训慈：《清代粮食政策与今日粮食问题》，《中农月刊》1942年第3卷第8期，第105页。
[③] 《1945年各省粮荒概况》中国第二档案馆藏，档案号：八三（1910）。

由此可见，对战时我国是否存在粮食短缺或不足问题，事实状况与政府的认识是存在一定差距的。当然，其情况到底如何，必须在经过粮情调查、耕地面积、作物种植面积、人均消费数量等方面统计后，才能有一个较为实际的估计或结论，也才能成为政府制订实施农业计划、粮食政策的依据。

（3）通货增加与物质供应短缺。在一场战争中，通货增加与物质供应短缺问题恐怕是难以避免的，正如当时有人说："在战时状态之下，因为物质的消耗激增，战时的支出很大，法币的发行额，当然有相当的增加。于是影响到物价。而物价高涨的问题，无论哪个国家，在战争的时期，都会发生的。"① 如表1-2所示几省情况。

表1-2 中国农民所得所付物价指数［民国二十六年（即1937年）=100］

时期（民国）	湖北（宣恩）所得物价	湖北（宣恩）所付物价	湖北（宣恩）购买力	湖南（零陵）所得物价	湖南（零陵）所付物价	湖南（零陵）购买力	云南所得物价	云南所付物价	云南购买力	西康（会理）所得物价	西康（会理）所付物价	西康（会理）购买力
二十二年	66	63	105	…	…	…	107	89	120	…	…	…
二十三年	84	72	117	…	…	…	124	93	133	…	…	…
二十四年	172	92	187	…	…	…	128	101	126	…	…	…
二十五年	175	98	179	…	…	…	121	102	119	…	…	…
二十六年	100	100	100	100	100	100	100	100	100	100	100	100
二十七年	73	98	74	116	114	102	124	131	95	105	120	88
二十八年	191	157	122	181	194	93	303	279	109	168	171	98
二十九年	442	417	106	283	369	77	908	677	134	404	370	109

由表1-2可知，国统区物价在战争爆发后，整体是上涨的，粮价是其中之一，也不可避免地随之上涨，只是上涨的幅度不大而已。

---

① 李铁强：《抗战时期国民政府田赋征实再认识》，《中国社会科学院研究生院学报》2004年第3期，第135页。

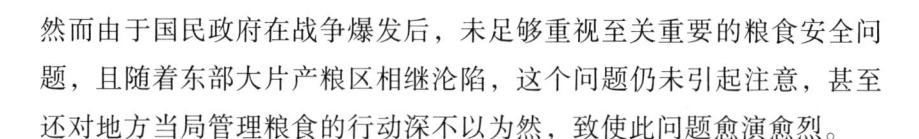

然而由于国民政府在战争爆发后,未足够重视至关重要的粮食安全问题,且随着东部大片产粮区相继沦陷,这个问题仍未引起注意,甚至还对地方当局管理粮食的行动深不以为然,致使此问题愈演愈烈。

2. 关于如何应对粮食危机的讨论

俗话说:"足兵必先足粮","有石城十仞,汤池百步,带甲百万,而无粟,弗能守也。"粮食问题的出现,不仅威胁了大后方的统治,亦对抗战局势造成不利影响。国民政府为稳定统治、巩固人心出台相应政策,民间学者专家亦纷纷建言,一时间各方讨论竞相出现,主要有以下几点。

(1) 关于粮食问题的调查。抗战中重要的问题是经济问题,而粮食问题则是经济问题中最重要的问题,对于粮食问题的解决事关抗战的前途,从某种意义上说,粮食对于抗战具有决定性影响。"但要合理解决粮食问题,首先根据正确的事实,先要对于粮食的各种实际情形,有一个明白清楚的认识。"[①] 即要做好粮食问题的调查,"要明确粮食的实际情形,非有切实的调查不可"[②]。如果不能对粮食问题有个切实的调查,我们的粮政工作就不能办好。

那么粮食调查的要点是什么呢?民间学者施复亮认为应从以下几个方面进行着手:第一,调查粮食多余和不足的地方以及相应的粮食数量,这样才能以多补少,使缺粮地方不至于出现惶恐。第二,调查拥有粮食多余和不足的人数及相应数量,以便抽多补少。第三,调查多粮地方运至少粮地方的运输状况,以便对此做出相应的改进。第四,调查各种公私新旧储粮仓库的情形,以便给予改善。第五,调查各地粮食生产和消费情况,这样就可做到主粮和杂粮相互补充和配合。第六,调查粮食用于酿酒、熬糖和喂养家畜的状况,这样即可明白如何节省粮食以及省到何种程度。第七,调查各地耕地、荒地、非

---

① 施复亮:《粮食问题调查》,《中农月刊》1942年第3卷第1期,第99页。
② 同上书,第100页。

粮食作物的土地面积，以便开垦荒地、减少非粮食作物土地面积，做到粮食的增产。第八，调查各地粮价高涨及原因和各地粮价的差异及其原因，以谋平抑或稳定各地粮价。第九，调查过去各种粮食管理机关在组织、人事、方法、实施中有无缺点，以求作出相应的改进。把握以上九点，对粮食问题的解决至关重要。根据这九点，我们即可得出粮食调查的项目，即详细内容，"调查项目的多寡，可以依调查的需要（着重点），调查人的程度，调查的地点和对象，调查的期间和方法等而不同"①。

调查粮食的各种情况，显然其目的是解决粮食问题，经过各种调查，获得各种相应的原始资料，我们方可做出各种图表，拟出相应的具体解决方案，支持抗战到底。

随着粮食危机的出现，国民政府也加以重视。蒋介石在1940年3月15日给川省秘书长贺国光等的手令中指出："应即查明存量，作有计划之平价销售，务期平民生活，不受影响。"② 随后，四川省粮食管理委员会开始了普遍总检查，规定凡存米谷三十市石以上者，除提二成保留静候政府命令于必要时给价收买外，其余限于四个月内出售。

（2）关于粮食的生产。纵观整个抗战历史，战时发展粮食生产意义重大。太平洋战争爆发后，我国经济日趋困难，"尤须力谋自力更生"③，更何况"立国之本在于经济，战争之起及胜负之决定亦在于经济"。④ 所以各国都在谋求经济的发展，我国欲自立于世界，更要致力于此，如此方可获得胜利的结局。

粮食问题的根本解决在于生产这一环节，且时人更是把促进粮食

---

① 施复亮：《粮食问题调查》，《中农月刊》1942年第3卷第1期，第101页。
② 周开庆：《民国川省纪要》，台北：四川文献月刊社1972年版，第120页。
③ 杨志信：《战时发展生产之意义及其途径》，《中农月刊》1942第3卷第7期，第81页。
④ 同上。

生产，改变土地政策作为积极的粮食政策。时人陶镕成称："我们要在抗战中建国，所以必须在抗战中实行民生主义的土地政策。"① 其目的是实现平均地权，进而由耕者有其田发展到土地国有，为此现在必须做到的最低限度工作：实行减租、充分征发地主不耕作土地交给农民耕种、改变租佃制度，保护佃农的合法利益、实行一部或全部地租归公、奖励垦殖，提倡集体农作。然而值得注意的是政府的粮食政策偏于管制，很少涉及生产，更不愿意实行积极的土地政策。比如1938 年国民党临时全国代表大会决定实行"二五减租"，但会后绝大部分省区都是没有任何行动的。再如，蒋介石在 1941 年 6 月国民政府第三次全国财政会议又提到了"如果土地政策不能实现，粮食管理不能施行，那不只是国家经济没有基础，就是整个国民生计亦必由纷乱而陷于绝境"。② 虽然他言辞中多次提到要实行国父的土地政策，但其后并没有什么切实行动，直至抗日战争结束，也没见到国民政府实施什么积极的土地政策。

至于农业劳动力不足的状况，陶镕成先生给出了几点解决办法：第一，设法使调防退休的士兵持锄耕种，因为上前线的士兵十有八九都是农民，他们有耕种的技能和经验。第二，发动妇女从事耕种，尤其希望城市里高唱救亡图存的女青年们能发挥带头作用，领导妇女军的耕种工作。第三，倡导假期农作运动，周末和寒暑假若是浪费实在可惜，应该将其充分运用到农业生产方面去，正如蒋介石所说："我们要一人做二人的事，一日做二日的事。"③

（3）关于粮食的管理。粮食管理千头万绪，如何加强战时粮食管

---

① 陶镕成：《当时粮食问题及其对策》，《大路半月刊》1941 年第 4 卷第 5 期，第 27 页。
② 金普森、李分建：《论抗日战争时期国民政府的粮食管理政策》，《抗日战争研究》1996 年第 2 期，第 93 页。
③ 陶镕成：《当时粮食问题及其对策》，《大路半月刊》1941 年第 4 卷第 5 期，第 26 页。

理，国民政府和民间人士围绕粮食管理机构、仓储建设、粮价平抑以及粮食市场管理等问题进行了讨论。

第一，建立健全粮食管理机构。国民政府为加强对粮食的统制，于1940年8月设立全国粮食管理局，《全国粮食管理局组织规程》规定其职能为："统筹全国粮食之产销储运，调节其供求关系。"其后，全国粮食管理局便召开了全国粮食会议，并公布《粮食管理纲要》。9月，蒋介石发表谈话表示，"政府断断不能坐视，所以我决定对于本省要即时实施粮食的管理"[①]。根据《粮食管理纲要》规定，各省设粮食管理局、县设粮食管理委员会，作为地方粮食管理机构，管理有关粮食的各项事宜。1941年7月全国粮食管理局被撤销，改立粮食部，隶属行政院，以统筹全国军粮民食；各省粮食管理局则被改为粮政局；各县粮食管理委员会改为粮政科。时人翁之镛撰文表示对政府这一政策的支持。

第二，组织农业仓库。随着战争的继续，各国经济皆出现疲倦，我国尤甚，特别是农村经济。所以为安定农民生活，"免受谷贱伤农之流弊"[②]，时人都认为非组织农业仓库不可。农业仓库的主要业务"固以经营农产品之储藏以及保管，且有活动农村金融作用之储押与调剂国民粮食之作用运销使命"[③]。同时，农业仓库明文规定不可以经营为目的。其中，保管，即农产品寄托保管乃是其生命业务；加工，即农产品的商品化和现代化，亦是不可或缺业务；运销，虽未是其业务之一，但其重要性极大；金融，"农仓应对农民以农产品或农仓证券抵押而给予金融活动"[④]，不仅是重要业务，而且是农业仓库的重要使命。

---

① 蒋介石：《为实施粮食管理告川省同胞书》，《中华民国重要史料初编——对日抗战时期》第4编，第3辑，台北：中国国民党中央委员会党史委员会1988年版，第56页。
② 程洪组：《农业仓库与乡村经济》，《中农月刊》1941年第2卷第6期，第15页。
③ 同上书，第17页。
④ 同上书，第18页。

其实早在战前，南京国民政府已开始推行农业仓库建设。1933年5月，全国农村复兴委员会第一次大会召开，国民政府要求农民银行须在各县设立农业仓库。同年《实业部农业行政计划纲要》中拟定筹办农业仓库。此外，实业部还出台了《农仓法草案》，通过审核后颁布各省市遵照执行。时人称之："为求农产品资金之便捷乃发行仓库证券；为予农民以低利生产资金之自由融通乃办理储押；为使农产品之有利脱售乃举办加工、包装以迄于运销；为调整食粮价格乃举行收买与平粜。其目的是使农村金融周转灵活。"① 到了战时，国民政府更是积极推行农业仓库建设。经济部于1938年9月出台《非常时期简易农仓暂行办法》，此后，农本局自设的农业仓库由原来的31个增至47个，总容量达到59万多石。1939年仓库数目达到了77个，总容量达到191万多石，1940年数目下降为69个，但总容量增加到331万石。② 另外，农本局为适应战争需要，积极协助农民办理简易农仓和协办农仓，以便供存储粮食及其他农产品。

第三，平抑粮价。面对粮价的上涨，稳定粮价成为当务之急。时人认为平抑方法，不外乎三种：第一，增加生产"以备米粮不足"；第二，节省消费，如禁止酿酒、改良杂粮等；第三，管理粮食，调和米粮供需，稳定价格，其积极做法为公买公卖，消极的是维持粮食之自由市场。③

粮价与物价息息相关，因此粮价的管制亦成为国民政府重要使命之一。在1940年7月召开的国民党五届七中全会，与会者着重讨论了抗战时期的经济问题，认为"粮食物价关系民生及社会秩序最切"，"务使民食无恐慌之虞，物价收稳定之效。"为此，会议做出了首先平抑陪都粮价的决定。然国民政府在不同时期其具体做法是不一

---

① 徐渊若：《苏浙皖农仓考察记》，《农村复兴委员会会报》第2卷第2号，第98页。
② 中国第二历史档案馆：《中华民国史档案资料汇编》第5辑，第2编，财政经济（八），江苏古籍出版社1997年版，第87—88页。
③ 伍启元：《限价与统制》，《中农月刊》1943年第4卷第3期，第122页。

样的，前期集中于"平价"，后期则致力于"限价"。因此《关于实施加强物价管制方案》《关于加强管制物价的训令》《加强管制物价方案实施办法（粮食部分）》《管制粮价、物价、工价最重要之方针》等政令相继出台。

第四，加强对粮食市场的管理。打击囤积居奇历来是国民政府的工作重点，1940年8月颁布的《管理粮食治本治标办法》规定，"凡购粮囤积超过自用范围或粮商囤积未售者，限期全部陈报出售，逾限不售，应予没收或按应有粮价科以罚金，今后发现有囤积情事，立予同样处分"①。还规定"凡反抗粮食管理者，以扰害治安论罪，并由军法机关按军法审判之，各县粮户或囤户应行出售之粮食，应由限定各县及各乡镇每月每日列榜公布之。如有漏列，应由乡镇保甲长负责检举，由县派人密查，并准人民密报，凡密报属实者，应按没收粮价半数给予奖金"。② 1941年1月又颁布了《非常时期取缔日用重要物品囤积居奇办法》。对此，民间人士也是大力支持，有人指出："上面叙述粮食问题的主要症结，其第一第二第三各项，都是关于囤积。为对症下药起见，必须严格取缔。"③

第五，确定粮食供应区。战时粮食政策的出台，或多或少增加了粮食的供应量，那么如何分配？时人有谈到："分配的意义有两方面，其一为粮食生产区与消费区的盈亏分配，是一种调节工作；其二为对粮食的用途和对每一个人民的一定消费量的分配，是一种节制工作……这些工作都应该由政府统制进行。"④ 在切实实施中，国民政府确实进行了统制，例如：在全国粮食管理局1940年11月11日召

---

① 重庆市档案馆：《抗日战争时期国民政府经济法规（下）》，档案出版社1992年版，第330页。
② 同上。
③ 陶镕成：《当时粮食问题及其对策》，《大路半月刊》1941年第4卷第5期，第26页。
④ 同上。

开的粮食会议上,重庆市市长吴国桢就提出,要对较大都市如成都、重庆所需要的粮食,必须分配于产粮各县定量供应。会后粮食管理局还颁布实施了《各县供应重庆市及疏建区粮食办法实施纲要》。

(4)关于田赋征实制度。为应对粮食危机,时人和国民政府都进行了一定讨论,并在国民政府必须控制一定粮食,掌握粮食生产方面达成共识,但就通过何种途径来缓解粮食危机尚有分歧。正如当时有人所谈:"粮食问题实时颇多议论,尤以最近数月为甚。或主张国有公营,或主张自由流通,虽议论纷纭,莫衷一是,然问题之严重性,及严重趋向之可处,已为国人所重视矣。"[①] 国民政府方面,孙科等人主张国营,"设以四川来说,假如我们就说少一点,地主所收谷租,只占稻产的五成,也有四千万石谷子在地主手里,我们现在用什么方法,把这一半转到政府手里呢?如果讲革命手段,也可以没收的。我们是用和平方法去收。国家下一个命令,对农民说,你们明年缴谷租,不要直接交地主,都交到国家收谷机关。地主如果问你,你可以对他说,已交到国家,国家自然替你应付。比方100担谷子,地主向国家索租时,国家给他一半现钱,其余一半,给他建国储蓄券,替他在银行储蓄起来。如此办法,并不是没收。一转移间,就可以把粮食拿到国家手里"[②]。民间人士粟寄沧称其为"经理佃租以控其量","管制市场以定其价"。[③]

由于这一主张颇为激进,也引发了时人的担心,有人就指出:"这种主张在理论上是很通的,做起来恐怕有困难。拿四川省说,一般大地主,都是从前的军阀,军阀时代所发的财,全买了田地。其余一般发国难财的人,也要买地。这一般人,都是很有力量,政府要集

---

① 翁之镛:《当前粮食问题之剖视》,《中农月刊》1941年第2卷第1期,第3页。
② 李铁强:《抗战时期国民政府田赋征实政策再认识》,《中国社会科学院研究生院学报》2004年第3期,第136页。
③ 粟寄沧:《论战时粮食管理政策》,《行政与训练月刊》1941年第1卷第2期,第43页。

中他的余财，他们一定会反对。"① 为此，国民政府不得不另辟新径，即田赋征实。"时贤有主张专卖者，有主张公有者，有主张征发者，其用意皆在使政府控制一定数量的粮食，以为管制之基础。惟或以牵动太大，或以需资过多，均难付诸实施，独田赋回征本色，较为切实可行。因中国田赋，历来皆征本色，全征折色，不过才数十年间事，人民既较习惯，标准亦有成规可循，而其能提供政府大量之粮食，又与其他各方案无异，故最后乃为政府所采用。"② 1941 年 4 月 1 日，国民党五届八中全会通过《为适应战时需要，拟将各省田赋暂归中央接管，以便统筹而资整理案》的决议，随后财政部遵照决议召开第三次全国财政会议，制定接管步骤、管理机构及各项实施办法，决定在 1941 年下半年接管各省田赋，至 9 月底接管完毕，此后，中央接管了属于地方收入的田赋。1941 年 7 月 23 日国民政府行政院颁布的《战时各省田赋征收实物暂行通则》16 条，其中规定："各省田赋征收实物依 30 年度省县正附税总额每元折征稻谷 2 市斗（产麦区得征等价小麦，产杂粮区得征等价杂粮）为标准。其赋额较重之省份，得请由财政部酌量减少。"③ 1942 年又将这一个折征标准提高为每元税款折征稻谷 4 市斗或小麦 2 市斗 8 市斤，净增一倍。

（二）关于粮食问题讨论的评价

抗战时期，面对粮食问题的出现，国民政府和民间都有所表示或行动，从粮食问题出现的调查到粮食的生产、管理、田赋征实制度皆有所涉及。与此同时，国民政府也开始改变过去的放任自由政策，实施积极的粮食政策。不论是国民政府与民间人士的讨论还是国民政府

---

① 关吉玉、刘国明：《田赋会要第三篇：国民政府田赋实况（下）》，台北：正中书局 1944 年版，第 3 页。

② 同上。

③ 关吉玉、刘国明、余钦梯等：《田赋会要第四篇：田赋法令》，台北：正中书局 1944 年版，第 88—89 页。

切实实施的策略,我们都应该看到其积极效果,对其给予一定的肯定。

1. 讨论是全民族万众一心进行抗战的体现

"忧危启人智,厄穷见人杰",近代史上的中华民族即是如此。自鸦片战争以来,中华民族一直处在水深火热之中,至抗日战争爆发,日本军国主义更是把整个中华民族完全逼到绝路上。如果说中日甲午战争"成中国之巨祸,中华民族具有群体意义的觉醒也因此而开始"。[①] 那么20世纪30年代日本再一次发动的战争则成为中华民族完全觉醒的动力。"兄弟阋于墙,外御其侮",国难当头,不仅国共两党走向了合作,而且平民百姓也加入了抗日战争的大洪流之中,中华民族走向了空前的大团结。卢沟桥事变后,中国共产党的呼吁,"八一三"事变后,国民党蒋介石的庐山讲话,为对付共同的敌人,抗日民族统一战线终于建立起来了。而时人对粮食问题亦建言献策,积极性高涨,何尝不是全民族抗战的生动体现呢?如动员妇女、调防士兵、休假职员和学生进行粮食生产,正好体现了中共《抗战救国十大纲领》中"全民族动员"这一要点。

2. 讨论是中华民族最终取得抗战胜利的原因之一

民间人士的参与、国民政府的积极应对,使得战时粮食问题得到一定缓解,对支持和坚持抗战起到了一定的积极作用。第一,保障了军粮供应,所谓的粮食危机,主要是供需问题,国民政府实行田赋征实和三征后,粮食即有了稳定的来源。且战时军队重要性显而易见,故而国民政府在粮食分配上把军粮放在第一位,其后才是公粮和民食;第二,促进国家财经工作好转,随着战争的持续,战时国民政府财政赤字扩大、通货膨胀严重,而随之而来的征购、限价和田赋收归中央都起到缓解财政危机的积极作用;第三,稳定了

---

① 陈旭麓:《近代中国社会的新陈代谢》,上海社会科学院出版社2006年版,第167页。

战时大后方的统治，随着粮价的高涨，抢购风潮席卷了整个国统区，弄得人心惶惶，而国民政府的民食供应和调节处的设立、平抑粮价、取缔囤积居奇等诸如此类的措施对解决民众吃饭问题还是有积极意义的；第四，打击了日本"以战养战"策略，长时间的作战使得资源本就匮乏的日本在沦陷区实行"以战养战"之策，国民政府为此设立粮食管理处以防粮食资敌行为。此外，国民政府还曾派"经济探险队"深入敌后进行活动，对敌实施粮食抢购，与之进行经济战、物资战。

3. 讨论促使国民政府在战争期间重视农业问题，缓解农村压力

面对粮食问题的讨论，国民政府出台了不少政策措施，推广农业技术、增加农业生产、加强农业仓库建设，取得了一定的成绩。首先，各机关利用农业仓库发放贷款有助于全国农村金融的流通。其次，相较高利贷的利率来说，农业仓库的利率比较低，故而利率偏低的储押贷款在一定程度上缓解了高利贷的盘剥。此外，农业仓库的某些经营活动也可给贫穷的农民增加一些微薄的收入，如农民可以储押农产品待价而沽以增加收入。总而言之，抗战期间关于粮食问题的讨论不仅缓解了战时粮食危机，而且促进了当时农村社会生产环境的改善，在一定程度缓解了社会矛盾。

总体来看，抗战期间这场关于粮食问题的讨论，国民政府和民间人士都积极投入，提出各种意见，涉及粮食问题产生的原因以及对应之策。其中既有共识，亦有分歧。其带来的影响是多方面的，复杂的。简言之，一方面，作为全民族抗战生动体现的这场讨论有助于战时粮食危机的缓解，为抗战的胜利奠定物质基础；另一方面，由于战争因素以及国民政府自身利益等方面的原因，国民政府的粮食政策偏于管制，很少涉及生产，与民间倡导的某些积极的粮食政策尚有差距，对国民政府和社会的发展亦有不利方面。但是，在战争的环境下，其积极方面是主导。

二 抗战时期关于田赋征实的讨论

古语云："粮食为三军司令，三军无粮，不战而亡。"而在抗战时期国民政府手中所掌握的粮食明显不足，1939年到1940年军粮缺乏的问题尤其突出。在1940年6月前后，大后方粮价进入飞涨阶段，军粮供应难以为继。"前方给养渐形缺乏，且物价高涨，以有限之月饷，自难满足需要，因之士兵生活非常艰苦。"①"所有官兵一天吃三次包谷汤，两天吃干饭一次，此时更无论营养，无论官兵有无气力，亦无论能否训练，能否战斗矣，但求苟延部队残喘，勉维部队纪律即已。万难万苦，此种情形自非后方所能想象。"② 据鄂六区行政督察专员吴良琛报告："前方军民争食，保甲长因催办军粮而自刎者已见，兴山、秭归、长阳、枝江各县人民号哭逃饥惨状日亟。"③ 难怪当时人们不无忧虑地说："现当战备格外加紧之时，敌人无论西犯，无论南进，皆将致力于我，如果师无余粮，士不宿饱，何以应敌？"④"有石城十仞，汤池百步，带甲百万，而无粟，弗能守也。"上述情况充分说明了粮食在战争中的重要性，在此生死存亡的紧急关头，国民政府和各界各派人士开启了一系列的讨论，努力寻找一条增加粮食供给的生存之路。

（一）社会各界对粮价上涨及粮食问题的分析

蒋介石在1940年9月21日，发表《为实施粮食管理告四川省民众书》，文中认为，粮价"高涨""最大的原因，还在于各县各乡农

---

① 《军政部向国民党七、八、九届中全会有关军粮之报告》，中国第二历史档案馆藏档案，1940年，第63页。
② 《王陆一等请筹顾沿江及江防要塞前方军食稳定战区而利攻守案》，《军政部向国民党七八九中全会有关军粮报告》，中国第二历史档案馆藏档案，1939年，第63页。
③ 同上。
④ 同上。

村拥有粮食的人民，缺少知识，期待高价，把粮食闭藏起来，不到市场上出售，使得市场米粮顿见缺乏，而粮价就无理性的高涨"。因此，蒋介石认为广大农民囤积粮食是粮价高涨的根源。时任行政院副院长兼财政部部长的孔祥熙的看法则不同，他说："后方各省，虽未直接接受敌人的侵害，但如兵险水患以及空袭意外等损失，亦在所难免。又因各地壮丁参加兵役者日多，农村生产，也难免要减退，再加以交通运输上的困难，供应每失时效。故在战争期间，粮价渐涨。"孔祥熙在这里有意抹杀粮价高涨的严重局面，说成是"渐涨"，还把一切问题都推到一些次要的客观原因上了。① 国民政府粮食部，1945年内部发行了《中国各重要城市粮食价格及指数专刊》，对于粮价问题，认为是：在1941年7月该粮食部成立以前，是无规律，之后，是有规律；至于粮价"猛涨"原因，依次排列了粮产歉收、人口增加、消费集中、交通困难、农村囤积、粮户居奇6项，此外，还有工资上涨、通货膨胀、军粮收购等，因为罗列的因素过多，反而让人无法找寻粮价高涨的真正原因了。由此可以看出，国民政府中央官员在思考问题来源，得出解决方案时，并没有触及大资产阶级、大地主阶级的根本利益，也没有考虑到农民赋税沉重的因素，自然也就不可能真正地解决民生问题。

在学术界，代表人物是学者朱剑农，他认为：最近两年来的粮食问题，引起了一般专家学者之各种各样的看法，有的说，战时后方各省之所以发生粮食问题，到底原因是由于战区人民的内迁之故，又有的说，这是由于大量供给前方所需的军粮之故……则可显然地见出粮食问题的根本原因，不是别的，主要的还是今天谁都知道的所谓"囤积居奇"这一种习惯。②

---

① 王洪峻：《抗战时期国统区的粮食价格》，四川省社会科学院出版社1985年版，第23页。

② 朱剑农：《粮食问题与土地政策》，《中国农民月刊》1942年第1卷第4期，第46—48页。

（二）关于粮食问题解决方案的讨论

1. 学术界

知名学者刘光华主张解决粮食问题的措施是：一、摊派赋额要公允，严禁加成摊派；二、购粮定价要合理；三、经征收机构要统一；四、当地民食要兼顾；五、搭发粮食库券成数要累进；六、征发地点要加多；七、人事要调整；八、粮食增产与节约要奖励。① 学者翁之镛提出：国家代收地主租谷改由国库以公平折价，与地主以代金，藉利粮食收购，而树管理基础案……同声相应之建议：一案，请厉行粮食管理政策，统筹全国调节，并按军事第一之旨，以充足军食为重，兼筹民食；一案，充实村仓，大量存储，预防荒歉；一案，田赋征实，及政府代收租谷，须稻谷与小麦杂粮并收。② 另一学者粟寄沧认为：要加强粮食管理与驿运……战时粮食管理的意义，是在以政府的力量统制全国粮食的生产、分配及消费，藉使军粮得以充实，民生得以安定。因之，战时粮食管理的工作也必然分作三个部分，即粮食生产管理、粮食分配管理和粮食消费管理。③

2. 政界

针对当时学者及政界人士的"百家争鸣"，蒋介石作为国家最高统治者，提出了自己的看法。他说：在此紧急生死关头，若不破除正统派自由贸易观念，则谓管理者必等于纸上谈兵，必误大事。④ 其后指出："我们的土地与粮食问题，如能圆满解决，则其他政治，军事

---

① 刘光华：《对于粮政的几点意见》，《中农月刊》1942年第3卷第7期，第80—81页。
② 翁之镛：《今后粮食问题解决之途径》，《中农月刊》1942年第3卷第1期，第26—47页。
③ 粟寄沧：《论战时粮食管理政策》，《行政与训练月刊》1941年第1卷第2期，第39页。
④ 《蒋中正致卢作孚手令》，转引自简笙簧《卢作孚对重庆大轰炸粮食高涨的因应措施》，《中国社会经济史》2009年第4期，第67页。

与财政，经济及社会问题，都可以得到根本的解决。但是粮食还是出之于土地，所以土地问题，实为一切问题中之根本问题。""如果一般拥有粮食的人，只图一己的私立，而昧于爱国的大义，不尊奉政府粮食的法令，那无论他们用什么方法，囤积居奇，或隐蔽掩藏，政府必然能执行法令，严切制裁，绝不怕任何恶劣势力的阻扰，亦决不患因为粮食的问题而使我们抗战失败，我们对于这个粮食问题，早有最后的办法，所以绝没有一点顾虑。"[1] 为此，蒋介石严厉训话：今后我责成每一位县长，在他县内一定要查出储量最多的地主与大户，每县五家或十家，无论他是豪绅也罢，军人也罢，一律直接的报告我。这班豪富如果不遵照管理办法，而把粮食囤积隐匿起来，就是为富不仁，就是破坏抗战，也就是反对革命，我一定要用极严厉的办法来处置他们，你们若仍旧避开藏粮最多与最有势力的大富不报，即是有亏职守，也是加你们的处分。我们以后无论劝捐军粮，或责成人民捐米粮供给到市场来，再不能用从前每乡分别摊派的办法。[2] 这些都表现了蒋介石对于大刀阔斧地改革征税制度，增加粮食供给的信心与决心。粮食部部长徐堪曾说：粮食问题的重要性，古人说"民惟邦本"，"本固邦宁"，又说"民以食为天"，"足食足矣"，"兵精粮足"……因为战时粮食重要，必须有合理的管制，然后可以制止一般投机囤积、操纵牟利的行为，以维护人民的生活而遂行战争的目的。……总裁在第三次全国财政会议中，曾经训示我们："要知道战时后方的人民，无论农工商学各类职业，其服务性质，都是与士兵一样的，尤其战时全体人民的粮食，更不能不由政府来统制管理……"故我们今天所说的粮食问题，可说大都是为民食，所以在此抗战期间，全国军

---

[1] 蒋介石：《建立国家财政经济的基础及推行粮食与土地政策的决心》，秦孝仪主编《总统蒋公思想言论总集》卷18，台北：中国国民党中央委员会党史会1984年版，第213—214页。

[2] 潘公展：《当前粮食问题的我见》，《中国农民月刊》1942年第1卷第4期，第18页。

民生死与共甘苦同尝之时，我们决不能如一般人所说的，要将军粮民食划开，军粮始归政府管理，民粮一任自由买卖，这是绝对违反现在时代的观念。①

（三）关于田赋征实政策的讨论

1. 出台背景

正当国民政府为增加粮食而忙得焦头烂额的时候，山西传来实行田赋征实而成功征粮的喜讯。山西的驻军，在1939年间，物价高涨，军队盛行一种借粮之风，结果人民疲累不堪，莫不叫苦连天……阎锡山为解决军粮问题，决定实行田赋改征食粮，其目的，一方面是为了解决人民评价购粮之痛苦，一方面是为了解决军队吃饭问题之困难。认为"过去平价购粮，粮价贵的地方，军队付价，不及市价十分之一。贱的地方，市价亦比平价高出三倍四倍。所以军队集中的地方，人民受不了供给食粮的痛苦，安分者叫苦连天，不安分者逃赴敌区，今年驻军多的县份，土地多荒芜无人耕种，即系人民逃亡之故。至于军队，因平价强派食粮，人民不愿交出，有沿门搜索甚至跪地哀求，而不得合着，有以半数士兵出去发动食粮，而空手返回者，纷纷请求，要粮饷划分，我一方面为解决人民逃亡之危机，一方面为解决军队吃饭的困难，才决定停止平价购粮，实行田赋改征食粮，供给军食。现在开始实行，当然不免有许多不合适之处，军政民各方应大家协力解决。如不能解决者，报我解决"。② 尽管阎锡山对田赋改征实物的信心很大，但仍受到不少阻力。1939年春季，阎锡山命人筹备田赋改征食粮时，晋省军政人员大多认为：事繁难举，同时中央主管当局，尚未有决定改征实物之意，对晋省改征实物之办法，亦无具体

---

① 徐堪：《粮食问题》，《中央训练团训练班讲演录》1942年2月，第78—84页。
② 宋同福：《田赋征实概论》，中央银行经济研究处1942年，第231页。

意见。只是因为阎锡山坚决实施，田赋改征食粮才继续进行的。① 后来阎锡山曾对田赋征实的作用做出高度评价："征粮实行以后，人民因负担平均，军队有取粮处，行政人员供给军队有了标准，三方面都感到便利，可以说田赋改征食粮制度已成功了。"②

2. 政策出台前各方的意见

（1）学术界。国民政府也希望通过实行田赋征收实物政策，来解决日益严重的粮食问题，稳定社会秩序，坚持抗战。在未正式施行田赋征实前，就学术界对其看法，主要有支持和反对两派。支持者的观点主要有：早在1937年10月，江苏人袁白就："呈文军事委员会，条陈变通田赋现制，改行货币与实物并征之法，以应非常之便，而利军国之需。"③ 学者黄豪发表评论："实则一切制度是否值得拥护，要视其能否适合当前环境需要为转移，决不能从学理上做笼统之推断。"④ 1941年5月，经济学家卢郁文召集并主持田赋问题座谈会，与会者有万国鼎、吴致华、毛龙章、宋同福等财政经济学界人士，他们一致认为，"至酌征收实物，仅为战时便宜之计。旧科则本以粮计，明中叶以后始有额定之折色银，清末赋役全书中尤称本色米折色银。今地价税以货币为本色，按照收益及粮价收米麦，是为折色，固无不可也"⑤。翁之镰说："粮食问题时贤颇多论列，尤以最近数月为甚。或主国有公营，或主自由流通，虽议论纷纭，莫衷一是；然问题之严重性，及严重趋向之可虑，已为国人所重视矣，作者卑之无甚高论，原不必妄赞一词。根据历年经验所得，与今时贤所论，每多出入，未必自秘。原供其愚，仅作商榷！说者谓

---

① 宋同福：《田赋征实概论》，中央银行经济研究处1942年，第231页。
② 同上。
③ 宋同福：《田赋征实问题研究大纲》，《粮政月刊》1944年第2卷第1期，第16页。
④ 黄豪：《田赋改征实物之实施问题》，《抗战建国史料：田赋征实》（四），台北："中央"文物供应社1989年版，第116页。
⑤ 《田赋问题座谈记录》，《政治建设》1941年第4卷第4—5期，第30—33页。

近来粮食问题之论作，议论多于事实，幻想多于议论，其言虽苛，然亦无以难之。良以我国粮食问题，本为不可知之谜，不易寻求合理之解答。盖既无系统研究之机构，更乏可资微信之材料，非暗中摸索，即伍拾传闻，偶得鳞爪，难窥全豹。凡所论述称引，在主观纵可自恃信心，在客观终难确有考证。言过其实，无怪其然……粮食问题之关键，厥为供需问题。陶昌羲君中国米谷问题之研究，（载民国三十一年即1942年申报国庆增刊）仅以米谷产量为其推算依据，未免失之过隘。方启明，蒋傑雨合著中国人口与粮食问题一书，详征博引，条陈缕析，立论严谨，尤称傑构。然而基础数字未尽足恃，方法成多可探，结论不免缺疑。职是之故。主要关键之粮食供需问题，仍多相反之观察……最近数月，遂有大学生调查粮食生产之议，且间有实施调查者。姑不问其方法是否恰当，人员之是否合选，即令均能满意，而其所得之材料，以别无基础数字可资参证比较之故，整理分析亦难得结论；即或勉强以结论自慰，仍不足据为施政之资。此非工作不善，是为条件未备尔……生产能否自给：惟以一九一四年欧洲大战之经验，德国以粮食不足为致败之因，英国战胜而身受粮食恐慌之苦。世人观感，遂为大变，谋国之士，咸知警惕。美国在大战之际，参战之功固不小，而粮食之供应亦有与力。苏联经济建设之初，以余粮换取机器，以机器缔造国家工业基础，至今尤传为美谈。我国处于次殖民地地位，民族工业直至最近始具萌芽，历来经济基础建筑于农业，而农业生产又极落后。"[1] 金陵大学学生们调查研究认为："米为我国人民主要食粮，米价高涨之严重性，不特关系人民生计，抑且影响抗战前途。自民国二十九年份起，各地米价，逐渐剧增，尤以本年五、六月间涨风最烈。政府虽经迭颁法令，特设机关，殚精竭虑，负责平抑，但事实上，平者自平，涨者自涨，甚至来

---

[1] 秦孝仪主编：《抗战建国史料：粮政方面》（四），《革命文献》第113辑，台北："中央"文物供应社1987年版，第6页。

源供给发生恐慌，而造成严重之米荒现象。"①"三十年度（1941年）举行八中全会，为求战时财政制度之健全，乃决议由中央接管各省田赋，并将田赋改征实物。于是田赋复由地方税改为中央税。论者有谓田赋收归中央，复行旧制，实非进步现象。然某种制度适当与否，须视当时之环境情形而定。不必拘泥于新旧之分也。当兹战时军费之浩繁，而中央税源锐减，为支持战时消耗，中央接管田赋，实有重大意义。其所持理由，约有下列数端：（1）各省田赋制度殊为紊乱，复因地方环境不同，未能大举兴革，中央接管以后，即可统筹策划，促成土地整理，举办地价税，俾赋则公平，苛难方止。（2）田赋由中央接管改征实物，可以调济全国军需民食，平抑粮价。（3）田赋由中央接管，则中央与地方之联系更趋密切，地方税制赖以调整。（4）田赋经中央统筹调整以后，其收入当可倍增，中央亦得依各地财政情形，酌予协助……在田赋改征实物及随赋购买粮食之目的，则不外下列四端：（1）调剂军民粮食，征收实物后，政府握有大量粮食，得以充分控制余粮，调剂盈亏。（2）实行有粮出粮，在'有钱出钱，有力出力'口号下，有粮者亦应出粮。盖战时粮食价格大涨，田赋科则未见加，昔增者须出售数十石粮食以充田赋者，今则数斗已足，地主收益既增，享受政府之保议亦大，其应该之义务自亦应加重。（3）平抑粮食，政府既握有大量粮食，当可充分控制市场，使囤积居奇者无所用其技，粮食赖以平稳。（4）稳定币值，收购粮食，给予三成现金七成粮食库券，则可减少现金支出，充裕财政，稳定币值……我国田赋之紊乱情形，已如前述，今虽难改征实物，但应过去田赋册籍不明，依据失真，负担之难期平允，至为明显。欲求田赋率之平允，当以整理田赋为根本办法，而整理之道，自民国以来，即有土地清丈及土地陈报之倡议，迄今仍为整理田赋之根本途径，以其工

---

① 《民国三十年度米谷生产成本之研究》，金陵大学农学院农业经济系《农业推广通讯》1941年第3卷第9期，第61页。

作浩繁，办法不易，姑年来办法实施者，尚属少数，今后仍当积极筹备，继续举办，重整地籍，免除一切田赋积弊，而求赋则之合理公允"。① 因此，当时学者闻亦博在《中国粮政史》中说道："经济政策之目的，实现国父之土地政策与粮食政策，并由整理田赋着手不为功。首先必完成土地之陈报与清丈，方能开办地价税及土地增值税，而臻于平均地权之境；必须田赋改征实物，始能粮食集中，政府得以操分配转运公买之权。"②

所以总的来看，支持者的观点主要是在如下几个方面：（1）政策要适应当前战争环境，具体问题具体分析，解放思想，决不能纸上谈兵，田赋征实的可行性只有真正实施才能验证。例如，"良以我国粮食问题，本为不可知之谜"，"决不能从学理上做笼统之推断"等。因为田赋征实是一项土地制度的改革，改革首先是要破除人们固有的不合时宜的思想，所以但凡支持者，大多是要强调实践的重要性的，强调增加粮食的必要性和急迫性。翁之镰从国际战局角度出发说道，无论是英国，美国或是德国，在战争中急切地需要粮食，中国也不例外。事实证明，中国虽是农业大国，但在战争中仍出现了粮食供不应求的局面。（2）田赋征实加强了国民政府对地方的控制，巩固了国民政府的权力。在抗战前期，土地税都属于地方财政收入，田赋征实政策包含的两大方面，田赋收归中央，改征实物，能够保证政府的财政权。

而反对者的意见，大多集中于以下几个方面：其一，田赋征实违背赋税进化原则，大多数经济学者认为，实物税制是一种不经济的税制，违反最低费用的原则，且经济发展是由实物经济（即自然经济）进展到货币经济。例如，学者金天锡所言："货币经济较实物经济优

---

① 《民国三十年度米谷生产成本之研究》，金陵大学农学院农业经济系《农业推广通讯》1941年第3卷第9期，第98页。
② 闻亦博：《中国粮政史》，山西人民出版社2014年版，第149—150页。

越,现在从货币经济再返回到实物经济,是开历史的倒车。"① 其二,如梁庆椿举出:"田赋征实,影响民众对法币的信任,增加人民以币换物的心理。并且,技术上有种种困难,如收缴不便,保管与运输困难,征收费用浩大等等。"反对者唐启宇进一步提出,"即使全部田赋均征收实物,政府所得粮食仍属有限,且分散各处。对于平抑粮价乃至物价,所起作用甚微。粮食可以通过征购的办法解决,毋庸采取此种繁琐之田赋征实办法,田赋征实既不能解决粮食与物价问题,实施时又困难重重,不若不实行"②。黄卓提出四点反对意见:第一,田赋虽在整理,一时尚难彻底革新,现在又来改征实物,税务行政上的困难将较前倍增。第二,改征实物,政府需随地设置大量的仓库,增添大批的保管人员,运输也是极不方便的。证诸最低费用的租税理论,征收实物实在是最不经济的税制。第三,田赋改征实物,就是依据原定货币税率改征实物。前此每亩收税十元的,现在改征大米若干斗。但是战时粮价各处不同,四川的米价每市石现已涨至一百八十元,湖南、江西等省则仅二十元。假使田赋税率每亩征收价值五元的实物,那么四川的粮户每亩仅需纳粮三斗,若湖南、江西的粮户则需纳粮二斗半,这样的负担是很不公平的。第四,改征实物,无论范围如何狭小,人民必将丧失其对法币的信任。③

  他们的观点主要在于:①田赋征实以土地作为征收标准,是历史的倒退。封建王朝的两税法、一条鞭法、摊丁入亩等政策,都是在土地的基础上对人民进行征收。清王朝废除后,慢慢地变为以货币作为

---

  ① 金天锡:《田赋征收实物的商榷》,《抗战建国史料:田赋征实》(四),台北:"中央"文物供应社1989年版,第87页。
  ② 梁庆椿:《田赋酌征实物能救济军民粮食吗?》,《益世报》,1940年;唐启宇:《田赋征实实物评议》,《东南经济报》第2期,1941年2月15日,转引自郝银侠《抗战时期国民政府田赋征实制度之研究》,博士学位论文,华中师范大学中国近代史研究所,2008年,第36页。
  ③ 金天锡:《田赋改征实物的商榷》,《抗战建国史料:田赋征实》(四),台北:"中央"文物供应社1989年版,第88页。

征收对象。现在国民政府主张回归土地,这在当时是与进步思想相矛盾的。②田赋改征实物耗费大量的人力,物力,花费精力过多,得不偿失。为了改征实物,国民政府设立了大量的执行人员,今天看来,这些保管运输官员因为所受教育低,所以中饱私囊,贪污腐败现象极为严重,时下有句话,叫作:"一任粮政官,腰缠数百万。妻孥任挥霍,小民真血汗。"意思也就是说"从官不如从商,从商不如从粮"。侧面反映出保管粮食的"油水"极厚。这些人对后来的国民政府的统治冲击力度不可谓不大。③影响人们对法币的信心。征税制度从货币改为土地,不需要以货币作为中介手段,大大削弱了人们对国民政府法币的信任。

赞成者与反对者说的都有一定道理,历史毕竟是不断往前的,现在实行田赋征实的确手段是"复辟"了,但是细细想来,战时一切具体问题要具体分析,实行田赋征实能够有效地保证收到粮食,以备军需。如此看来,实施它已成为不可逆转之势了。

(2)政界。对于1941年的国民政府来说,由于田赋属于地方税,中央没有征收田赋的权力,要摆脱困境,只能将田赋收归中央和改征实物。据史料记载,"居里在与孔氏讨论对于将征收地税之权由省政府转移中央,孔氏原则赞同。惟预料实行改革必将遭遇许多困难。蒋委员长表示:所谓困难,皆有克服之道,并决心实行此项改革"①。蒋介石有训词:"国家之所以成立,除了主权之外,最重要的就是土地与人民,而且这两种要素,是完全连带着的,如果田赋划归地方,使人民只向地方政府完粮纳税,这就无异将国家整个的土地与人民,完全与国家脱离关系,使人民只知有地方,而没有国家的观念。"孙科也主张粮食公卖(即国营)。其功用:第一,可以平均粮价;第

---

① 秦孝仪主编:《革命文献》第113辑,台北:"中央"文物供应社1988年版,第75页。

二，收缩法币流通量；第三，辅助国家的粮政。① 孙科并列举国民政府将粮食收归国有的部分措施。

3. 实施过程中的讨论

（1）政界。至于田赋征实政策的出台与实施，则是困难重重。1940年7月蒋介石曾有一电致四川省政府"以后征粮，应以米谷为准，而不以货币为主。此虽新定办法，初行或甚不便，但非此决不能持久生效，务忘于此令各有关机关切实研究实施"。② 这是中央最早提到田赋征实。孔祥熙也提议过：为救济军民粮食，平均农民负担起见，拟准各省田赋酌征实物，其征率分别专案核定案。现时各省粮价，既相悬殊，则征收田赋，自应因地制宜，凡出产粮食而粮价上涨过高区域，为调剂军粮民食起见，得酌征实物。其征收实物者，应以各该地方旧有征粮科则为标准，由各省政府查明，参酌本省实际情形，分别拟定征收办法及所定赋率，专案呈候行政院核定施行。③ 能代表国民政府初期对田赋征实具体意见的，是1940年12月财政部指示四川省研究田赋改征实谷办法纲要五项：①田赋改征实物，应以旧有征粮科为标准，不以现征之钱数，照以前粮价征收粮；亦不以折征之粮，再照现时粮价折征货币。其旧有征粮科，则以各县地方之赋册、档卷或县志等所载者为凭，无案册可查看，得按照附近县份之科核定之，并规定省正税改征食粮后，不得再征附加，县附加不得超过正税。②田赋征收实物，应由县政府经征机关负造册制串、通知、催征、处罚稽征之责。由粮食机关负验收、保管、运输、分拨等经收之责，权责既分，可免流弊。③不产谷米之区域，经省政府核准者，得由粮食机关，按粮价差别，改征杂粮，凡不种米谷之粮户，经县政府核准者，得由粮食机关按当时粮价折成货币购粮代缴。④省县田赋税

---

① 《粮食问题与抗战建国》，广东省政府秘书处编译室：《广东粮食问题研究》1941年12月11日，第68页。
② 邱挺生：《四川田赋改制丛谈》，《四川田赋改制专刊》1941年，第45页。
③ 《田赋酌征实物》，行政院召开第490次会议通过，1940年11月29日，第121页。

收，除提拨食粮充用外，统由粮食机关折价发给。⑤凡完成土地陈报之县，其田亩收获量，如经查定折改，按本办法征粮标准，重新拟定科则。

在1941年6月，第三次全国财政会议通过了《遵照行政院田赋酌征实物之决议制定实施草案》自民国30年下半年起，各省田赋战时一律征收实物。但真正在实施时："应先划定征收实物税区，不可普遍实行，各省在接到此项命令之时，应先择定产米或产麦丰富，交通便利（以水运为尤佳）之县份，划定为征收实物区域，其他僻远县份，或产杂粮之县份，可暂缓实行，以求实惠。"①

国民政府也发表言论："决定田赋改征实物之目的，是调剂军粮民食，平均人民负担……各省以粮价高涨之故，感到收支不敷，纷纷以现征之钱数，照民国3年或民国25年之粮价折成粮额，照现时粮价折成四币征收，反复折算，手续繁复，不惟易启纷扰，且恐难期公允，殊非所宜。"论者谓若无田赋征实之举，则吾国战时财政，尚不能有今日之局面，其言虽不免过其甚辞，然细思之亦颇有理由。②

（2）学术界。而学者方面以金天锡为代表提出："田赋改征实物（指福建），实际上就是加征赋税的意思……福建省政府的目的，仅在加征田赋，并不是要改征实物。省政府曾规定，征米如有困难，得依米价折合，缴纳国币。每年以过去六个月的平价米价为完纳标准。去年下半年与今年上半年米价继续步涨之际，缴税时的米价，必较过去六个月的平价米价为高。纳税者自将折缴国币而不缴纳实物，并且省府对于折缴国币的，还准以八成实收，更加鼓励人民以国币缴税。"③《中央日报》也刊登了《论田赋改征实物与实物折价》一文，

---

① 宋同福：《推行田赋酌征实物刍见》，《经济汇报》1940年第2卷第12期，第1440页。
② 金天锡：《论实物田赋与粮食库券》，《国民公报》1941年，第98页。
③ 徐堪：《抗战时期粮政纪要》，《四川文献月刊》1963年第11—12期合刊，第45页。

该文作者认为,"闽省当局尽可采加赋政策,按照省县财政实际情形,加征田赋五倍或更高税率,均无不可,在战时物价高涨,农产品之售价较之战前皆高出五六倍以上,政府增加五倍或更高税率之田赋,农民亦无理由反对。似可不必借改征实物之名,而有变相加赋之实,予人民以缴纳实物政府拒绝接受之非议"。

社会各界在看到田赋征实所带来的巨大效益也是纷纷叫好,"至三十年七月以后,以至于今日,粮价之所以益趋稳定者,事实上不能不归功于田赋征实后,政府控制有大量粮食也。吾故曰:田赋征实增加后,粮价必更趋稳定……盖战时之军粮需要浩大,公粮亦不在少数,加以后方人口骤增,民食数量,亦属可观。倘政府必须以高价收购,则需款数字惊人,且因需要愈大,粮价必愈涨,粮价愈涨,囤积居奇者必愈多,市场供给量必愈少。周而复始,粮价有涨无已。政府有鉴于此,遂决于民国三十年七月一日成立粮食部,实施全国田赋征收实物,并作军粮公粮之分配,民食之调剂,与粮价之管制。两年以来,粮食供应尚未感缺乏,粮价亦能趋稳定……自田赋征实施行以后,政府遂握有大量实物,可以分配军工民粮而无缺,此所谓经济力量也。且又利用电报,遂日报告粮情,及其变动原因。并随时加以管制,不失时效,此所谓政治力量也。徐部长之粮政政策之所以成功,即在乎经济力量与政治力量之能并用"①。就连1941年11月2日延安《解放日报》也认为:"田赋征实粮食库券购粮无疑地,对于弥补财政赤字与解决军需公粮,是有积极意义的。"而关吉玉先生在其《征实征集之应用及贡献》一文里,论及第一年征实成果,亦言:"征实的粮食,达二千四百余万万。"②

综上所述,尽管当时社会各界对田赋征实议论纷纷,支持和反对

---

① 《关于粮食处理与储运的工作报告》,粮食部1944年5月对国民党十二次全会,中国第二历史档案馆,国民政府粮食部档案,八三(100—2)。
② 秦孝仪主编:《抗战建国史料:粮政方面》(四),《革命文献》第113辑,台北:"中央"文物供应社1987年版,第259—263页。

者都有自己独到的观点，这些观点在田赋征实政策实施中或多或少起到了应有的作用。国民政府实行田赋征实是必然的趋势，从它颁布的法令和政府官员的言语中就能看出其实施的决心。总而言之，就后世看来，田赋改征实物为抗战做出的巨大贡献，仍是不容抹杀的事实。

第二章　战时国民政府粮食政策措施与管理成效

随着抗战的不断深入，粮食问题越来越突出，粮食危机也越来越严重，在很大程度上影响了我国反侵略作战的进行和国计民生的正常运转。为了解决粮食问题，应对粮食危机，国民政府一边抗战一边开始着手解决日益严重的粮食问题。

本章主要从国家这个层面探讨战时国民政府是如何应对和解决粮食危机问题的，主要从抗战时期粮食危机与国民政府应对、抗战时期国统区农业推广、抗战时期国民政府粮食增产、抗战时期国民政府粮食管理成效与评价等方面去论述。它们从不同的方面对战时国民政府应对和解决粮食危机所采取的政策和措施进行研究，客观、公正地评价了战时民国政府应对和解决粮食危机的实际成效。

首先，国民政府组织各阶层代表召开各种会议，细致分析粮食问题产生的原因，试图从源头上找到粮食危机产生的根源，并相应出台了一系列解决粮食问题的政策和措施。

其次，从中央到基层组建各种专门机构负责粮食供给。为了保证粮食配给和供应，国民政府在中央和地方组建了各种专门机构，分别负责粮食的筹集、运输、调配和供给。国民政府先是在中央成立全国粮食管理局，负责全国的粮食统筹。1941年实行田赋征实后，将全国粮食管理局改组为粮食部，隶属行政院，统筹全国军粮民食。粮食部内设总务司、人事司、军粮司、民粮司、储运司、财务司和调查处等部门，各部门专项负责。1942年3月增设仓库工程管理处。同年9月军粮、民粮两司分别改为管制、分配两司。在地方上，各省设粮食管理局，直接隶属于行政院，负责管理有关粮食的生产、消费、储藏、价格、运输及贸易、统制及分配等事宜。县设粮食管理委员会，负责统筹辖内粮食之产储运销和粮食调剂事宜。后来，为了加强对地方的粮食管理，各省又改设粮政局，与省政府其他各厅局属同等地位，把县粮食管理委员会改为粮政科，与县政府其他科室居同等地位，使职权扩大，机构健全，以期军粮民食能统筹兼顾。

再次，颁布粮食管理法规，依法解决粮食问题。抗战全面爆发之初，为加强对粮食的监督，国民政府先后颁布了《战时粮食管理条例》《食粮资敌治罪暂行条例》《没收资敌食粮及罚则处理规则》等一系列法规。1938年夏，国民政府又先后颁布了《战区粮食管理办法大纲》及《非常时期粮食调节办法》，规定各战区设置粮食管理处，办理粮食采购、加工、储藏、配销等事宜，非战区各省设运销机构调节各地供求，并实施各项管理事宜。此外，国民政府还颁布了许多与粮食管理有关的条例，如《非常时期农矿工商管理条例》《非常时期评定物价及取缔投机操纵办法》《取缔囤积日用必需品办法》等。

复次，加强对粮食市场和流通渠道的管理，严厉打击各类不法行为。为打击囤积居奇，先后颁布了《非常时期评定物价及取缔投机操纵办法》《日用必需品平价购销办法》《非常时期取缔日用重要物品囤积居奇办法》等一系列管制法令，这些法令均将粮食类物品：米、谷、麦、面粉、高粱、玉米、豆类列为所取缔的囤积居奇重要物品的第一类加以管理。1941年5月，国民政府公布了《非常时期违反粮食管理治罪暂行条例》。该条例颁布后，国民政府在军委会下又成立了"重庆经济检查队",其任务是通过明察暗访查处粮食违法案件。经过严管严控,全国粮食市场逐步稳定,粮食价格有所调整。

最后,调整土地相关政策,多渠道多途径发展农业生产,增加粮食产量。各地各级先后制定了一系列政策指导农业生产,同时,采取多项措施进行粮食生产、储备和配给,以保证战时各方面的粮食需求,其中较为代表性的措施就是将田赋收归中央并改征实物。1941年4月1日,国民党五届八中全会通过了《为适应战时需要拟将各省田赋暂归中央接管,以使统筹而资整理案》,决议将各省田赋暂归中央接管,并斟酌战时需要,依各地生产交通状况,将田赋之一部或全部征收实物。随即由财政部于6月16日召开第三次全国财政会议,通过《遵照第五届八中全会田赋暂归中央接管整理之决议,制定接管步骤,管理机构及各项整理实施办法案》,决定在1941年下半年接管各省田赋。1941年下半年,各省田赋一律改征实物,依1941年度省县正附税总额,每元折征稻谷2市斗,产麦区折征等价小麦,产杂粮区折征等价杂粮。其中1941年度四川、广西、陕西、甘肃、西康等省在全省范围内实行,其他省份均只在部分地区试行。为了掌握更多的粮食,国民政府从1942年度开始,田赋征实标准比1941年度提高一倍,从1944年9月起,产麦区田赋每元折征小麦8升。国民政府为了避免田赋收购粮食所付太多引起通货膨胀,又发行了粮食库券并实行了与其相配套的征购、征借制度。特由财政部粮食部发行粮食库券,为收购粮食支付代价之用。

同时,为增加粮食的产量,国民政府实施了一些相应的措施,开垦荒地、废地,增加粮食的种植面积。此外,国民政府还通过提高单位面积的产量,以及增加劳动力来促进粮食的生产,提高粮食产量,保证粮食的供应。在提高单位面积产量上,国民政府主要从改良种子、施肥、防治病虫害以及兴修水利等方面入手。

国民政府的战时粮食政策和措施基本上是成功的,对抗战胜利有一定的积极作用。在财政上，有利于增强国家财力，紧缩货币发行，平衡国库收支，缓解通货膨胀压力，增加了财政收入，缓和了战时财政赤字的扩大。在经济上，国民政府掌握大量粮食，保障军公民粮供应，有利于稳定军心民心和后方社会秩序的安定。

一 抗战时期粮食危机与国民政府应对

"民食，大事也，政本也，积数千年防人之历史，在长期抗建之阶段，困苦艰巨，遭遇空前。"① 古语有云："三军未动，粮草先行。"这句话足以说明从古至今，粮食对于战争胜败的重要作用。而处在抗日战争这一特殊时期的国民政府当局，面对日益严重的粮食危机时，其态度也从一般防御进而发展到积极应对，寻求解决措施。粮食问题是攸关军粮民食的大事，关乎战争的胜败，军队的供给和百姓的日常所需，而在国民政府统治时期，本来并不凸显的粮食问题为何在1939年以后初现端倪而又在1940年、1941年达到异常严峻的地步，这必然要分析粮食危机产生而又愈演愈烈的原因。

（一）抗战时期粮食危机产生的原因

粮食问题是关乎国计民生的问题，而处在抗战非常时期，充足的粮食供应则更加重要。1937年抗日战争爆发后，掀起了全民抗日浪潮。当时国统区粮价稳定，供应正常，粮食问题并不凸显；但是1939年以后，粮食价格首先从四川开始上涨，而当时四川作为抗战大后方的中心，这一问题很快蔓延到全国各地。"重庆1937年各月平均粮价指数为100，而1939年8月为107.9，10月为122.3，12月为139.8。"而到了1940年下半年，粮价迅速飞涨，其涨幅程度远远超

---

① 《全国之粮食管理》，《申报》1941年2月21日。

过了一般物价的上涨幅度，并影响其他各类生活物品价格一同上涨。重庆、成都两地物价情况如表 2-1 所示。

表 2-1　　　　1937—1939 年重庆、成都两地物价指数

年份 \ 种类	粮食类 成都	粮食类 重庆	衣着类 成都	衣着类 重庆	燃料类 成都	燃料类 重庆	总指数 成都	总指数 重庆
1937	97	98	108	108	103	99	101	103
1938	89	95	181	162	148	104	126	128
1939	122	113	462	348	310	194	220	225
1940	317	395	1154	1000	1024	766	559	665

资料来源：中国第二历史档案馆，四川联合大学经济研究所编《中国抗战时期物价史料汇编》1998 年版，第 287—305 页。

1941 年更是迅猛飞涨，"物价只涨三五倍者真是凤毛麟角，凡是生活必需品大多暴涨了十倍、八倍乃至数十倍"[1]。严重的粮食问题给整个国统区带来严重的社会问题，危及军需民食的正常供应，抢米风潮更是闹得人心恐慌，各省市抢米事件多有频发，仅仅 1940 年 7 月 11 日 "城厢之抢米案件，竟达四起之多"[2]。粮价上涨是粮食危机的突出表现之一，此外，粮食危机还表现在粮食的严重匮乏上。那么是何原因导致粮价的上涨和粮食的匮乏呢？这就要结合当时的实际状况，从多方面因素进行分析。

1. 大量发行法币，导致通货膨胀

1935 年，国民政府宣布实行货币改革，实施法币政策，规定："所有完粮纳税，及一切公私款项之收付，盖以法币为限，不得行使现金违者全数没收，以防金银之偷漏。"[3] 而实行法币政策以后，国

---

[1]《米事跌价与今后》，《申报》1941 年 5 月 20 日。
[2] 李竹溪等编：《近代四川物价史料》，科学技术出版社 1986 年版，第 43 页。
[3] 吴冈编：《旧中国通货膨胀史料》，上海人民出版社 1958 年版，第 66—67 页。

民政府就逐步增大了法币的发行量,"1935年11月法币的发行额为45.7亿元,到了"七七"事变前夕,法币发行额已经增为1407亿元"①。但随着法币的大量发行,物价指数也从1935年的9.4%上涨到1937年的126.1%,通货膨胀已稍现苗头。而进入抗战时期后,国民政府面对日益严重的财政收支问题时,开始推行"战时财政",逐渐形成了以通货膨胀(增加法币发行量)为手段达到平衡财政收支,弥补赤字的政策。1939年1月国民党五届五中全会指出:"为供应军费,收购物资,使用多量法币则筹码之流通自无不足之虑。"② 这一政策的实施使得本已十分严重的通货膨胀更加恶劣,进而导致各类商品物价迅速上涨,也造成粮食价格居高不下,给各阶层人民的日常生活带来了极大的影响,使得各阶层人民的实际收入也是表增实降,购买力下降,生活困苦不堪。

2. 囤积居奇,游资、商业资本投机取巧

国统区粮食问题愈演愈烈,粮价"横破限价,贴价飞腾,就小绞米而言,最高曾见每百包四千三四百元之贴价,以是人心惶恐,粒食维艰,舆论沸扬,民情怨愤"。③ 粮价的上涨,除去自然因素,不可不追究人为因素的暗盘操纵;各阶层人员囤积居奇,以沽高价而售。1940年9月,蒋委员长在《为实施粮食管理告川省同胞》中就指出:"粮价的上涨完全不是由于天然的缺乏而是人为造成的",是"少数奸邪私商与地方粮食富户只因贪图私利,不明大义,就凭借其财力,藏粮自私,使得一般民众相互仿效,造成市场粮食的缺乏,而粮价就无理性的高涨"④ 所造成的。对于普通民众来说,国民政府对粮食实行"限价政策",导致粮价远远低于市场价格,"谷贱伤农",使得农

---

① 杨培新:《旧中国的通货膨胀》,人民出版社1985年版,第23页。
② 《中国国民党历次会议宣言决议案编》第二册,第441页。
③ 《恐慌高潮之民食》,《申报》1941年3月22日。
④ 蒋介石:《为实施粮食管理告川省同胞书》(1940年9月11日),《总统蒋公思想言论总集》第31卷,台北:中国国民党党史委员会1984年版,第211页。

民把多余的粮食囤匿起来,而不到市场上出售。随着战争的日益激烈,人员伤亡严重,农业大幅受损,粮食价格不断高涨,从而出现了有米皆珠、无粮不贵的现象。一些米商就抓住这"米珠薪贵"的时机,从中作祟,暗盘操控价格,并利用多余的资金大量囤粮,以待高价而售。此外,自从太平洋战事紧张以后,美日两国的和战问题为一般人所注意,尤其是一般操纵市场的投机商人。这一些商人把中日战局以及任何有关远东的国际问题都看作制造涨跌空气的好现象。还散播谣言,致使"集市上议论纷纷,莫不刺激买力,而米户暗机放价,尤足以使货方居奇,以致各米节节上升,中货抵达顶码,低次亦复踵高"。① 米商的从中作祟,居奇抬价,导致市面混乱,情形异常严重。对此,1941年1月,蒋介石手谕中提到:"自军兴以还,各地交通停滞,必需品之输运,无不困难,况各地相继沦为战区,环境特殊,一般市侩利用时机,囤积居奇,操纵垄断,无所不为,尤以食米为甚,以刺激各项物价,生活程度之高昂,为有史以来所罕见。"② 另外,米价的持续上涨还缘于各方游资的投入,战争的爆发致使中国处在一个"非常时期",社会各方投资不能照常运行,"市上的游资因为找不到正常的出路,便又在投机的虚名之下,以统债、华股为投机的对象,市价时常大跌大落,谣言亦由此繁与"③,而对于粮价不断暴涨、有利可图的情况下,"一般游资的拥有者,因为投机有暴利可图,也就纷纷放置投资的正路,涌向投机的邪路"④。结果是一方面造成了物价的高涨,尤其是粮价的持续高涨;另一方面又因为投机者裹足不前,而造成物资缺少,粮食匮乏的现象。

3. 官商勾结,官员腐败,以权谋私

抗战初期,粮食问题并不凸显,对于粮食并没有设立专门的部门

---

① 《申报》1941年1月5日。
② 《申报》1941年1月6日。
③ 《战时经济与取缔投机》,《申报》1943年2月1日。
④ 同上。

管理，但随着粮食问题的日益严重，国民政府开始注意到粮食问题的重要性，开始在各战区设立粮食部、粮食购运处等部门，并由专门人员来管理粮食，以保证军粮的供应。同时为了防止这些粮政人员徇私舞弊，并作了专门规定："各运输站运输粮食，计算收交数字，应量（斗）、衡（秤）并用，各项有关表单须填市石数和折合市斤数。"① 此外，还专门设立了督导室以监察粮政工作，但"一切怠忽责任、故意损害以及掺水、掺假、侵蚀、盗卖等弊端，层见叠出，防不胜防"。② 然而有一些官员，面对粮食带来的暴利，利用其职位之便，大发国难财，徇私舞弊，官商勾结，以谋暴利。"一任暗盘贴价飞跃横跳"，官商相互勾结致使"米商视限价若无物，禁令若弁髦"。③ 真可谓是政府当局一再自毁其威信来助长奸商的气焰！政治气息的污浊导致囤积现象日益严重，粮价飞涨不可避免。百姓因此失去了合法的正常基本保障，难以维系日常的生活所需。

4. 战事激烈、人口西迁、财政赤字，粮食需求量增加

抗战爆发以后，国民政府虽也有抵抗，但仍节节败退，使日军迅速占领了东北、华北、华东等大部分国土地区，国民党被迫迁都四川重庆，退守西南地区，而经济、工业本就十分脆弱的西南地区，随着大批军、政、民人员的迁入，政府财政支出迅速增加，粮食需求量迅速扩大。"抗战中，四川先后接纳和安置了国民政府和国民党中央各类机关约57个，各类干部和工作人员约5000人，还有成千上万的难民，重庆1936年只有33万人，到1945年增加到125万人。"④ 此外，国民政府的财政收入主要来源于关、盐、统三税，但随着沦陷区不断

---

① 《运输站运粮暂行办法》，中国第二历史档案馆藏，四川粮食储运局档案，档案号：（九六）2042。
② 秦孝仪主编：《抗战建国史料：粮政方面》（二），《革命文献》第111辑，台北："中央"文物供应社1987年版，第6页。
③ 《工部局定米出售问题》，《申报》1941年5月3日。
④ 温贤美：《四川通史》（第七册），四川大学出版社1994年版，第215页。

地扩大，政府财政收入却在不断地缩小，而军粮的供应以及百姓的粮食所需却在不断地增加。因此，粮食供应成为政府工作的重中之重。但由于财政严重入不敷出，政府手中的粮食也不足以应付战争所需，因而采取大量发行法币等战时激进措施，最终导致粮价暴涨、社会混乱。同时，日军在广大的沦陷区采取"以战养战"政策，肆意掠夺沦陷区的粮食，并高价诱购国统区的有限粮食，"走私资敌"现象多有发生，出现了沦陷区不但无米运沪，反致倚沪上相接济的情况，造成了沪上米商更居为奇货。"米价之涨，振振有词，囤积之风也是不可尽尔！"①

5. 粮食减产、歉收，粮食成本增加

丰富的农业生产，是支持战争的物质条件之一，中国自古以来便以农立国，自给自足。而抗日战争的爆发，致大片国土沦陷，农业生产面积急剧缩小，农村经济，已是疲敝不堪。随着战争规模的不断扩大，"'农辍于野'已是最普遍的现象，因此造成了粮食问题的异常严峻"②。如"江南本是产米之区，而粮食问题的严重，竟仍出人意外的剧烈，虽然最重要的原因不在生产，但生产不足显然也是一大原因"。③ 此外，战争使农民流离失所，四处逃难，生命都已经不得保障，更别谈从事农业生产。"农民之生产本就薄弱，经颠沛流离，尽丧所有，于是乘机而兼并之风大盛。并且，农之生产能力，实至脆弱，委心任运听于天，水旱虫害归于命。"④ 1939年抗战以后，许多地方多有旱灾，致使粮产歉收，"则米粮季节性之变迁，愈接近夏季愈烈，此去青接时伊迩，在平时尚见其涨，今日更甚"⑤。而这一状况更是加剧了粮食问题的严重性。另外，1940年，国民政府大力征

---

① 《第三阶段之上海民食》，《申报》1941年4月5日。
② 《粮食行政之敷施》，《申报》1941年7月19日。
③ 《提高战时农业生产》，《申报》1943年1月14日。
④ 同上。
⑤ 《第三阶段之上海民食》，《申报》1941年4月5日。

兵、抓壮丁，大多数农村劳动力都奔赴战场，致使农业生产一度废弃。太平洋战争爆发以后，香港和上海租界沦陷，日军又相继攻占东南亚各地，切断了滇缅公路，形成对国统区的严密封锁，切断向内地转运物资的重要来源，使得"洋米来华"愈加困难，粮食匮乏问题更加严峻。而且"欧战发生，轮船多被征调，船只既缺，水脚节节上涨，果如市所传仰光之米一吨运沪，需水脚一百四十先令，几等于吨米之价，则沪上一石米价之所费，固半运费也"。① 粮食生产成本的增加也大大加剧了粮价上涨的状况。

可见，在抗战这一特殊时期出现的粮食危机，其产生原因是多方面因素综合作用的结果，它对于普通民众生活，战时物质需求的影响都是不可忽视的，尤其是对抗战的胜利起着重要的物质作用。因此，面对日益严重的粮食危机，国民政府不得不加强对粮食及粮食市场的调节和管理，采取种种措施平抑粮价，以解决粮食危机。

（二）国民政府对粮食危机的应对

粮食是极其重要的战略军需物资，关系战争胜负，在供应上不容稍有短缺和延迟。粮食问题的产生，对国民党在大后方的统治造成了严重威胁，民情沸腾，由此造成的人心动摇，也严重影响了中国抗日战争的顺利进行。抗战爆发后，国民政府即认识到粮食的重要性。1940年8月15日，蒋介石给川省秘书长贺国光等的手令中指出："根据近日成都米价陡涨，确系奸商大贾囤居抬价积奇，诚堪痛恨。应即查明存量，做有计划之平价销售，务期平民生活，不受影响。"②

抗日战争时期，国民政府针对不同阶段的粮食问题采取了不同程度的处理措施。从其粮价的变动规律以及粮食问题的演变，可以把国民政府的粮食政策大致分为前后两个时期：前期自抗战爆发至1941

---

① 《第三阶段之上海民食》，《申报》1941年4月5日。
② 周开庆：《国民川事纪要》，台北：四川文献研究社1972年版，第20页。

年7月，这段时期的粮食价格从基本稳定发展为急剧上涨，粮食政策企图以非管制性管理达到目的，在效果不甚明显的情况下，最终走上了粮食管制的道路；后期自1941年8月至抗战胜利，在这个时期粮食政策以强化粮食管制，政治经济双管齐下为特征。

1. 1937—1941年国统区的粮食政策

（1）建立与强化粮食管理机构。抗战爆发至1938年2月，后方各省粮食普遍丰收，因此粮食尚不感觉匮乏，粮价亦较平稳，个别地方且有低落，这一时期国民政府建立了粮食管理机构。《战时粮食管理纲要》规定，各省设粮食管理局，直隶属于行政院，负责管理有关粮食的生产、消费、储藏、价格、运输及贸易、统治及分配等事宜，县设粮食管理委员会，分别统筹辖内粮食之产储运销和粮食调剂事宜。同时为防止食粮资敌，决定加重其处罚力度，规定："凡以食粮供给敌军者处死刑；私运禁止出口食粮10万斤以上者，以资敌论；未满10万斤者，处无期徒刑或7年以上有期徒刑。"[1]

（2）颁布粮食管理法规。1937年8月，为加强对粮食的监督，国民政府先后颁布了《战时粮食管理条例》《食粮资敌治罪暂行条例》《没收资敌食粮及罚则处理规则》等一系列法规。1938年夏，国民政府又先后颁布了《战区粮食管理办法大纲》及《非常时期粮食调节办法》，规定各战区设置粮食管理处办理粮食采购、加工、储藏、配销等事宜，非战区各省设运销机构调节各地供求，并实施各项管理事宜。此外，国民政府也公布过许多与粮食管理有关的条例，如《非常时期农矿工商管理条例》《非常时期评定物价及取缔投机操纵办法》《取缔囤积日用必需品办法》。而抗争爆发后，国统区粮价稳定，粮食市场没有大的波动，这也让一直认为中国是产粮大国的国民政府没有进行认真有效的管理。所以国民政府并没有认真实施，对粮食事

---

[1] 沈云龙主编：《近代中国史料丛刊三编》第二十辑；沈雷春、陈禾章编：《战时经济法规（二）》，台北：文海出版社1987年影印本第7期，第33—34页。

务基本上"放任不管"①。

（3）平抑物价。1939年1月至1940年7月，此时抗战已历三年，随着抗战区的扩大，军队集中，对粮区的需求激增，故粮价必然上涨，只是此时粮价上涨程度，与一般物价相比较，并不如此明显。在这个时期，国民政府关于平抑一般日用品价格的措施，虽亦见积极，但由于农民购买力较弱，故除扩充农贷及其他设施以谋增加粮食产量，充裕军饷民食外，对粮食价格尚未特设机构加以平抑。1940年7月至1941年7月，由于粮价问题日益严重，此一阶段，国民政府为平抑物价作了两个方面的工作：①取缔囤积米粮，1940年5月，物价平准处成立后不久就饬令四川各县市"调查登记民间存储谷米"②对居民的存粮除按照《四川省物价平准处管理囤积日用品暂行规则》规定的每人储存米二石五斗的标准留下自用外，余则勒令平价出售。②实施平价购销。从1940年7月起，平准处通过到周边各县采购、借用，对囤积户实施没收，对登记不实者实行减价收购等手段筹集食米，平价销售给市民或者米商。

（4）取缔囤积居奇。面对日益高涨的物价，蒋介石认为"在一日里只需要严办几个有势力的为富不仁之徒，粮食问题自然可以解决的"③。蒋介石手谕"以粮价见跌而物价转见急剧上涨，殊属反常，故特下令设法平抑，并严密取缔商人囤积居奇"。④国民政府粮食管理政策遂由"劝售"余粮转入严惩囤积居奇分子。为打击囤积居奇，先后颁布了《非常时期评定物价及取缔投机操纵办法》《日用必需品平价购销办法》《非常时期取缔日用重要物品囤积居奇办法》等一系

---

① 《江西省粮食管理概论》，中国第二历史档案馆，档案号：八三（346）。
② 李竹溪等编：《近代四川物价史料》，四川科学技术出版社1986年版，第50页。
③ 蒋介石：《粮食管理要点与县长的重大责任》，秦孝仪主编：《中华民国重要史料初编——对日抗战时期》第4编，第3辑，台北：中国国民党中央委员会党史委员会1988年版，第56页。
④ 《申报》1941年9月25日。

列管制法令，这些法令均将粮食类物品：米、谷、麦、面粉、高粱、玉米、豆类列为所取缔的囤积居奇重要物品的第一类加以管理。① 为严惩囤积居奇分子，蒋介石亲自下令处决了囤积粮食的原成都市市长杨全宇。但这种做法仍然制止不了囤积居奇的风潮。1941年5月12日，国民政府公布了《非常时期违反粮食管理治罪暂行条例》。该条例颁布后，国民政府在军委会下又成立了"重庆经济检查队"，其任务是通过明察暗访查处粮食违法案件。因此，总的看来，国民政府对囤积居奇的打击是有力的，这种做法对于保证粮食按需要的流通，是起到一定作用的。②

然而由于战事方殷，国民政府不得不集中全力于军粮之筹集，无暇兼顾民事。国民政府鉴于粮价飞涨，影响人民生活颇大，不得不另谋解决方案。国民政府在社会关系稳定与抗战大业的粮食问题上经过徘徊之后，从1941年7月至1941年9月期间，国民政府制定了一系列有关粮食征购、配给、储运和粮价的法令法规，采取了许多办法和措施，投入了大量的人力和财力，其规模之大，措施之细都是前所未有的，说明国民政府对战时国统区的社会稳定和粮食于维系整个战时经济和军事局面的重要意义，有着比较清醒的认识。

2. 1941年7月至抗战结束国统区的粮食政策

第二阶段的粮食政策始终遵循着以军粮为主，民食为辅；以政治手段为主，经济手段为辅的方式办理。此阶段的粮政除继续贯彻并强化辅导粮商运营，健全粮食同业工会组织，调查粮食生产与民间存粮等市场方面的强制性政策外，主要以田赋征实、粮食征购、粮食配给、全面限价为主要内容。

（1）调整粮食管理机构。国民政府于1941年6撤销全国粮食管

---

① 陈雷：《抗战时期国民政府的粮食统制》，《抗日战争研究》2010年第1期，第23页。
② 陆大钺：《抗战时期国统区的粮食问题及国民党的战时粮食政策》，《民国档案》1989年第4期，第98—104页。

第二章 战时国民政府粮食政策措施与管理成效

理局，于7月1日成立粮食部，"对于各地高级行政长官执行本部主管事务有主导、监督之责"，"对于各地方高级行政长官之命令或处分，认为有违背法令或逾越权限者，得提交行政会议议决后，停止或撤销之"。① 粮食部内设总务司、人事司、军粮司、民粮司、储运司、财务司和调查处。1942年3月增设仓库工程管理处。同年9月军粮、民粮两司分别改为管制、分配两司，各省设粮政局，与省政府其他各厅局属同等地位，把县粮食管理委员会改为粮政科，与县政府其他科室居同等地位，使职权扩大，机构健全，以期军民粮能统筹兼顾。由于解决方案合理，加之此后三年多各地收成丰稔，对于稳定物价是有一定作用的。

（2）田赋收归中央并改征实物。1941年4月1日，国民党五届八中全会通过了《为适应战时需要拟将各省田赋暂归中央接管，以使统筹而资整理案》，决议将各省田赋暂归中央接管，并斟酌战时需要，依各地生产交通状况，将田赋之一部或全部征收实物。随即由财政部于6月16日召开第三次全国财政会议，通过《遵照第五届八中全会田赋暂归中央接管整理之决议，制定接管步骤，管理机构及各项整理实施办法案》，决定在1941年下半年接管各省田赋。蒋介石对田赋征实之事极为重视，特提示三事为川省官民注意：①注意普及宣传，使民众洞晓征实之详实，以免民众误解为加赋。②各地土绅希能率先，一本既往爱国之热忱，各地监察委员会迅速成立。③主管人员应以不思不摄为原则。② 在田赋收归中央的情况下，如果不实行田赋征实，国民政府仍然无法控制巨额粮食，因为粮食掌握在粮产和粮商手中，国民政府的购粮行动必须受粮食供求规律的制约。因此，从1941年下半年起，各省田赋一律改征实物，依1941年度省县正附税总额，每元折征稻谷2市斗，产麦区折征等价小麦，产杂粮区折征等价杂

---

① 《粮食部组织法》1941年7月4日，国民政府公布。
② 《大公报》1941年12月5日。

粮。1941年度四川、广西、陕西、甘肃、西康等省在全省范围内实行，其他省份均只在部分地区试行。① 国民政府为了掌握更多的粮食，从1942年度开始，征实标准比1941年度提高一倍，从1944年9月起，产麦区田赋每元折征小麦8升。国民政府为了避免田赋收购粮食所付太多引起通货膨胀，又发行了粮食库券并实行了与其相配套的征购、征借制度。特由财政部粮食部发行粮食库券，为收购粮食支付代价之用。② 1941年11月2日，《解放日报》有人发表文章，对粮食库券给予很高评价：田赋征实与库券购粮，无疑地，对于弥补财政赤字与解决军糈公粮，是有其积极意义的。"③

（3）实行粮食配给制，保障军公民粮供应。抗日军兴，国民政府为改善军队生活，实行粮饷划分，主副公给制度。④ 但由于粮食来源有限，此制度初期只在参战部队中实施。国民政府实行田赋征实后，并改征实物，粮食来源有了保障，军粮供应范围逐渐推广，所有前后方部队及军事机关、学校、医院、工厂、官兵、夫役一律按照供给定量配给米麦现品，以足军食而安民心。1940年以后，物价不断上涨，公教人员的薪俸收入不足以维持生活。为保障后方的稳定，1942年10月在通过田赋征实掌握大量粮食的基础上，又将原来的改善公务员生活办法予以修正补充：①对于公务员食粮，一律免费配发，不收基本价款；②拨发数量以半岁为标准，31岁以上者月领米1石，26岁至30岁者8斗，25岁以下者6斗，工役一律6斗；③陪都及各省均以发实物为原则；④以前请领平价米须按月造册呈由主管机关核转行政院核定填发通知单，交由粮食部转饬拨发，手续繁琐，改为每半

---

① 《1942年度粮食部工作计划稿及有关文书》，中国第二历史档案馆，档案号：八三（39）。
② 《大公报》1941年9月22日。
③ 《解放日报》1941年11月2日。
④ 陈雷：《经济与战争——抗日战争时期的统制经济》，合肥工业大学出版社2008年版，第220页。

年请领一次。其发给实物范围逐渐扩大,截至1943年扩及11省。自1944年起复规定将公粮列入各机关预算内,即在预算范围内核实拨发。国民政府在各重要消费市场设置机构,平价售济民食,缓解了城市平民和战时生产工业职工食粮困难,基本保证了后方人民生活的稳定。上述措施对于平衡供需,稳定市场,发挥了一定的作用。

（4）加强管制,全面限价。《申报》对于物价问题,曾迭有献言:"我们始终认为这是与政府当局整个经济政策有密切关系的问题,同时也是整个政府问题的一部分,如果政治问题有了办法,那么这个物价问题就可迎刃而解。同样的,如果物价问题有了圆满的解决,那么一般社会问题也可获得圆满的解决。"① 因此,抗战时期国民政府对粮食的统制始终采取经济力量与政治力量并重的政策。至1942年下半年,物价继续上涨。且愈涨愈高,愈涨愈快,甚至达到无法控制的极限。为控制全国物价,1942年11月国民党五届十中全会通过了《关于加强管制物价的训令》,规定:"①各省市政府对于所辖区域内重要市场之物价运价工价应于1943年1月15日一律实施限价。②关于物价运价工价之限价应以1942年11月30日各该市场之原有价格为标准,由各该当地政府予以评定。③实施限价应特别注重民生重要必需品,如粮、盐、食、棉花、棉纱、布匹、燃料、纸张等物及运价工资。④各该当地政府应督率各该地同业公会按照上述期限与标准要议上述民生重要必需品及其他物品价格,务须达到同一地区、同一时间、同一物品,只有一个价格之目的。⑤各该当地政府对于议定价格应予核定,在辖境内公布,一面迅即呈报上级主管机关审核。⑥各同业公会所属至公司行号或其会员应遵守核定价格,于交易场所或物品上标明,非经政府核准不得变更。⑦实施限价后应严厉禁止黑市,如

---

① 《加强管制与全面限价》,《申报》1943年2月3日。

有违反法令擅自抬价者，主管机关应立即取缔，并按军法惩处。"①限价政策基本上把大后方大部限价地点的粮价指数限制在一般物价指数之下，但限价效果有限。国民政府曾作了如下总结："各地执行限价，对于加强管制物价方案所列其他几项重要方针或未能齐头并进，点之限价与面之管制或未能密切配合，致若干地区限价工作未能切实生效。"②但政府的限价政策，仍在一定程度上减缓了物价上涨之风，稳定了后方的人心和社会秩序，对于平衡供需，稳定市场，还是发挥了一定的影响。

（三）国民政府战时粮食政策之评价

国民政府的战时粮食政策基本上是成功的，对抗战胜利有一定的积极作用。在财政上，有利于增强国家财力，紧缩货币发行，平衡国库收支，缓解通货膨胀压力，增加了财政收入，缓和了战时财政赤字的扩大。在经济上，国民政府掌握大量粮食，保障军公民粮供应，有利于稳定军心、民心和后方社会秩序的安定。

据统计，1941年"全国共征实物二千四百余万石，折价每市石百元，计当在二十四万万元以上，足可应付战前总支出而有余，即以现时中央岁入而论，亦已占税收总额半数以上"。③若将1942—1944年田赋征实折成法币，约占国民政府各年财政收入的32.66%，49.14%，54.68%。④另外征实、征借、捐献等则使国民政府付出很少货币或不付任何代价取得了巨额粮食。据估计，如果不是田赋征实和征购中使用粮食库券，仅1942年度国民政府就得多发行355亿多

---

① 抗日战争时期国民政府财政经济战略措施研究课题组编：《抗日战争时期国民政府财政经济战略措施研究》，西南财经大学出版社1988年版，第50页。
② 《1945年度粮食部工作计划稿及有关文书》，中国第二历史档案馆，档案号：八三（49）。
③ 杨箐：《试论抗战时期的通货膨胀》，《抗日战争研究》1999年第4期，第101页。
④ 张公权：《中国通货膨胀的历史背景和综合分析》，《工商经济史料》第二辑，文史资料出版社1983年版，第194页。

元的货币。① 从1943年至1945年国民政府共借粮食60062217市石，如按780元/石计算，就节省法币468亿多元。实际上国统区各地米价有很大的差异，前后期又相差悬殊，例如1943年7月中熟米价格：重庆为780元/石，成都为2006元/石，1944年3月分别涨到1100元/石、3438元/石。② 因此国民政府直接用法币去市场采购粮食，应增发的货币远远不止上述数字。总之，粮食统制的实施，有利于增强财力，抑制通货膨胀，稳定社会秩序。

抗战时期的粮食政策，如前所论，可以说对于调剂战时国统区粮食供求、保证抗战胜利起到了积极的作用。但是，仍然存在一些不尽如人意的地方。

首先，土地政策不彻底，成为实行战时粮食统制政策的障碍。如1941年蒋介石在出席第三次全国财政会议的讲话中，明确表示，"我们的土地与粮食问题，如能圆满解决，则其他政治、军事与财政、经济及社会问题，都可以得到根本的解决。但是，粮食还是出于土地，所以土地问题，实为一切问题之根本问题"③。粮食问题的根本解决，首先在于农民生产积极性的提高，土地利用的促进。这是国民政府所承认的。生产环节的关键又在土地政策，国民政府战时粮食政策却恰恰忽视了这一根本问题，农村封建土地关系和租佃制没有丝毫触动。因此，战时粮食政策是治标不治本，是建立在剥夺农民，牺牲农民利益的基础上的。

其次，各地农民的负担沉重。田赋征实政策虽然规定，各省田赋征收实物后，其积谷一项，仍旧征收，其他一切以土地为对象所摊筹

---

① 抗日战争时期国民政府财政经济战略措施研究课题组编：《抗日战争时期国民政府财政经济战略措施研究》，西南财经大学出版社1988年版，第29页。
② 金普森、李分建：《论抗日战争时期国民政府的粮食管理政策》，《抗日战争研究》1996年第2期，第89页。
③ 秦孝仪：《总统蒋公思想言论总集》第18卷，台北：中国国民党党史委员会1984年版，第222页。

派募之款项,悉予豁免。但此项政策并未贯彻,农民除缴纳征实部分外,新增加以土地为对象的附加和摊派仍然层出不穷。田赋之外,尚有征购,其征购数超过田赋,征购价格却大大低于市价,农民的损失是巨大的。特别是粮食库券,更是对于农民的变相剥夺。粮食库券,自1941年9月1日发行,是年共发行五千万市石。按《民国三十年粮食库券条例》规定,该库券自第二年起分五年平均偿还,以实物计算,利率定为周息五厘。但是,由于1941年整个物价指数要低于粮价指数,而1942年后物价指数又大大高于粮价指数,也就是说,1941年一市石粮食要换取的其他商品要远远超出1942年以后一市石粮食换取的其他商品,因此,农民从粮食库券中蒙受的损失是显而易见的。

综上所述,对粮食政策要看到积极的意义,也要看到其消极的一面,可以帮助我们更加全面地认识战时粮食政策。历史表明,服从和服务于全民的抗日民族解放战争是国民政府粮食统制得以产生、实施和生效的土壤,而抗日战争的结束也宣告了战时粮食统制政策的终止。

二 抗战时期国民政府农业推广

中国自古便是农业大国,粮食更是关乎国计民生。自1937年抗日战争全面爆发后,农业问题就直接影响整个战局,成为争取抗战胜利和战后建国重要的物质基础。抗战爆发后,南京国民政府迅速成立相关的农业机构,组织人力物力财力,对全国的农业生产进行了系统的整顿和规划并取得了一定的成效。

1937年抗日战争全面爆发后,我国最富庶的农业生产区相继成为敌占区,由于受到日军的扫荡以及战争的破坏等,我国的农业生产受到极大的破坏和损失。根据相关部门的统计,"仅1937—1938年,

第二章 战时国民政府粮食政策措施与管理成效

全国粮食种植面积损失38%，产量损失22%；棉花种植面积损失达70%，产量损失68%；烟叶种植面积损失32%，产量损失33%"①。国民政府"鉴于华北及沿海诸省沦陷战区，农业资源损失甚多，惟有尽力发展西南及西北各省农业，方能充实长期抗战之力"。② 而众所周知，"我国为农业国家，乡村为我国人力物力财力主要之泉源，动员开发，期于民族解放战争尽其最大之贡献者，则农业推广尚焉"③。农业推广即是将通过农业研究而得到的经验、材料、技术甚至人才等传播到农村，教授给农民，从而达到增加农业生产，发展农村经济，建立农村组织，提高农民农业知识水平，改善农民生活，支持前线抗战等目标。

我国农业推广的历史，上可追溯到清光绪三十一年（1905年），清政府中央设立农工商部，开始进行农业推广。但由于此时的清政府面临内忧外患的境况，尽管进行了农业推广，可收效甚微。从辛亥革命中华民国建立到1937年抗战爆发，这个时期内的农业推广可以分为两个时期，即民国初年至北伐战争成功初期的农业推广萌芽时期和1929年至1937年的积极进步时期。1929年以后，我国的农业推广才有了正式的法律依据、组织、方法和制度等，开始走上一个规模制度性的道路。在抗战时期，农业推广更具有其迫切性：第一，抗战为持久战、全面战，必须以充裕的人力物力财力支持抗战的最后胜利；第二，抗战爆发后沦陷区农业遭到破坏，农业生产与供给锐减，而大后方人口剧增，导致需要剧增，加上支持前线军粮，农业生产的责任更加巨大。"自从全面抗战发动以后，我们的政府知道农业生产的多少直接影响抗战的力量，我们要达到最后的胜利，必须增加生产充实物力。"④ 因此农业推广备受国民政府的关注而被提上抗战建国的日程。

---

① 董长芝、李帆：《中国现代经济史》，东北师范大学出版社1988年版，第15页。
② 《中农所简报》1939年第9期，第2页。
③ 《农业推广通讯》1939年第1卷第1期，第2页。
④ 《农业推广通讯》1940年第2卷第3期，第44页。

（一）抗战时期国民政府农业推广机构与政策

抗战爆发后，由于日军攻势猛烈，国民党从全局考虑，为了更好地进行抗战，1937年11月，将国民政府迁往重庆，以重庆作为战时的临时首都。由于农业问题在战争时期的重要地位而受到国民政府的高度重视，1939年4月，国民党在重庆召开了抗战时期的第一次全国生产会议，对战时大后方国统区的农业生产进行了全面而系统的规划，并制定了战时农业生产的基本政策，即："（1）积极发展后方生产，以弥补战区的损失；（2）力谋战区农业的复兴，以增强战区抗战力量；（3）实现有计划有组织的生产，使农业与工业相配合，以协调各生产部门的力量；（4）增加农产品出口，以提高经济地位。"[①]该政策制定以后，大后方各省以增加农业生产为目标，围绕该项政策，着手发展本省农业推广事业。而"发展农业推广的先决条件，首先要建树有力的推行机构，进而对于机构间以及整个事业须有密切灵活的管理，运用充分的人力、技术与材料，置重点于下属单位，夫然后才能贯彻任务，跻于成功之域。"[②]

1937年10月，国民政府将中央农业试验所全部迁湘工作，后又于1938年2月迁往重庆办公，同时为了达到事业集中和组织统一的目的，国民政府又"将前实业部所属中央种畜场及石门山分场、全国蚕丝改良委员会及其附属分场，棉业统制委员会及其主办之中央及各省棉产改进所、全国稻麦改进所、中央模范林区管理局、西北种畜场等机构"[③]，归并到中央农业试验所，并由经济部统一管辖各项工作。归并后，由于实际工作的需要，中央农业试验所又对内部组织进行了改组，根据新订立的规程，"分设稻作、棉作、麦作杂粮、园艺、森

---

① 《农业推广通讯》1940年第2卷第3期，第44页。
② 《农业推广通讯》1940年第2卷第6期，第3页。
③ 《中农所简报》1938年第1期，第1页。

林、蚕桑、畜牧兽医、水产、土壤肥料、植物病虫害、农业经济等十一系"①，分别办理与之相应的各项工作。"1938年1月，将实业部改为经济部，设立农林司，主管农、蚕、林、垦、渔、牧，农村经济及农村合作事宜等。同时，把稻麦改进所、棉业统制委员会、蚕丝改良委员会归并中央农业实验所，由经济部管辖。"② 1940年，国民政府增设农林部，将原经济部管辖之中央农业试验所划归农林部管辖。除此之外，还有一些其他相关农业机构的改组或成立。

对于农业推广机构，中央方面，1929年（民国18年），国民政府成立中央农业推广委员会，主持全国农业推广相关事宜，同时颁布各项农业推广章程。1934年，国民政府全国经济委员会增设农业处，进一步推进农业推广事业。民国"二十七年（1938年）夏成立农产促进委员会，负责促进全国农业生产，统筹农业推广事宜，上则秉承政府指示，旁则密切联系中央一切有关机关，下则协助各省树立农业推广机构，配合全国总动员计划，尽力推动"。③并先后颁布《全国农业推广实施计划纲要》与《全国农业推广实施办法大纲》。农产促进委员会设有总务与技术两组，各设主任一人，另总务组设办事员若干人，技术组设推广员及督导员若干人，"负责督导各省推广工作，训练推广人才，供给宣传材料，计划推广事业调查推广效果及研究改进推广方法等项"④。省、县方面，各省先后成立农业改进所，如1938年9月1日四川省成立四川省农业改进所。在各省农业改进委员会中设立农业推广处或农业推广委员会，主持办理各省农业推广事宜。"计四川、贵州、湖南农业改进所各设农业推广委员会，广西农业管理处，湖北农业改进所各设农业推广组，甘肃、陕西、河南各设

---

① 《中农所简报》1938年第1期，第2页。
② 邱松庆：《简论抗战时期大后方农业生产及其发展原因》，《党史研究与教学》1996年第2期，第50页。
③ 《农业推广通讯》1940年第2卷第2期，第3页。
④ 《农业推广通讯》1939年第1卷第2期，第4页。

农业推广处，福建省农业改进所设立农业推广所。"①各省以下由省级农业推广机关或各县政府统一推动设立县级农业推广所，指导协助各县农民进行农业生产，国民政府行政院于1941年8月颁布《县农业推广所组织大纲》。除此之外并颁布《农业推广视导法》，成立农业推广巡回辅导团，考察各省县农业推广的经过和现状、农业推广结果优劣成败的原因等，进而指导农业推广机关和农民改进缺点，增加农业生产。

（二）抗战时期国民政府农业推广措施

抗战时期，国民政府促进农业推广的方法，主要是健全的农业推广机构和充实的农业推广内容。机构方面，中央有农产促进委员会督导全国农业推广，各省设有农业推广处或农业推广委员会负责本省农业推广事业，各县设有农业推广所直接指导农民进行农业生产。内容方面即为经过农业研究所得的经验、材料、技术及人才等。而农业推广最直接的目的就是指导农民通过应用善法良种来增加农业生产。良种即为各种优良的农作物品种，主要来源于两个方面，一是从国外引进，二是本国品种经过试验改良所得。

1. 培育、改良、推广稻种与麦种，提高粮食产量

1936年，全国稻麦改进所在江宁县推广帽子头水稻良种获得了广大民众的一致好评，1937年"在该县扩大推广面积，计东山区12170亩；横溪桥区26230亩；湖熟龙都区45000亩，总计83400亩"②。1937年四川省稻麦改进所在成都平原与川北产麦区三十六县共推广金大二九〇五号小麦2300余亩。1938年四川省农业改进所成立后，在川省三十八县继续扩大推广金大二九〇五号小麦2393276亩；1939年在川北三十六县继续推广9276049亩；1940年在三台、

---

① 《农业推广通讯》1943年第5卷第6期，第5页。
② 《农报》1937年第4卷第3期，第153页。

中江、梓潼等三十五县推广 200 万亩，每亩约可增产 40.86 市斤，共约可增产 54480 市石；1941 年在绵阳广元等县推广 29597629 亩。①

1938 年湖南省在衡阳、安乡等九个县推广黄金籼、帽子头等优良水稻品种 138494 亩，增加产量 69247 市担，在长沙、湘潭等八个县推广双季稻 13639 亩，每亩增加产量 2348 市担，共增产 32024372 市担；推广再生稻种植面积 44000 亩，每亩平均增加 716 市斤，共增加产量 31504 市担。②

1939 年，四川省农业改进所推广金大二九〇五号优良小麦 10 万亩，其中仅成都县农业推广所推广 4531 亩，推广优良稻种竹桠谷 3920 亩，推广保育再生稻 24000 万亩。湖南省农业改进所在"长沙、醴陵、湘潭、宁乡、益阳等三十县推广水稻面积 114991 亩，增加产量 72444 市石"③，推广再生稻种植面积 191403 市亩，每亩平均增加 760 市斤，共增加产量 145313 市担。据统计，1939 年全国各优良品种的"籼粳稻较二十七年增产 3400 万市担，较前七年的平均数（二十至二十六年）增 5800 万市担，棉花较二十七年约增产 120 万市担，较前七年的平均数增 100 万市担"。④

1940 年，四川省农业改进所将农业生产建设的中心确定为："（一）甄定水稻品种。计六十三县，可增加米粮 5% 以上；（二）推广改良麦种 50 万亩，可增麦产 32%；（三）推广改良稻种，可增产 10%；（四）防治水稻螟害，可减少稻产损失 15%；（五）防治麦病 100 亩，可减少麦产损失 13%；（六）推广优良稻种 80 万亩，可增产 20%。"⑤ 并于"宜宾、绵阳、开江等五县推广竹桠谷、巴州谷、合川油粘三品种 185369 亩，在华阳、广汉、金堂等四十五县示范各种

---

① 《农业推广通讯》1943 年第 5 卷第 1 期，第 70 页。
② 《农业推广通讯》1943 年第 5 卷第 9 期，第 22—23 页。
③ 《农业推广通讯》1943 年第 5 卷第 6 期，第 6 页。
④ 《农业推广通讯》1940 年第 2 卷第 6 期，第 12 页。
⑤ 《农业推广通讯》1940 年第 2 卷第 5 期，第 18 页。

检定品种24886亩，合计2102551亩"①。在江北、涪陵等十八县推广保育再生稻9万亩，在华阳等十四县推广金大二九〇五号小麦约8万亩。1941年度"四川省'推广改良稻种共96000亩，预计增收48000担。再生稻与双季稻推广示范，共2600亩，增收30000担，改良麦种推广300000亩，增收60000担'"。②广西省"计有水稻良种推广30余万亩，小麦扩充栽培面积80余万亩"。③其中"在邕宁等二十一县推广优良品种共八十六种，面积10万亩，每亩可增产60斤左右"。④湖南省"稻作方面，推广优良稻种，去年达11万亩，本年预计推广100万亩，推广再生稻19万余亩，减少糯稻栽培面积数10万亩，以增进籼稻生产"。⑤江西省"计本年度推广优良稻种2000担，收购2万担；小麦3600担"。⑥陕西省"推广改良小麦22万亩，约增加农民收入200余万元"。⑦福建省"南特号"早籼稻"种植面积当在6000余亩，每亩增产以40斤计，当可增收2400担以上"。⑧并于秋收后收种1000担，准备于下一年度继续推广。除此之外，农产促进委员会"补助湘农所改良稻种4000余市石，面积计达10万亩，增加产量7万余市石"。⑨"西北农事试验场在泾阳推广蓝芒麦12700余亩，增产1万余担，定番推广金大二九〇五号小麦365亩，增产150担。补助黔农所推广十县，计53万亩增产近40余万担，温江、仁寿推广3260亩，增产600担；总计540余万亩，额外增产40

---

① 《农业推广通讯》1941年第3卷第1期，第7页。
② 赵秀丽：《抗战时期国民政府的农业推广政策初探》，《农业考古》2014年第1期，第34页。
③ 《农业推广通讯》1940年第2卷第10期，第76页。
④ 《农业推广通讯》1941年第3卷第1期，第15页。
⑤ 《农业推广通讯》1940年第2卷第10期，第77页。
⑥ 同上书，第78页。
⑦ 《农业推广通讯》1941年第3卷第1期，第22页。
⑧ 同上书，第20页。
⑨ 《农业推广通讯》1940年第2卷第2期，第4页。

余万担。"① 据统计，1940年我国大后方十四省（宁夏、青海、甘肃、陕西、河南、湖北、四川、云南、贵州、湖南、江西、浙江、福建、广东）共推广种植各优良品种的籼粳稻面积为185372000市亩，产量为69185万市担，比1939年各增加1%；推广小麦种植面积比1939年约增410万市亩，战前七年约增880万市亩，产量为202104000市担，比1939年约增5%，大约900万市担。

1941年，四川省农业改进所"食粮作物事业方面，推广改良稻种共计96000亩，预计增收48000石；再生稻与双季稻推广示范，共52600亩，增收3万担；改良麦种推广30万亩，增收6万石；马铃薯推广5000亩，增收6万担"。② 浙江省扩大推广双季稻种植面积，"总共51538亩，计衢县34731亩，种植农户4902户；龙游16807亩，种植农户2210户"③。甘肃省检定优良麦种，在皋兰、临洮、岷县、徽县推广1万亩。陕西省推广蓝芒麦、陕农七号、蚂蚱麦、金大二九〇五号等优良小麦品种共439691亩。湖南省在湘潭、攸县等二十四个县推广万利籼、黄金籼等优良稻种882540市亩，共增加产量441270市担；推广再生稻种植面积333159市亩，每亩增加产量740市斤，共增加产量257446市担；在衡阳、常德等八个县推广双季稻种植面积117176市亩，每亩增加产量1100市担，共增加产量128893600市担。1941年，"推广面积，以湖南为最多，共计推广650266亩，占该省稻田总面积2.41%；其次为广西省，共计推广101700亩，占该省稻田总面积0.42%；第三为江西省，共计推广28373亩，占该省稻田总面积0.14%；他如浙、粤、川等省之推广面积均在1万亩以上，八省总计推广821500亩，占该八省（湖南、广西、江西、四川、浙江、广东、福建、陕西）稻田总面积0.4%，总

---

① 《农业推广通讯》1940年第2卷第2期，第5页。
② 《农业推广通讯》1941年第3卷第2期，第93页。
③ 《农业推广通讯》1942年第4卷第3期，第54页。

计增加稻谷生产45万余市石"①。根据农林部粮食增产委员会《民国三十年度各省粮食增产初步报告》统计，1941年全国共推广种植各优良稻种1817千市亩，增加产量为1054千市担；各省推广种植双季稻54千市亩，增加产量107千市担。

1942年广西省"推广优良稻种计有桂早禾一至十四号、东莞白十八号、黑督四号、白谷子十六号、竹粘一号及长安粘、马房村粘等品种，由省府直接推广者，208461斤，面积51410亩，各县自行换种留种者约十五六万亩，合计约20万亩，以平均增加20%计，约可增产12万担"②。河南省选用以一二四号小麦为主，"二麦芒""禹县白""江东门"等优良品种为辅进行麦作推广，"共推广18000亩，预期效果，每亩较普通麦田以增产30斤计算，共可多收获540万斤"③。四川省农业改进所"拟定在乐山温江等二五县示范郫县大叶子皮达谷、夹江白花谷和浙场三号等十三种，共2675亩，而在双流、崇宁、合川等三十一县推广筠连粘、浙场三号九号等七种，共200561亩。迄今为止，中熟稻的示范推广面积共计14万余亩，至于晚熟稻的示范面积，则为4万余亩，合计达18万亩强"④。推广双季稻34500余亩，在遂宁、乐山、川北等数十个县推广优良小麦面积共计324000余亩。贵州省在贵阳、遵义、施秉等县推广优良稻种黔农二号及黔农二八号共4000亩，每亩约可增加产量60斤，共可增产稻谷24万斤；在贵阳、遵义、安顺等二十三个县推广优良小麦5000余亩，每亩较本地约可增产30斤，共计可增产十万万斤。推广扩大冬耕种植面积18312000亩，较去年增加20%。陕西省选用"金大二九〇五号"小麦进行推广，共"推广约计30万亩，每亩平均增产以4

---

① 《农业推广通讯》1941年第3卷第4期，第17页。
② 《农业推广通讯》1942年第4卷第12期，第14页。
③ 同上书，第24页。
④ 同上书，第8页。

市斗计,共可增收12万担"。① 陕农七号小麦289776.26亩,蓝芒麦475507.59亩,二九〇五号小麦123272亩,六〇号小麦15276.08亩,三〇二号小麦1309亩。广西省在"柳城等二十二县推广各种改良品种二十一种,面积111284亩,总收获量375441担"。② 小麦连同大麦在内共计80万亩。江西省"贷放赣早籼一号,赣中籼十一号,潘阳早等改良稻种42万余市斤,种植面积90余万亩"③,约共可增产稻谷50万担。湖南省在湘潭、宜章等三十一个县推广万利籼、黄金籼、胜利籼、抗战籼等优良水稻品种1727577亩,增加产量863788市担;推广再生稻种植面积680857市亩,每亩平均增加产量8845市斤,共增产601924市担;在长沙常德等十二个县推广双季稻种植面积272610市亩,每亩平均增加产量960市担,共增加产量262559市担。据相关统计,1942年,全国共推广改良稻种1289379亩,增加产量645079市担;共推广改良麦种1264498亩,增加产量325897市担;共推广双季稻56990亩,增加产量88441市担;推广冬耕种植面积共40938088亩,增加产量43265591市担。

1943年浙江省推广种植中籼一号、八号,早籼六五〇六号等优良水稻品种15万亩,小麦5万亩。四川涪陵县十二个县镇推广双季稻3万亩,每亩平均增加产量95斤,共285万斤。1944年国统区各省各项农业推广的成绩如表2-2所示。

表2-2　　　民国三十三年度(1944年)粮食增产统计

工作项目	推广面积(市亩)	增产成效(市担)
推广改良稻种	2955501	1217200
推广双季稻	256791	404611

① 《农业推广通讯》1942年第4卷第12期,第66页。
② 同上书,第48页。
③ 同上书,第11页。

续表

工作项目	推广面积（市亩）	增产成效（市担）
减糯增籼	852682	230439
推广陆稻及防旱育苗	10440	6433
推广晚熟稻	390372	390372
推广稻田中耕器	10570	2114
推广改良麦种	2067741	628540
推广冬耕	22378829	25670433

资料来源：《农业推广通讯》1945年第7卷第2期，第55页。

2. 改良、推广棉种，增加棉花产量

1938年湖南省在澧县安乡两县推广优秀棉花种植面积43602市亩。1939年四川省农业改进所推广改良棉种133000亩，在沅陵、芷江等六县推广优良棉种5284市亩；1940年在"射洪三台等六十九县推广德字棉140683亩，脱字棉167519亩，优良中棉73058亩，合计381260亩"。[1] 甘肃省为增加棉花产量，"决定推广植棉三年计划，自本年起开始实行，预定第一年在皋兰等十一县推广棉田30万亩，第二年在平凉等十三县推广棉田13万亩，第三年在靖远等十三县推广棉田34万亩，总计在三年中推广棉田共达50万亩"[2]。计划后1940年"在陇东陇南推广斯字棉万余亩，计陇东泾川灵台等县推广4000余亩，陇南天水徽县成县两当等县推广5000余亩"[3]。广西省推广优良棉种栽培面积40余万亩。湖南省拟订计划，于未来三年内在湘西推广优秀棉种20万亩。江西省推广优良棉种共计500担，推广5000亩。陕西省"推广改良棉种，达941000余亩，约增加棉农收入1880

---

[1] 《农业推广通讯》1941年第3卷第1期，第7页。
[2] 《农业推广通讯》1940年第2卷第5期，第20页。
[3] 《农业推广通讯》1940年第2卷第9期，第72页。

余万元"。① 西康省"德字棉每亩产量较当地棉种增收皮花21市斤，推广485亩，可多收皮花10185市斤。脱字棉每亩产量较当地棉产增收皮花7市斤，推广183亩，可多收皮花1281市斤。云南离核多年生棉每亩以收皮花6市斤计，则推广60亩，可收皮花360市斤。以上三项合计多收皮花11826市斤"。② 农产促进委员会"补助桂省农管处在宜山等四县植棉24000千亩，在东兰等十九个县扩充旧棉区13万亩，各县区所产籽花总量近9万担。康省推广1180亩，收籽花1600余担；甘省在灵台、泾川两县推广棉田2000亩，收籽花2000担，总计157000余亩，收籽花93600担"。③ 据统计，1940年我国大后方十四省推广棉花种植面积为17501000亩，比1939年约增1%，产量为5725000市担，比1939年增加25%。1941年，四川省农业改进所在工艺作物事业方面共推广改良美棉种50万亩，在各县推广其他优良棉种144400余亩。甘肃省推广种植优良棉种12万亩。湖南省在耒阳、祁阳等二十六个县推广优良棉种种植面积87019市亩。1942年河南省于洛阳、偃师、临汝、伊阳等十四县推广三号斯字棉3万亩，每亩可增加产量6市斤，共可增产18万市斤。贵州省棉种推广面积8000余亩。江西省在万安、吉安、吉水、安福等县共推广改良棉种面积10万市亩。湖南省在攸县、衡山等十八个县，推广优良棉种种植面积53230市亩。根据相关统计，1942年全国共推广优良棉花种植面积1359875.60亩。1943年浙江省推广种植优良棉种38916亩。由农林部农产促进委员会根据全国各省送达的报告统计，"民国三十二年度（1943）植棉总面积为9353409市亩，较去年植棉总面积7044141市亩，实际增加2309268市亩；今年总产量为2369924市担，较去年总产量1135378市担，增加皮棉达1234566市担"。④

---

① 《农业推广通讯》1940年第2卷第10期，第78页。
② 《农业推广通讯》1941年第3卷第1期，第51页。
③ 《农业推广通讯》1940年第2卷第2期，第5页。
④ 《农业推广通讯》1944年第6卷第1期，第17页。

1944年陕西省"划定兴平多马、咸阳安阳、聚泉三乡农会区域，为纯种繁殖区，由泾阳农场运回纯种四号斯字棉种68846斤，以贷种方式，集中推广于各该农会会员种植，计共种植面积6840亩"。[1]

3. 培养人才，推广冬耕，利用荒地、休耕地等隙地提高土地利用效率

自1905年到1937年抗战爆发，在此期间，我国的农业推广虽在不同程度上缓慢进行，但由于农业"推广人才缺乏，受过充分训练而能胜任的人员很少，在任用督导方面，也未使人尽其才"[2]等问题，农业推广的成效总是不尽如人意，而在战时，农业推广备受政府和民间关注的情况下，对农业推广人才的需求更是求贤若渴。战时我国"农业推广人员应有三种，一是高级技术指导人才；二是普通推广辅导人才；三是农民领袖"。[3] 1938年农产促进委员会成立后，便迅速拟定了《各级农业推广人员训练纲要》，下发各省、县级机关执行。各省、县根据本省、县地方情况开办不同类型的推广人员训练班，主要有农业推广技术人员训练班、农林技士训练班、畜牧兽医讲习班三种类型。参加训练的技术人员，或在各农业推广机构任职，或深入农村，传播农业知识，指导农民进行农业生产。将理论发展为实践，为战时农业推广的发展奠定了不可磨灭的贡献。

我国为农业国家，具有广阔而肥沃的耕地，但在战时，日军相继占领了我国东北、华北、华东等肥沃的农产区，这就使战时的土地利用更加受限。同时，我国夏季作物收获后，大部分地区的耕地处于休耕状态，这就造成了在有限的土地面积下，土地利用率更加低下。为提高土地利用效率，增加农作物产量，国民政府主要采取以下措施："（1）利用冬夏隙地及休闲地，增加生产次数。①推行冬耕；②利用

---

[1] 《农业推广通讯》1945年第6卷第1期，第21页。
[2] 《农业推广通讯》1939年第1卷第1期，第5页。
[3] 《农业推广通讯》1940年第2卷第5期，第7页。

夏季休闲田地；③扩大垦殖荒地与利用隙地。（2）减少非必要或次要作物，改种粮食作物。"① 战时，中国西部有相当数量的荒地，鼓励难民移民垦殖，不仅使难民参加生产得以自存，对抗战也是很大的贡献。为此，国民政府于1940年成立农林部，设置垦务总局，制定《非常时期垦殖大纲》，确立由中央和各省垦殖机关共同组建国营垦区和省营垦区，发动实业界、金融界和社会团体筹集资金，并以法令形式规定了对开垦私荒的优待办法，组织内迁难民垦荒。垦荒的区域涉及四川、陕西、广西、贵州、云南、甘肃等省，尤以四川最集中。到1942年年底，西南各省共成立110个垦殖单位，新垦耕地333万亩，安置难民近7万人。② 而国民政府在进行战时夏季作物推广的同时，还在积极进行推广冬耕，以广东省为例，"1939年8月开始施行冬耕督导工作，共计五十四县，推行冬耕面积该年计5957616市亩，总产量达30409765.4市担。1940年实施冬耕全省达10933942市亩，总产量达56809878市担，超过1939年83.58%，1941年度冬耕面积总计11444508市亩，产量37310301市担"③。除此之外，国民政府还制定战时肥料推广、农具推广等措施，增加战时农作物产量。各措施间相互配合运作，对战时农业的稳定与发展做出了巨大的贡献。

综上可知，抗战爆发后，粮食由于其特殊的重要性而受到国民政府与社会民众的高度重视。为增加粮食生产和粮食供应，自1937年以后，国民政府在水稻、小麦、棉花等方面制定推广政策，同时训练农业推广人才，积极利用荒地、夏季休闲地等隙地种植粮食作物，提高土地利用率，增加战时农业生产。而抗战时期的农业推广，在国民政府的积极推动以及地方政府和人民的认真落实下，取得巨大成果，增加了战时的农业生产，发展了国统区的农村经济，建立起了一套系

---

① 郝银侠：《社会变动中的制度变迁：抗战时期国民政府粮政研究》，中国社会科学出版社2013年版，第46—57页。
② 陆仰渊等：《民国社会经济史》，中国经济出版社1991年版，第605页。
③ 《农业推广通讯》1942年第4卷第12期，第41页。

统的农村组织，在一定程度上提高了农民的农业知识水平，很好地改善了农民的生活，更重要的是有力地支援了前线抗战，为抗战胜利奠定了良好的基础。但是，农业推广在战时取得巨大成效的同时，亦有部分问题的存在，例如，"（一）推广人员的待遇；（二）推广计划的实施；（三）推广业务的支配；（四）农业推广与新县制；（五）农村劳动力问题"[①]。不可否认的是，战时的农业推广政策取得的成效大于它所存在的问题。同时，战时的农业推广政策以及措施，对现代新农村和新农业的建设具有很大的借鉴效果，而在战时所表现出来的问题，亦为现代农业的发展提供了一个参考。

三 抗战时期国民政府粮食增产

在具有两千多年农业历史的中国，粮食一直起着不可或缺的重要作用。而在战争时期，粮食作为一种重要的战略物资，亦成为国民经济的中流砥柱，发挥着不可替代的作用。1937年7月抗日战争全面爆发后，中国人民上下一心，众志成城，开始踏上了全民族抗战的艰辛路程。抗战除了要求足够的兵员，丰裕的枪支弹药等军需物资之外，亦要求有充足的粮食供应。于是在抗战爆发后，粮食成为关乎前线抗战与国计民生的重中之重，因而受到国民政府以及社会的高度重视。但在这一时期，粮食问题却较为突出，主要有粮食供应紧张，粮价上涨等，导致市场出现粮食短缺和粮荒等现象。而解决这一问题，除了加强粮食管理、打击囤积居奇以及倡导粮食节约消费外，最重要的措施就是不断增加粮食产量，从而为粮食供应奠定基础。

（一）抗战时期粮食短缺现象严重

中国拥有着先进的耕作技术、充裕的劳动力，这样的有利条件也

[①]《农业推广通讯》1940年第2卷第5期，第2页。

铸就了一个地大物博的农业国度。但抗战时期仍出现了严重的粮食危机和粮食问题，自古影响农业生产的因素有很多，其中在自然因素中，气候变化无常，不受人为控制而难以克服，例如旱、涝、冰、霜等。在社会因素所囊括的范围上，主要有以下几个方面。

1. 封建剥削严重，人口基数较大

中国从清朝至建国之前，对于中国人口数的称谓基本都是"四万万五千万"同胞。而后来据相关人员的人口统计概括，真实人口数量远远大于此数字。不管其数字具体为多少，然而这样的数字对当时的社会环境来说压力太大。由于战争的进行，日军侵华逐渐深入中国内地，中国丧失了大片领土，富庶区域的丧失，使得中国的粮源地不断减少，这就使得本就压力庞大的中国，在衣食方面更加短缺。而且人多地少的矛盾在这一时期尤为突出。然而在这一时期国民政府面临的问题不仅仅如此，不仅需要稳定抗战前线的粮食供应，也需要安定大后方人民最基本的衣食生活，这使得大后方的粮食压力更为沉重，粮食需求的激增与产粮区的沦陷，更进一步加重了粮食危机和粮食问题。

除了现实中的因素，历史因素也值得我们去反思。中国是个受封建影响较为深远的国家，虽然1911年以孙中山为首的民主人士建立了中华民国，结束了封建专制。但究其根本，其革命并不彻底，如中国的封建土地制度问题。中国农民面朝黄土背朝天的日子，依然安静地继续着，不合理的佃耕制度依然在蚕食着农民辛苦耕耘的劳动成果。土地可以使我们每个人获得最起码生活的权利，然而正是由于私有财产占有的存在，使这种本来的权利，逐渐变成了一种要想获得必须努力劳动的义务。而这种义务的附加东西，使农民身上背负的枷锁尤为沉重。中国的土地分布也是极为不平衡，其中是以地主手中土地所占比例最高。抗战之前是这样的情况，抗战以后这种势头不但没有得到有效削弱反而更加强劲。"1944年，川、康、滇、黔、陕、甘、宁等省，占人口不到3%的地主竟占有60%的土地。"① 由此我们不难看出，佃农所占比例依然庞大。据相关资料记载"以四川为例，据中国地政研究所对四川49县12887户的调查，佃农户数占48%，几达各类户数和之半，其中以成都平原及川东为甚，均占55%以上。再从佃户人数比率观之，在调查的6.46万余人中，佃农占48.3%，除川西北区较少，占30.7%外，其他如川西南区、川东区，均占50%以上。自耕农人口仅占调查人口数23.8%，成都平原最少，仅占17.8%"②。而且佃农向地主租种土地时往往以签订契约为证，这种契约对于佃农不利之处极多，对于佃农压榨也颇多。不利之处大约如下：第一，租佃时间过短。第二，租佃数额过高。第三，押金或押租不断上涨。③ 而且中国传统耕作方式存在很多弊端缺点，如耕作方式简单、效率较低、科技成分不高等，导致粮食产量低下，这使国民政府在抗战时期所面临的粮食问题更为严重。

2. 战争的影响和破坏，粮食问题雪上加霜

1931年"九一八事变"后，日本对中国东北发起进攻。1937年抗战全面爆发后，我国东北、华北、华东逐渐被日军占领，成为敌占区，这导致中国最适宜粮食种植的农业区直接处于日军的控制之下。土地面积的减少，使国民政府所面临的粮食问题更为严峻。随着东部沦陷区的扩大，国民政府为减少经济损失，保存经济实力，将东部地区的人口、工业等开始向西部迁移。众所周知，我国经济开发的重点一直在东部地区，相对而言西部开发较少、经济较为落后。然而由于战争因素，西部则在战时的中国充当了"避难所"。大量人口以及工厂的迁入势必会超出西部的负荷能力，无论是工厂生产还是人民的日常生活。中国有句老话"人多力量大"，殊不知人口多了粮食需求亦

---

① 孙健：《中国经济史》中卷，中国人民大学出版社1999年版，第51页。
② 郭汉鸣、孟光宇：《四川租佃问题》，商务印书馆1944年版，第16页。
③ 郝银侠：《社会变动中的制度变迁：抗战时期国民政府粮政研究》，中国社会科学出版社2013年版，第118—122页。

是很大的。而伴随着战争的逐渐深入，1942年日本又相继占领了缅甸，对于印度虎视眈眈，我国唯一的一条通往国际的路线——滇缅公路又被切断，外援断绝。诸多因素的共同作用，导致我国战时的粮食问题更加严重。

3. 农业劳动力、科技人才短缺，生产困难

要做好农业生产，不得不让人想起生产的四个要素，除了土地、资本与技术之外，能够使生产顺利进行的还有一个生产因素不可或缺，那就是劳动力。中国传统农业耕作方式的典型特点就是继承性、总结性。细心研究材料我们不难发现，中国农业从古至今变化相对较小，习惯了经验总结，很少有大的质的飞跃。而且中国传统式的农民整体科技文化素质相对有限，这也是中国农耕经济的封闭性所引起的。"据教育部统计处调查，1936—1944年，9年中我国总共农科毕业的大学生4375人，每年不足500人；9年中中专毕业的专科农科学生更少，才764人，每年不足100人，最少年份尚不足50人；专修科614人，每年不足70人。总共全国各类农科毕业生不足6000余人，每年600余人，每省平均不到50人。"[1] 同时，处于后方的省份发展生产也是极为艰难。"这些省因不时处于战争状态，农村劳动力要么充当兵役，要么从事与军事相关的修桥、筑路、运输等事务，真正从事农业生产的劳动力必会大幅度减少。"[2] 同时传统耕作工具如锄、镰、犁、耙、铲等，耕作效率低下且沉重，战时的机械化程度更是远低于欧美国家，致使战时在有限的土地上，农业产量难以提升。

由上我们不难看出，影响粮食生产、增产的自然与社会因素有很多。但在战时粮食问题更加突出的情况下，国民政府采取了积极的粮

---

[1] 台湾中研院近代史研究所档案馆馆藏档案：《各省粮食增产统计调查》，农林部档案，档案号：20—07—045—05。

[2] 徐旭：《西北建设论》，中华书局1944年版，第21页。

食增产措施，发展粮食生产，增加粮食产量，为抗战的最后胜利，社会民众的生产生活以及战后建国奠定了一定的基础。

（二）发展农业生产，提高粮食产量

粮食，因为是社会民众的"天"而成为国家安定团结的关键。人无食不存，兵无粮草自散。因此在抗战时期的粮食供应是否充足，对于战争胜负，国家存亡起着巨大的决定作用。同时粮食的需求也是多方面的，例如，大后方民众的生活，国家公务人员的补给，抗战前线的军粮供应等。

1937年7月抗战全面爆发后，由于日军攻势猛烈，中国广大的东部地区相继被日军占领，尤其是东南沿海较为富庶区域。这时的中国西北、西南地区则凭借着独特的地理优势，成为抗战的大后方和民族复兴的基地。"我们无论从哪一方面去估计西北，西北在今天实不容再忽视了。"[①] 战时中国西北的这种"庇护所"的地位与以四川、重庆、云南、广西、西康等省为主的大后方形成掎角之势，成为支持前线抗战的重要根据地。因此在抗战爆发后，为了保存中国抗战的经济实力，沿海地区的重要工业企业、人口等向大后方大量西迁，在国民政府的带领下，在大后方掀起了轰轰烈烈的粮食增产运动。虽然在之前的西北、西南地区发展较为落后，但伴随着全民族抗战的开始，西部地区迎来了其发展的新时期。国民政府采取的增产措施如下：

1. 粮食增产机构的设置与完善

发展粮食增产的先决条件，首先是要建立专门且完善的粮食管理机构。1930年，国民政府行政院实业部为主要经济行政机构，下设农业司、中央农业实验所、中央农业推广委员会、全国稻麦改进

---

① 王广义：《国民政府西部建设重点的嬗变与原因》，《重庆社会科学》2005年第4期，第69页。

所等。1939年，设立农产促进委员会，负责全国农业生产工作。1940年增设农林部，管理全国农林事业。并于同年8月1日成立全国粮食管理局，下设省级、县级粮食管理局，制定颁布《全国粮食管理局粮食管理纲要》，并对粮政机构的任务作了规定："（1）全国粮食管理局主办全国粮食管理事宜。其主要任务为：管理国有粮食事业等。（2）直辖市或市之粮食管理，即由政府负责其关于粮食来源之疏通，得商请全国粮食管理局或省粮食管理局协助之。必要时得商请全国粮食管理局或者省粮食管理局筹拨供给其粮食之一部分。（3）省设有粮食管理局，主办全省粮食管理事宜。（4）县设立粮食管理委员会，以县长为主任委员。"[①] 1941年成立粮食生产委员会，下设粮食增产委员会，派遣督导团监督粮食增产工作等。7月，国民政府撤销全国粮食管理局，设置新粮食部，下设省、县两级粮政局，制定颁布《粮食部组织法》。为解决粮价问题，粮食部制定如下方案："其一为多用经济力量，首求掌握多量之实物。俾军公民粮之需要切实可以应付，市场价格切实可以控制。其二为军粮充分准备，使其安心工作。民食供应调节，只就少数重要都市为之，免使力量分散。其三为一般粮食管理取简单方式，温和步骤，不多颁法令，不过分干涉，免使各级机构执行不善，多生流弊。"[②] 相关行政机构的设置与完善，对于粮食的规范化管理以及解决军糈民食问题起了巨大作用。

2. 扩充耕地面积，提高单位面积产量

自抗战爆发以后，中国领土相继被占领，且多为土壤肥沃区域。例如，东北地区一直被誉为"中国的粮仓"，东北、华北等粮源地的失去，致使粮食供应出现困难。同时战区大量人口为躲避战乱涌入后

[①] 南京第二历史档案馆：《粮食部档案》，档案号：（83）1362—9.7275。
[②] 南京第二历史档案馆：《粮食部工作报告》1945年4月，粮食部档案，档案号：（83）100—2.7270。

方，也使得本就粮食生产条件不太好的大后方压力倍增。战时的粮食增产途径主要包括两个方面：一为增加农作物种植面积，二为提高单位面积产值。

首先我们要提及的便是国民政府增加土地面积的举措。"据抗战前的调查统计，云南有可垦荒地1500万亩、四川有100多万亩等。"[①]存在如此之多的可垦荒地也给国民政府倡导垦荒运动提供了可能性。1939年，国民政府制定了《非常时期垦殖大纲》，并设置了专门的垦务机构负责指导垦荒事宜。在该政策的指引之下，垦荒事业很快便发展起来。"据统计，1938—1945年平均作物耕种面积分别为65607万亩、663663万亩、67357.3万亩、682188万亩、69768万亩、71033.6万亩、71994万亩、71275.2万亩。"[②]由此也可看出，抗战时期国民政府增加土地面积的措施发挥了巨大作用。

众所周知，抗战时期土地本来就很有限，而种植作物的比重也会影响粮食的产量。因此国民政府的措施有：（1）利用冬夏隙地及休闲地，增加生产次数。①推行冬耕。②利用夏季休闲田地。③扩大垦殖荒地与利用隙地。（2）减少非必要或次要作物，改种粮食作物。[③] 自古我国国土疆域面积庞大，然而传统的男耕女织经济相对西方却是极其落后的。而且单位面积产出量也极其有限，若要求得粮食增产必须努力提高单位面积产值。从1937年到1944年，国民政府推广的新品种大致如下：金大二九〇五、光头麦、川福麦等。而通过品种的改良，粮食产量得到了有效提升。而我们接下来将以1942年推广的粮食作物，农林部所做实验数据为例做一说明，见表2-3。

---

① 《垦殖概论》：国民党中央训练委员会内部编印，1942年，第55—58页。
② 李新、陈铁健总主编：《中国新民主革命通史（1938—1941）》，上海人民出版社2001年版，第224页。
③ 郝银侠：《社会变动中的制度变迁：抗战时期国民政府粮政研究》，中国社会科学出版社2013年版，第46—57页。

第二章 战时国民政府粮食政策措施与管理成效

表2-3 改良种子成绩表①

作物种类	品种名称	较普通农家种子增加的产量	改良机关
稻	帽子头	20%	中央大学
小麦	金大二六号	7%	金陵大学
小麦	金大二九〇五	32%	金陵大学
小麦	开封一二四	18%	金陵大学
小麦	南宿州六一	34%	金陵大学
大豆	金大三三二	40%	金陵大学

同时为了提高粮食的总产量，国民政府也不断地增加农业方面的科技含量。例如，不断推广新式肥料、治理病虫害、防治牲畜疾病等。"抗战时期通过农业推广改良各地增产面积分别为57299011市亩（1941年）、56893215市亩（1942年）、62773405市亩（1943年）、39694043市亩（1944年）、32858885市亩（1945年）。"② 不仅土地面积得到提升，而且粮食单位面积的产值也增加较快。

3. 制定粮食管理法律法规，保证粮价平稳

俗话说得好，"无以规矩，不成方圆"。粮价也是一样，在这样一个特殊时期，粮食急缺。1938年4月，国民政府颁布《各战区粮食管理办法大纲》，该法律的颁布对于稳定粮价至关重要。同年6月，国民政府又颁布了《非常时期粮食调节办法》，加强对粮食的管理。1940年春，随着大部分省区沦陷，加上四川成都春旱严重以及西迁的工业与人口等原因，有些省份甚至出现抢米风潮，致使粮价问题日益严重。1940年7月30日，《全国粮食管理局组织规程》应运而生。同年8月24日，出台了《全国粮食管理局粮食管理纲要草案》。在

---

① 沈寄农：《论节约粮食与增加生产》，《训练月刊》1941年第2卷第4期，第51页。
② 中国第二历史档案馆：《中华民国史档案资料汇编》第5辑，第2编，财政经济（八），江苏古籍出版社1997年版，第38页。

1944—1945年，国民政府出台了《各省市大粮户调查办法》等，从而在法律方面为稳定粮价提供了依据。当然从法律方面而言，国民政府用强制性的举措去平抑粮价，结果是确实不太理想。但是我们需要谨慎考虑的是当时中国的社会环境，影响粮价的因素有很多。因而在这种环境之下，想通过政策来限制粮价是极其艰难的，但是这些政策着实使粮价上扬幅度有所降低，从这方面来说国民政府的举措基本上是成功的。

4. 发展农业水利，为农业生产助力

农业相对于工业、手工业等产业最大的一个缺点就是对于大自然的依赖性太强：若遇到风调雨顺好年景，则五谷丰登。而倘若遇到旱涝灾害频发年份，则颗粒无收。"即以四川为例，差不多十年有一大旱，五年一小旱。此种危机，不管你有何良好种子，有何优美的方法都不能解决此问题。"① 1945年，甘肃发生严重旱灾。"小麦价值由每市石3000上下飞涨至1万元左右。有些县份连沟渠也被晒涸，饮水无法解决。"② 但这并不意味着人类在大自然面前束手无策，因为人类可以按照大自然的发展规律利用自然、改造自然。在这一点上，国民政府在抗战之前就已经意识到了兴修水利的重要性。国民政府令全国经济委员会统筹办理全国的水利事业，并于1934年颁布《统一水利行政及事业办法纲要》和《统一水利行政事业进行办法》。之后甘肃、华北、山东、河南等地也都开始响应号召行动起来，目的就是复兴农村经济。1938年，国民政府成立经济部并负责管理全国水利。后来经济部出台《关于水利建设的报告》，"西南西北各省农田水利开发需要殊为急切，均已指定各水利机关分别举办"③。1940年，设水利委员会。1942年1月，"晋西北行证公署公布并施行修正《兴办

---

① 《大公报》1945年4月19日。
② 罗元铮主编：《中华民国实录：抗战烽火（1942—1945.8）》，吉林人民出版社1998年版，第3299—3300页。
③ 四川档案馆：四川省农业改进所档案，档案号：全字号民148，案卷号1721。

水利条例》。该条例分总则、奖励、水利组织法、土地关系、水利营业、附则，共 6 章 13 条"①。在法律条例的约束之下，这时的水利事业向着规范化方向发展。1943 年 8 月 31 日，国民政府又相继划分好全国水利区域以期统筹管理全国水利事业。据"中央社报道：全国 10 个水利机关事业区域划定，水利建设经费庞大"。②"当此国家财力艰难已甚之时，凡所措施，如农田水利、江河防修、航道修理、勘测试验诸端，均应集中人力物力，实事求是，切合战时需要。"③ 国民政府在积极建设水利时采取了大型和小型并举的措施，派遣水利技术人员前往督导。

1934 年，毛泽东曾说了这样一句话："水利是农业的命脉。"对于农业国的中国来说，亦是如此。抗战时期，国民政府采取了种种办法发展战时水利事业，包括政府主导修建大型水利工程，发放贷款以鼓励民众集资兴修小型水利工程。1944 年，农田水利的发展促使粮食增产效果收益明显。而这些还不是全部水利工程的获益，仅是中央所扶持的大型水利工程产生的经济效益。然而在各省修建水利工程成效对比当中，四川当属佼佼者。后方各省在兴修水利之后，都产生了不同的效益，各有千秋。

5. 增加农事人员，培养优秀农业科技人才

自抗日战争爆发后，越来越多的青壮年劳力应征入伍。同时也有普通民众为躲避战乱，纷纷逃离其原来所在地。"在沦陷区，日军对我国壮丁要么残杀，要么强迫充当夫役，或编入伪军。或则农民畏惧日军，纷纷出逃，导致沦陷区、战区及毗邻战区的农业劳动力大大减

---

① 罗元铮主编：《中华民国实录：抗战烽火（1942—1945.8）》，吉林人民出版社 1998 年版，第 2706 页。
② 同上书，第 2983 页。
③ 同上书，第 2986 页。

少。"① 为了有效平衡兵源和农业劳动力问题，国民政府也采取了一些新的政策措施：（1）驻军协助耕作。（2）学校教职员、学生参加农作。（3）公务人员公耕。② 而中国传统农业的耕作技术大多属于传承，缺乏突破创新。因此想要提高农业粮食产量，必须要提高劳动人员的教育素质。首先必须保证国民的受教育指数稳定，因此要保证青少年的学校教育。而对于一般农民来说，政府倡导"寓教于农"，采取了多样化措施来提高其科学意识。以四川省为例，定期举办畜牧兽医讲习班、农业推广人员培训班、蚕丝职业学校等。为了充分提高农民参与的积极性，以政府为主导举办各种农业展览会、耕牛比赛大会等。

当然为提高粮食产量，抗战时期国民政府采取的举措还有很多。例如，改变以往征税制度，实行田赋征实，提倡间作，推广绿肥栽培，引进推广抗旱作物新品种，不断加强对农业的经济扶持力度，等等。而以上这些措施的出台也着实提高了粮食的产量，对于稳定后方人民的生产生活以及供应前方战士的军粮需求提供了有效的物质保障。

总之，抗战时期，国民政府为增加粮食产量而采取的措施是多方面的，也发挥了积极作用。正如国民政府的一位要员所说："当时，如果粮食的供应不是相当充沛的话，那么中国的经济生活就会被日本的经济封锁所扼杀，而士气也将维持不住。"③ 由此可见，粮食的充足不仅使得人心得以稳定，同时也铸就了抗战胜利的经济堡垒。国民政府通过战时农业和粮食统制，改善了后方地区的农业生产条件，使后方各省的农业生产和粮食产量都有较大的提高，具有重要意义。尽管粮食增产方面也存在着一些问题，但是对当时正处于抗战时期、人口庞大且经济较为

---

① 郝银侠：《社会变动中的制度变迁：抗战时期国民政府粮政研究》，中国社会科学出版社2013年版，第111页。
② 同上书，第71—78页。
③ 张公权：《中国通货膨胀史》，文史资料出版社1986年版，第137页。

紧张的中国来说，能够满足军糈民食实属不易。因此，我们应该对这一时期国民政府的粮食增产给予一定的肯定评价。

四 抗战时期国民政府粮食管理成效与评价

粮食在任何时期都关系着国家的命运，它是解决一切问题的基础。尤其是战争时期，粮食的有无，决定着战争的胜败。因为军队如果没有粮食，则无心去打仗；公务员没有粮食，则无法工作；农民没有粮食，则民心不稳。这种情况如果发生，社会将处于动荡之中，根本没有任何能力去面对战争。

抗战开始后，由于粮食的重要性，国民政府逐渐加强对粮食的管理力度。在粮食问题日趋严重的背景下，国民政府出台了一系列的粮食管理政策和措施，主要包括粮食的生产、价格、征集和供应四个方面。

（一）粮食生产方面

粮食生产是粮食管理中最重要的一环，也是粮食管理中最基础的一环，没有了粮食的生产，也就没有了粮食的来源，也就更无从谈起粮食管理的问题了。抗战时期正值缺粮少粮的年代，很多人流离失所，导致大面积土地荒芜，据统计："陕西有荒地一百万余亩，甘肃一万万亩，新疆五万万余亩，四川一千八百余万亩，云南一万零九百余万亩，贵州二千五百余万亩，连同青海西康粤桂闽赣湘鄂等省计算，共计十二万万余亩。"① 粮食的生产也因此受到很大的影响。因此，为解决粮食的缺乏问题，国民政府利用现有的荒地来增加粮食的

---

① 汪呈因：《抗战期中粮食生产》，载《战时综合丛书》第二辑《抗战与农业》1938年版。转引自郝银侠《社会变动中的制度变迁：抗战时期国民政府粮政研究》，中国社会科学出版社2013年版，第54页。

现有产量。

为增加粮食的产量,国民政府实施了一些相应的措施。首先是增加粮食的种植面积。例如,推行冬耕、取消土地的休耕,利用休闲的土地耕作以及推行垦荒等。据农林部中央农业实验所农情报告估计:"各省稻田在冬季休闲者占稻田面积64.4%,约一万八千万市亩,其中因缺乏种子资金及肥料等而不种冬者,占全部休闲稻田38.4%,约七千万市亩,在抗战的非常时期,良田美地任其休闲,殊为可惜。"[1] 可见当时适合冬耕的闲地之多,推行冬耕的条件也是具备的。除了冬耕外还开发休闲的耕地,增加粮食的产量。农林部于1941年5月间通令各省:"利用夏季休闲地种植豆类,可兼收肥田之效;西北一带往往将田地夏季闲置,其目的在休养地力,实则夏季利用此项田地以种菜豆、黑豆等类作物,即可收获一批杂粮,又可以将藤杆等类,犁扒土内,以充绿肥,或以一部分杂粮,饲养牲畜,利用其粪尿为肥料,地力依然可保持。"[2] 这样不仅有利于粮食的种植面积的增加和粮食的产量的提高,而且对于农民生产的积极性以及推进垦荒,增加种植面积也有积极的影响。

除增加粮食种植面积外,国民政府还通过提高单位面积的产量,以及增加劳动力来促进粮食的生产,提高粮食产量,保证粮食的供应。在提高单位面积产量上,国民政府主要从改良种子、施肥、防治病虫害以及兴修水利等方面入手,例如,农林部于1942年2月公布了《改良作物品种登记规程》,对种子的各个方面的改良做了详细的规定,并在小麦、水稻、马铃薯以及小米等粮食作物方面加以推广。农作物生产亦需要充足的肥料,据调查充分施肥即可增加产量30%以上,如当时"广西农事实验栽培小麦,每亩施用粗骨粉40斤,小

---

[1] (台湾)中研院近代史研究所档案馆馆藏档案:农林部:20—07—034—06;《29—30年各省推广冬耕成绩报告》。

[2] 饶荣春:《粮食增产问题》,商务印书馆1942年版,第33页。

麦籽粒产量增加了 3 倍。……中农所湖南芷江工作站实验，每亩玉米施用氮肥 8 斤，即可增加籽粒产量 70 市斤"。① 1938 年 6 月经济部通过的《关于战时水利建设方针的报告》指出：西南西北各省农田水利开发需要殊为急切，均已指定各水利机关，分别举办。② 通过督促各省的水利部门加快兴修水利，来保证粮田的灌溉以及防洪排涝，以此来保证粮食产量的增加，推动粮食生产的发展。此外，战争的爆发，导致了大量的劳动力流失，农业的生产又急需大量的劳动力，为了解决劳动力缺失问题，保证农业生产的正常进行，国民政府将当地驻军、学校的教职人员、学生以及政府的公职人员等利用起来，以补充当地农业生产中所缺少的劳动力。例如，1941 年 5 月 8 日《云南日报》刊登有当时对军队协助农业生产耕作的规定："此后各机关部队，应按当地季节，不待命令，即行适时，协助农耕收割，俾收齐一之效果。"③ 为了保证军队协助农耕的进行，国民政府还颁布了《部队协助垦耕实施办法》以及《驻军战时协助农民耕种收割办法》等法令。对学校的教职人员、学生以及政府公职人员也有类似的规定，战时在农业劳动力短缺的情况下，国民政府确曾注意到此，一是让教师、学生抽出一部分时间，从事农作，至少供给自己一部分食用，减少社会供应；二是助耕助收，两者均是粮食增产工作必不可少的措施。④ 以此来保证充足的劳动力。

国民政府通过以上的几个方面的措施，增强了粮食生产的管理，并取得了一定的成效。1938—1940 年由于国民政府中央没有设立专门负责粮食增产的机构，这一时期的粮食增产工作则是由各省自办。如表 2-4 所示。

---

① 顾克兴：《肥料与粮食增产》，《新经济》1942 年第 7 卷第 3 期，第 46 页。
② 《四川省农业改进所档案》，四川省档案馆馆藏：全宗号民 148，案卷号：1721。
③ 《云南日报》1941 年 5 月 8 日。
④ 郝银侠：《社会变动中的制度变迁：抗战时期国民政府粮政研究》，中国社会科学出版社 2013 年版，第 75 页。

表2-4　1937—1940年国统区后方十五省主要农作物收获量估计

单位：千市担

年份 品种	战前七年平均	1937	1938	1939	1940
籼粳稻	726315	189112	747569	753331	618863
糯稻	62806	57943	58932	56589	43347
小麦	169106	131156	202911	198188	201110
大麦	83553	72119	90338	91534	85831
高粱	32506	34991	33997	34299	31264
小米	25137	23812	23814	23990	21171
玉米	59527	67717	70371	71293	67039
甘薯	216049	282250	276550	248662	256404
糜子	10069	9433	9296	9645	8631
合计	1385608	868533	1513778	1487531	1333660

资料来源：王洪峻：《抗战时期国统区粮食价格》，四川省社会科学院出版社1985年版，第29页。

从表2-4我们可以了解到1938年的收获量相比于1937年和战前七年的平均水平有了显著增长，如小麦收获量1938年比1937年增加了7000余万市担，糯稻、小麦、大麦等也较1937年有所增长。到1939年，因各省均开始倡导冬耕运动，所以冬季作物的面积急剧增加，各种农作物的面积都较前一年增加。1940年，虽因早春干旱致播种困难，夏季作物面积本应减，但入夏后，雨水均匀及市场农产品价格陡增，农民又继续播种，夏季作物复大量增加。但是较之前两年的总量又略有下降。而在总体上，国民政府的粮食增产措施是有效的。

到1940年，鉴于抗战时期粮食生产的重要性，粮食的生产成为新成立的农林部最重要的工作，因此1941—1945年这段时间的粮食生产是由农林部负责的，如表2-5所示。

第二章 战时国民政府粮食政策措施与管理成效

表2-5　1941—1945年粮食增产成效表

工作类别	推行面积（市亩）					推行成效（市担）				
	1941	1942	1943	1944	1945	1941	1942	1943	1944	1945
提高单位面积产量	6921119	8965752	20045655	9082546	14407665	4286222	5436965	12546659	4057972	7365497
增加粮食种植面积	40154440	36324209	32677300	25393408	11792985	84179481	62423980	39317049	30485974	11554803
防灾除害	10223452	11603254	10050450	5218089	1289164	4960184	4690721	6368137	2448713	656604
总计	57299011	56893215	62773405	39694043	27489814	93425887	72551666	58231845	36992659	19576904

资料来源：农业部农业推广委员会：《农业推广委员会粮食增产概况》，《农业通讯》1947年第1卷第7期。

说明：1941年统计省份，包括浙江、江西、绥远等18省。1942年另增青海省。1944年比1941年，1942年少了绥远省。

· 81 ·

从表 2-5 可以了解到，1941—1945 年，无论是在粮食的单位面积产量上还是在增加粮食种植面积上，都比上一年有显著的增加。据统计：1941 年原预定增产粮食 3174 万市石，实际增产 9342 万余市石，超过原计划预期数近两倍（超过预期数 6168 万余市石），约占后方粮食总生产量的 6% 强，以最低估价每市担价值 100 元计算，增加国富约 93 万万元；到 1942 年总共增产面积 5689 万余市亩，总共增加粮食 7255 万余市石（超过原计划预期数约 3000 万市石）；1943 年总计推行面积 6277 万余市亩，预期增产稻麦杂粮 4212.5 万担，实际增产 5823 万余市石，超预期 1600 余万市石；1944 年、1945 年由于战事以及其他原因，粮食增产并没有达到原有的预期。但是，其增产成效还是比较明显的：1944 年总增产成效为 3699 万余市担，1945 年总增产成效则为 1957 万余市担。①

从上述的分析来看，国民政府在粮食生产管理上主要是通过增加种植面积、提高单位面积产量等来进行的，并且根据表 2-5 中的数据可以了解到其管理所体现出来的效果是显而易见的。逐年的粮食增产，为抗战的胜利和军心民心的稳定提供了保障。但是在粮食的管理方面，也存在着一些不利因素。

根据表 2-5，在整个粮食的增产过程中，占有重要地位的是增加粮食作物的种植面积，其对粮食增产的贡献率占了一大半，而提高单位面积的产量则居于次要地位。同时，国民政府在下令实施冬耕等扩大种植面积的政策时，并没有考虑到各地区的现实状况，多是强制执行，如开垦荒山隙地、减少休闲土地、推广绿肥、减种非必要粮食作物等，此从粮食增产视角观之，尚可暂时使用，但如从长远考虑，此等办法却对水土保持、维护地力是极为不利的，不可长久使用。② 因

---

① 郝银侠：《社会变动中的制度变迁：抗战时期国民政府粮政研究》，中国社会科学出版社 2013 年版，第 98 页。
② 农业推广委员会：《农林部农业推广委员会粮食增产概况》，《农业通讯》1947 年第 1 卷第 7 期，第 37 页。

为在开荒种田中,大量的山地、平原等遭到破坏,生态的平衡系统难以维持,自然灾害频发,给当地的百姓带去了深重的灾难。在增加产量上的中心多倾向于增加种植面积,却对提高粮食单位面积的产量缺乏必要的关注与支持,如1944年中央农业实验所为推广耐旱作物,因经费限制无法充分实施,求助于粮食部,后由粮食部在总预备费项下拨款100万元,才帮助其完成。[①] 对于粮食增产,国民政府并没有太多的经费支持,单位面积产量的增加也只能在实验所里"夭折"了。上面虽说到国民政府为实施粮食增产还进行了一系列的兴修水利、农业施肥等措施,但是由于国家总预算在水利兴修和农业增产上的经费较少,其成效亦较小。

(二)粮食价格方面

抗战时期,国统区的粮食价格总体处于持续上涨趋势,而粮食价格的上涨也给社会带来诸多问题,不利于稳定军心和民心,同时也给战争的胜败、经济的发展以及人民的生活带来诸多的不稳定因素。因此,为了保证抗战的胜利以及稳定军心和民心,国民政府对粮食的价格上涨出台了一系列的管理措施。粮价的管理主要分为三个时期,分别是1937年8月到1940年7月的经济部时期、1940年8月到1941年6月的全国粮食管理局时期和1941年7月到抗战胜利的粮食部时期。

1. 经济部时期

经济部时期是从1937年8月到1940年7月。实际上,从1937年7月7日抗日战争爆发到1938年1月这段时间内,管理粮食的机构是于1937年9月成立的设置于军事委员会之下的"农产调整委员会",但由于这段时间处于抗战初期,粮食价格的变动不大,所以其对粮食

---

① (台湾)"国史馆"馆藏档案:粮食部:119000004641A:《掌握粮食稳定价格之意见及其办法卷》。

价格的问题，并没有积极的过问。而从1938年1月经济部成立之后，对粮食价格的管理才有具体的措施，并颁布修订了《非常时期农矿工商管理条例》，由经济部监督实行，其中对粮食价格的规定有：经济部对于指定之物品，得因必要分别为禁售或平价之处分等。① 但是在颁布的初期，因为当时的粮价并没有大的起伏，所以国民政府在政策的执行上仍处于宽缓的状态。到1938年6月，随着粮食问题的形势越发重要，国民政府又颁布了《各战区粮食管理大纲》，先后采取了平价购销与取缔囤积的办法，《各战区粮食管理大纲》第十九条规定战时粮食管理处得直接办理粮食之采购加工储藏及配销事宜，或委托仓库合作社商号或其他相当机关团体代办，以供给军糈民食，并平衡价格，但不得以营利为目的等②；通过政府的法令以及各地的粮政机关来保持粮食价格的平稳。

经济部时期平抑粮价的政策，在一定程度上发挥了重要作用，在平抑粮价、平价购销等方面有着完备的法律规定，在平价等政策的实施中起着重要的法律保障作用。但是从上述国民政府所颁布的几个法令的条规上来看，其法令的规定多局限于一些原则性的规定，对于其措施的具体实行价格的评定等并没有具体的详述，这也就使在价格的评定等工作中没有具体的标准。事实上，"各地对于粮食生产成本没有确实的调查，自己无法评定合理的粮价，亦不过按照一般粮食供销情形及原有的市场价格，经由地方政府会同粮食业同业公会及有关机关评议协商，并无切实成效"③。同时，在平价的手段上都是倾向于政府和社会团体的力量，多用行政的手段达到目的，并且政府在评价上多处于消极状态，而防止投机操纵也只是在局部地区，难有平定价格的实效。所以在经济部时期的评价、平价措施及对粮价的管理虽然

---

① 顾寿恩：《战时粮价问题》，国民图书出版社1942年版，第29页。
② 同上书，第30—31页。
③ 秦孝仪主编：《抗战建国史料：粮政方面》（四），《革命文献》第113辑，台北："中央"文物供应社1987年版，第159页。

第二章 战时国民政府粮食政策措施与管理成效

有一定的成效,但是其在实施的过程中仍存在一定的不足之处,粮价危机依然存在。

2. 全国粮食管理局时期

到1940年8月,随着战争的消耗和沦陷区的不断扩大,粮食问题更加严重,为了彻底摆脱粮食危机,1940年8月国民政府正式设立全国粮食管理局,来进一步加强粮食管理。这一时期全国粮食管理局主要通过派售余粮、评价配购、取缔囤积居奇、管理市场与组织粮商等政策加强对粮食价格的管理。

首先,所谓"派售余粮"就是:"以乡镇为单位,合并计算其生产总量、储藏总量,除去这一乡镇总人口共需的一年内的总消费量,然后确定这一乡镇应该出售市场的总供给量。"① 这是由蒋介石提出的,并在《委员长蒋虞机渝手令规定粮食管理紧急实施要项》中规定了派售余粮的具体措施,并颁布《管理粮食治本治标办法》,直接把派售余粮的负担落到了农村粮食生产户的头上。地方上以四川为例,四川省政府于1941年4月颁发了《管理粮食治本方法四川省实施暂行细则》等②,以管理粮食的派售。从上述的各项法令来看,国民政府通过法律的途径对派售余粮的管理是比较完备的,但是事实上派售余粮的措施并没有得到有效的实施,却因为政策制度等原因让派售余粮变成了"摊派粮食",因为派售余粮的实质就是国家采取行政命令的手段将粮户手中余粮掌握在政府手中,由国家进行合理的分配,售予粮食缺乏地区,使供需达到平衡,进而达到平抑粮价之目的。③ 但是事实上,粮食的价格并没有下降,反而迅速地上涨,这也表明了国民政府的派售余粮政策并不成功,反而导致了粮食价格的

---

① 王洪峻:《抗战时期国统区的粮食价格》,四川省社会科学院出版社1985年版,第145页。

② 同上。

③ 郝银侠:《社会变动中的制度变迁:抗战时期国民政府粮政研究》,中国社会科学出版社2013年版,第263页。

上涨。

其次，"评价配购"是指各粮户按期出售的余粮，应由各级粮食管理机关配售于当地市民及其他市场有组织的商人。①随着粮食问题的深入，评价配购政策也成为国民政府粮食价格政策的核心内容。在《委员长蒋虞机渝手令规定粮食管理紧急实施要项》《四川省各县市粮食调剂及价格订定暂行办法》及全国粮食管理局之《粮食管理纲要》这三个文件中的规定体现了评价配购的原则、方法以及粮食分配的地区和数量问题，并将其纳入了市场管理的范围，同时在中央、省、县三级都分别出台了相应的管理措施，总的归纳下来主要有两点：一是以调查之粮食生产区域市场价格和转输、消费地区市场价格二者为准，由当地粮食机关负责主持该地区粮价的评定与执行；二是以调查之粮食来源情况同该地区之粮食消费情况为准，由当地粮管机关负责，支持该地区的粮食分配购售事宜。②从上述的两点措施来看，国民政府把抑制粮食价格的重心放在了"评价"上，也就是主要通过政府的行政手段干预市场价格，但是却忽视了作为商品的粮食，它就要受到价值规律的影响，价格是按照其市场供需来决定的，而不是行政手段的完全干预与指导。这样评价最终的结果必是无果而终。再来看上述两点中的"评价"之人，以四川为例，《江津县粮食管理委员会乡镇粮食管理委员实施管理工作注意事项》中规定：安定粮价，参酌前三项调查材料，并咨询商会、农会、米粮业同业公会主席、区乡镇长及有关人员之意见，订定当地之适宜粮价，逐日按场公布之。③这些所谓的评价之人，大都是从事此类经营的商业人士，而正是他们需要从粮价中获取暴利，从而使粮价不跌反而一涨再涨，粮价是越评

---

① 郝银侠：《社会变动中的制度变迁：抗战时期国民政府粮政研究》，中国社会科学出版社2013年版，第264页。
② 王洪峻：《抗战时期国统区的粮食价格》，四川省社会科学院出版社1985年版，第156页。
③ 同上书，第155页。

越高。

再次，是"取缔囤积居奇"，是要使粮食供给能够适应自然的情势与需要相协调，不至于受人为的操纵，促使供求失调。当时由于欧战爆发，香港、上海等地大量的物资流入后方，从而使市场上的供给发生严重的恐慌现象。所以，1941年2月政府颁布《非常时期取缔日用重要物品囤积居奇办法》，对于粮食及其他日用重要物品的囤积居奇加强取缔。① 但是《非常时期取缔日用重要物品囤积居奇办法》实施后并没有取得良好的效果，市场上的粮食价格依旧混乱。因此，1941年5月国民政府又颁布了《非常时期违反粮食管理治罪暂行条例》，对囤积居奇的加以制止，并对囤积居奇的行为的轻重，做出不同的处罚。犯有条例规定事实者，由军法机关审判，最重可处死刑。② 但是，事实上，其执行的情况是怎样的呢？1941年国民党五届八中全会上孔祥熙等提出一个议案，议案指出：民为国本，食为民本，解决民食问题，实为治国首要，绝不容少数人或少数团体之囤积居奇操纵牟利，影响军粮民食，妨碍抗战建国，已成为今日一致之国是。③ 可见此时的囤积居奇依然存在，结果更是不言而喻了。

最后是"管理市场与组织粮商"，其中市场交易管理的主要目标是要粮食买卖集中在市场内举行，在各市场设置管理人员，登记上市粮食，实行议价配售；而组织粮商是要使粮商的运销单位简单化，尤其对于重要的消费城市的采购粮商，要促使组成集团，联合购运，以避免在产区竞购，刺激当地粮价。当然国民政府以及各省为确保政策的执行，也相继出台了相关的政策，例如，在市场的管理上，1941

---

① 顾寿恩：《战时粮价问题》，国民图书出版社1942年版，第46页。
② 秦孝仪主编：《抗战建国史料：粮政方面》（四），《革命文献》第113辑，台北："中央"文物供应社1987年版，第168页。
③ 秦孝仪主编：《抗战建国史料：粮政方面》（一），《革命文献》第110辑，台北："中央"文物供应社1987年版，第162页。

年5月四川省政府主席张群规定五项办法来加强对川省粮食的管理，其中就有规定："未经登记之粮食商人，不得经营粮食买卖业，违者决予处分，粮食买卖必须集中在指定市场进行，政府当予保护，如有私自在市场以外买卖决予处分。"① 在粮商的组织方面，《粮食市场管理实施办法》中也有相关的规定，例如其规定各县粮商限期登记完成，城区及各重要市场一律组织成立同业公会等。② 但是，在这些所谓的政策上，我们所关注的是它的执行力度是否能够达到要求，顾寿恩在《战时粮价问题》中对于上述的这些政策就发表了看法，他认为："如能照以上规定实行，所有粮食的交易，均需由管理人员议价配售，自然不至于过分抬高价格。"言下之意是，这些政策的执行并没有达到所需要的程度，或者说，只是象征性地做了表面功夫，来敷衍中央部门的检查而已。"其成效未著，反使粮食退藏愈烈，粮价飞涨愈甚，以致造成三十年粮荒之严重现象。"③

3. 粮食部时期

随着战争的深入，粮食问题越来越紧迫，为了更好地解决粮食问题，国民政府于1941年6月开始筹备，并于1941年7月1日正式成立了国民政府粮食部，专门负责粮食管理事宜。粮食部总结了前期粮食管理的经验与不足，确立了管制粮价的新政策，即"控量制价"和"全面限价"政策。

"控量制价"主要体现在两个方面，一个是"认商制度"，另一个是"田赋征实"，所谓认商制度就是由粮商向民食供应处申请，按其能力自行认定购运数额，经核定认可后，贷给相当资金，粮商则负

---

① 陈彩章：《战时四川粮食管理概况》，《经济汇报》1942年第5卷第6期，第68页。
② 顾寿恩：《战时粮价问题》，国民图书出版社1942年版，第45页。
③ 于登斌：《战时粮食管理政策与重庆粮食管理》，《四川经济季刊》1944年第1卷第4期，第300页。

第二章 战时国民政府粮食政策措施与管理成效

按月缴足额之责,如有短少,即予处罚①,这样就使粮食管理的权责明确,管理的效率大大地提升。因此,"自七月半以后,匪特渝市民食的供应毫无缺乏,且常有一个月以上的存粮,人心安定,粮价日趋跌落"②。这也充分地体现了粮食部成立以来在粮食价格管理上所取得的成效,也说明了认商制度的成功,但是认商制度亦不是全无流弊,因为认商只图购缴足额,就不论产地价格的高低,尽量设法购进,民食供应处均须收购,其购缴益多,所得利润益大。对于粮食的采购价格并没有详细的规定,粮商为了攫取更多的利益,则无标准地采购,因而也给粮食价格的管理带来一系列的问题。此外,田赋征实的实行也对粮价的管理起到一定的作用,其成效与评价,将在后面章节予以阐述。

"全面限价"政策是在1943年1月15日,由国民政府正式宣布实施的。抗战以来,国统区的物价一直处于上涨的趋势,虽然国民政府也出台了一些政策进行管理但是并没有真正地解决问题。面对抗战艰巨的任务,1943年国民政府正式提出了"全面限价"政策。其主要表现为,蒋介石通电全国的《加强管制物价实施办法》以及粮食部拟具的《加强管制物价方案粮食部分实施方案》,紧接着甘肃、陕西、青海、河南、湖北、安徽等省也相继公布了限价实施办法大纲。据统计大约至1944年年底,国统区内经过4次调整的仅有广东、山西两省;3次调整的有广西、湖北、江西、福建、甘肃、绥远;两次调整的有重庆、贵州、浙江、安徽等省;湖南、陕西仅一次。③由此可以看出,各省的限价调整次数都不多,而将

---

① 秦孝仪主编:《抗战建国史料:粮政方面》(四),《革命文献》第113辑,台北:"中央"文物供应社1987年版,第171页。
② 同上。
③ 郝银侠:《社会变动中的制度变迁:抗战时期国民政府粮政研究》,中国社会科学出版社2013年版,第306页。

近两年的时间最多的才四次，还有一次的和未调整的，这样的限价政策很难达到效果。

（三）粮食征集（田赋征实）方面

在战争时期，要想赢得战争的胜利，对粮食的掌握量是一个至关重要的因素，为了保证粮食量，国民政府在粮食的征集上进行了一系列重大的改革措施，即田赋征实。所谓田赋征实即为按土地征收实物税，土地产什么就征收什么。田赋征实最早筹备实行的是山西，山西粮食危机早在1938年即开始出现，所以是年即开始准备田赋改征实物，但当时并未实行①，直到1939年下半年，因为军队粮食极其短缺，阎锡山实施下令田赋改征实，以供应军队粮食的需要，随后在福建等几省也开始推行田赋征实。虽然田赋征实在这一时期确实起到了一定的作用，但是由于田赋征收实物要比征收货币繁琐得多，所以国民政府一直处于观望状态，没有下决心去实施。而真正开始田赋征实是在1941年的国民党五届八中全会上，通过《各省田赋暂归中央接管以便统筹而资整理案》等提案，确立将田赋征实收归中央管理，并于1941年7月正式在各省实行。

在田赋征实的实施中，国民政府主要分别从田赋征实实施机构的设置、征收与缴纳实物的制度、相关的处罚与奖惩三个方面来进行的。首先在田赋征实的机构设置中，分为中央、省、县市以及县以下四个级别的专门管理田赋征实的机关，并进行了三次机构完善的改革，这三次改革都是基于前者弊病的基础上进行的，主要目的还是更好地管理田赋征实，合理地进行粮食的征收与分配。

在征收与缴纳制度中，主要对征收实物的额度、征率、种类、办法以及期限作了详细的规定。因在国民政府正式发布实施田赋征实之

---

① 《山西田赋改征实物，实施一年成绩尚良好》，《大公报》1941年7月6日。

前，山西等省已经开始实行了，但是各省在实施田赋征实时所征收的额度和征率却相差很大，为了统一全国的征收额度和征率，1941年7月国民政府公布的《战时各省田赋征收实物暂行通则》中就有规定："各省田赋征收实物依三十年度省县正附税总额每元折征稻谷二市斗为标准。其附额较重之省份，得请由财政部酌量减轻。"① 同时，在国民政府正式颁行实施田赋征实之前，各省对于征收的实物种类规定也不相同，加之各地的所产物品也不一样，所以对于征收的种类的规定也很混乱。此外，因征收实物与征收货币不同，所以当时规定的征收实物的方法主要有：分乡同时收粮、分乡分期流动收粮、分仓收粮、分乡代收、分期分保完粮、分区缴粮、委托征收与集体纳粮等制度②，都是根据当时各地的不同情况而实行的相对措施，以保证粮食征收的顺利。在征收期限方面，因为各地的粮食收获时间不一，加之之前无明确的规定，所以征收期限并无详细的规定，国民政府正式实行田赋征实后，对粮食征收的期限亦作出相关规定。

在征收实物的同时，为了保证实物的征收，防止粮户不按时纳粮，在制定田赋征实的措施时，也包括了对田赋征实的相关处罚与奖惩。1941年9月2日行政院公布的《田赋征收通则》中规定："凡逾征收期限，尚未完纳者，应予分别处分：一加收滞纳罚金，二传追，三提取其土地收益抵债，四拍卖欠税田产抵债。"③ 对于不按时纳粮的粮户有着详细的处罚规定。当然，为了保证粮食的征收，提高征收粮食官员的积极性，国民政府还出台了一些奖励的措施，如凡在开征后两个月之内，征收达额征数或秋勘应征数七成以上者，超过七成数

---

① 秦孝仪主编：《抗战建国史料：田赋征实》（二），《革命文献》第115辑，台北："中央"文物供应社1988年版，第1页。

② 郝银侠：《社会变动中的制度变迁：抗战时期国民政府粮政研究》，中国社会科学出版社2013年版，第180页。

③ 秦孝仪主编：《抗战建国史料：田赋征实》（二），《革命文献》第115辑，台北："中央"文物供应社1988年版，第3页。

额，按每市石拨发各级经征人员奖励金一元。① 这样的规定对于激励经征人员按时征收粮食有着重要的意义。

战时国民政府的田赋征实始于1941年，终于1945年抗战胜利，一共实行了四年，在保障粮食的供应上起了很大的作用。总观其成效，对于抗战所起的作用是很重要的。首先，田赋征实的实施，增加了国民政府的财政收入。抗战时期，田赋征实的实施，在一定程度上保证了粮食的征收，稳定了政府的财政收入，如表2-6所示。

表2-6　1941—1944年度田赋征实征购征借所得实物折合法币数

年度	谷麦（百万石）	每石约价（法币元）	折合法币数（百万元）
1941	56.2	91	5114
1942	65.6	216	14169
1943	65.3	760	49628
1944	57.8	1920	100976

资料来源：杨荫溥：《民国财政史》，中国财政经济出版社1985年版，第120页。

从表2-6的数据可以了解到，从1941年开始，每年的田赋征实所征得谷麦数量在上升，同时由于物价的上涨，每石的价格也在上涨，最终1941—1944年折合成法币数的总数约为1700万万元。这样既免除了政府在购粮中法币与粮食之间交换的麻烦，避免了人力物力浪费的同时，也有效地控制了政府财政的消耗，同时在一定程度上增加了政府的财政收入，保证了政府财政开支。以1941年为例，该年度征实所得实物折合成法币数，减去田赋征实及用粮食库券购粮支出的经费，总共节省现钞29.21亿余元②，而1941年国民政府的实际支

---

① 郝银侠：《抗战时期国民政府田赋征实中的利益集团关系》，《南京师范大学学报》2009年第6期，第50页。
② 吴相湘：《第二次中日战争史》（下册），台北：综合月刊社1974年版，第633页。

出为100.03亿余元。① 从上述的数据看，田赋征实等收入占了国民政府财政支出的近1/3。可见田赋征实在抗战时期对国民政府财政所起的作用，或者说，如果没有田赋征实的实施，国民政府的财政很难顺利地度过这一时期。

除了对于财政的弥补，田赋征实的实行，对于稳定当时的粮价也起着重要作用。上述第二个问题已说到，抗战时期，战争等原因导致各地的物价飞速上涨，粮价也不例外。国民政府为了抑制粮价，稳定军心民心，实施了很多办法，其中就包括田赋征实，如表2-7所示。

表2-7　　　　　　战时全国零售物价及粮价指数比较

年份	物价总指数	粮价指数
1941	1294	1168
1942	4027	2998
1943	14041	8466
1944	48781	29456
1945	190723	124618

资料来源：关吉玉：《中国粮食问题》，经济研究社1948年版，第73页。

从表2-7我们可以了解到，1941年到1945年，虽然物价和粮食的价格都在上涨，但是粮食价格上涨的指数，却低于物价的上涨指数。这正是由于田赋征实的实施，使国民政府手中所掌握的粮食的量多了起来，也正是我们上面第二个问题中所说的"控量以制价"的办法。国民政府通过田赋征实获得了充足的粮食，来供应社会和军队的需要。这对于阻止粮价的上涨、缓解粮食的短缺具有重要的作用。

虽说，田赋征实在财政和稳定粮价上起到了重要作用，但是其本

---

① 陆民仁：《抗战时期的经济与财政》，近代中国杂志社1983年版，第722页。

身在实施的过程中以及所实行的政策上却存在着种种弊端。就如田赋征实的额度来说，1941年开始实施田赋征实，其当时是按照省县正附税总额为标准折合实物征收的，而各省在经济状况、粮食产量、粮食种类等方面都有很大的差别，所以各个地方的征收额度又有很大区别。如甘肃同一等级土地，正税相差即达6倍到7倍，附税相差更大。① 相差甚大的土地附税，缺乏了应有的公平，给各地农民带来的负担也不一样，但远远不止这些，赋税的混乱也制约着田赋征实实施的效果，如广西省田赋附加，抗战初期有省附加的40县，省附加税低的为正税的八成，高的达两倍，县附加税的名称和混乱则过于省附加。② 附税的混乱，额度的不一，很难使田赋征实的实施达到预期效果。另外，公职人员以及地主富豪的诸多舞弊也给田赋征实的实施带来麻烦。田赋征实，征收的是实物，相比于以前的征收货币要麻烦得多，因此一些地主富豪则会乘机拉拢粮政人员，营私舞弊，以减轻自身所要被征收的粮食。如1943年，一个粮户的赋额是五角二分，1944年被增到一元零四分，在送了X万元酬谢后，没几天即得到改正。③ 在这样的情况下，农民是越来越穷，缴纳不起粮，而粮政人员、地主富豪却借机富了起来，引起了人民的强烈不满，这也是田赋征实后期所征粮食越来越少的主要原因。

（四）粮食供应方面

抗战时期军糈民食的供应是不可或缺的，当时的粮食供应主要分为军粮、公粮、民粮三种。因为军队如果没有粮食，则不能打仗；公务员没有粮食则无法工作；农民没有粮食则民心不稳。为此，国民政

---

① 郝银侠：《抗战时期国民政府田赋征实制度之研究》，华中师范大学中国近代史研究所博士论文，2008年，第196页。
② 中华人民共和国财政部《中国农民负担史》编辑委员会编著：《中国农民负担史》第二卷，中国财政经济出版社1994年版，第406—407页。
③ 《粮食管理人员剥削农民血汗》，《新华日报》1945年7月9日。

第二章 战时国民政府粮食政策措施与管理成效

府分别就军粮、公粮、民粮的供应,出台了相应的管理措施。

首先,是军粮的供应。在战时有"胜利第一,军事第一"的口号,因此,当时一切都是以战争的胜利为中心的,而军粮的供应又直接关系着战争的胜负,所以军粮的供应是放在首要位置的。为保障军粮的供应,国民政府先后分别实行了"粮饷合一,屯粮价拨"和"粮饷划分,主食供给"的军粮供应制度。所谓的"粮饷合一"就是官兵的主、副食和饷金,列入同一预算,粮秣经理则由各部队就地自购;而"屯粮价拨"则是军粮供应或是由政府发给米津,部队就地采购,或由军需机关及兵站机关购买粮食价拨给部队,但政府拨发饷银的方式不变,所购粮款仍在饷款内扣缴,称之为"价拨"。[①] 但是随着战争的深入,沦陷区的扩大,"粮饷合一,屯粮价拨"的供应政策并没有从实际上解决问题,军粮的采购亦困难重重,"物价畸形膨胀,就是以士兵全部饷项购买主食,亦不可能。影响军食,像呈普遍。"[②] 由于粮价的高涨以及购粮的困难,国民政府不得不改变军粮的供应政策,开始试行"粮饷划分,主食供给"的供应制度。"粮饷合一,屯粮价拨"是为解决粮食价格飞涨,部队自行购粮困难问题而产生的应急之策,在一定程度上解决了部分的军粮供应。但是由于政策在执行中存在的问题,以及政府官员、军队军官等的贪污腐败,往往从军粮的采购、供应中中饱私囊,导致军粮的供应无法按时按量完成。

在军粮供应的前期,因为粮食丰收、战区范围小等原因,国民政府实行的是"粮饷合一,屯粮价拨"的军粮供应制度。这一时期,军粮是由军队自主采购办理的。

[①] 郝银侠:《社会变动中的制度变迁:抗战时期国民政府粮政研究》,中国社会科学出版社2013年版,第326页。

[②] 同上书,第328页。

国民政府粮食问题研究：1937—1945

表2-8　　　1937—1940年度军粮筹备与补给数量统计表

年度	筹备			补给		
	人数	大米	面粉	人数	大米	面粉
1937	500	1386441	1500000	42.865	1039431	918227
1938	300	3595200	5570400	254.01	3086200	4670800
1939	300	3184400	4120000	246.075	2656876	4024140
1940	500	6645700	5337000	387.65	5465860	5125600

注：人数以万人为单位，大米以大包为单位，面粉以袋为单位。
资料来源：何应钦：《八年抗战》，台北"国防部"史政编译局，1982年，附表13。

如表2-8所示，从1937年到1940年这段军队自筹军粮时期，所筹备的人数、大米面粉的需求量都大大地超过需求的补给量，由此可见，在军粮供应前期军队自筹粮食完全可以满足军队的自身需要。

到1940年后，随着战区的扩大、战事吃紧，军队自筹粮饷已不适用，开始试行"粮饷划分，主食供给"的供应制度，实行该制度的一个重要原因是田赋征实的实施，国民政府手中通过征实掌握了大量粮食，因此在军粮的供给上更为便捷和充足。根据侯坤宏在《粮政史料——军粮、战后粮政、统计资料》（第六册）记载：1941年各省配拨米麦数额合计分别为9803267、6831267大包，实拨数分别为8693213、8658151大包；1942年的配拨数分别是12267698、7287612大包，实拨数分别为10208847、6903203大包；1943年的配拨数分别是10743375、7648212大包，实拨数分别是9570257、7258262大包；1944年的配拨数分别是10151000、5809500大包，实拨数分别是8085400、4876800大包[①]，由上述数据来看，1941年、1942年这两年供应给部队的粮食较多，军粮处于饱满的状态，而

---

① 侯坤宏：《粮政史料——军粮、战后粮政、统计资料》（第六册），台北国史馆1992年版，第505—506页。

1943年和1944年这两年的配拨数和实拨数因为军事与经济情势的紧张，粮食价格的再度高涨等原因，数量都较前两年有所下降，效果自然要比前两年下降。

综合来看，国民政府军粮的供应，既有对战争积极的一面，也有消极的一部分。首先，国民政府军粮供应对于稳定军心，增厚抗战的根基有着重要的作用，其主要表现在国民政府对于粮食在军、公、民三者之间的分配上，例如，1941年到1943年三个年度，配拨的军粮数额约占当年田赋征实、征购、征借总额的79.85%、57.07%、52.99%。[1] 其对军队的粮食配给占到了田赋征实征购征借总量的一半以上，基本保障了军需，对于后来抗战的胜利也产生了积极的影响。但是在军粮的供应中，由于政策的执行存在的问题、军粮配给的衡量换算公平等也给军粮供应带来一定的问题。如蒋介石曾电令各地用政治手腕筹粮，但是各省对于蒋介石此项命令大多并未遵行，其办法分歧，困难甚多。[2] 可见，其上下的政策不一，命令的执行也是各行其是。在军粮供应分配上，其粮食分配的衡量换算也有一定的差别，如同一斗粮食，四川彭镇每斗31斤半，而簇桥为32斤10两以上。[3] 可见前后一斗相差将近一斤，弊端较大。士兵所分得的粮食也相差甚多，导致部队纠纷四起，对军队的战斗力和军心都产生不利的影响。

其次，是公粮的供应。所谓的公粮就是向政府的公职人员、警察以及学生、教师等供应的粮食。由于粮食价格的上涨，对拿着固定工资的公职人员来说，生活越来越艰辛，无法满足日常的生活需求，同

---

[1] 抗日战争时期国民政府财政经济战略措施研究课题组编著：《抗日战争时期国民政府财政经济战略措施研究》，西南财经大学出版社1988年版，第48页。

[2] 李乐群：《一个军粮问题讨论会纪要》，《陆军经理杂志》1941年第2卷第3期，第56页。

[3] 郝银侠：《社会变动中的制度变迁：抗战时期国民政府粮政研究》，中国社会科学出版社2013年版，第360页。

时对于大量学校的学生、教职工来说，更是无法在物价高涨的情况下生存。为了保障政府工作的顺利进行，国民政府开始实行公粮配制。公粮的配给制主要按照中央、省、县三级划分。中央的公粮开始配给四川重庆，规定成人每人每月发二市斗，五岁以下减半每人一市斗，购领平价食米收基本价格每市石60元，购领之机关学校持准购通知单向全国粮食管理局平价食米供应处购领。① 此为国民政府筹备发放公粮的开端。省级和县级的公粮供应和中央的差不多，都是面向公职人员、学生和教员等供应，进行平价和免费定量配给。据统计，1942—1944年，江苏、浙江、安徽等14省拨配公粮总数分别是1942年谷3485021市石，麦662000市石；1943年为谷606万市石，麦1170450市石；1944年为谷5347000市石，麦935000市石。② 然而，由于县级的公务人员人数与所需要的粮食量巨大，因此县级的供应与中央和省级的供应有所不同，自1942年起国民政府准各省在田赋征实下带征三成县级公粮。③ 这样虽然增加了粮户的负担，但是对于保障基层人员的正常工作，维护基层的稳定有重要的作用。

公粮供应的实行，为解决公职人员、学生和教员等的生活问题提供了有利的保障，如在陪都重庆，颁布了《重庆市区中央各机关公务员役及各学校教职员役平价食米办法纲要》，自1940年11月起实行，每月拨米18000市石，供应重庆各机关公务员购领，来保障重庆公务员的日常生活需要。各省县也有相关的规定，如湖北省每人每月得购领平价米36斤，眷属以5口为限等。④ 据统计，自实行公粮统一供给

---

① 于登斌：《战时粮食管理政策与重庆粮食管理》，《四川经济季刊》1944年第1卷第4期，第304页。
② 《最近三年各省省级公粮拨配数量（三十一年至三十三年）粮政统计》，《统计月报》1944年第91期，第18页。
③ 郝银侠：《社会变动中的制度变迁：抗战时期国民政府粮政研究》，中国社会科学出版社2013年版，第382页。
④ 陈雷：《试论抗战时期国民政府的粮食供应与配给》，《安徽史学》2010年第6期，第74页。

以来，国民政府从田赋征实征购征借中支出的中央、省级以及县级公粮总计约 65337000 市石，麦 11423000 市石，约占田赋征实征购征借总额的 27%。① 虽然只是占了 27%，但是对于公职人员、学生和教员等来说，为他们减轻了生活的负担，保障了当时政府社会工作的正常运营和学校的正常上课。但是毕竟公粮的供应不能包括所有，大部分公务员在领不到粮的情况下只能领取几乎买不到粮食的代金券，生活十分艰难。

最后，是民粮的供应。我国自古就是农业大国，农民对粮食的需求是不可或缺的。抗战时期，粮价高涨以及奸商横行囤积居奇等原因导致老百姓无粮，民食的供应需求自然出现问题。在 1941 年田赋征实实行以前，国民政府的手中没有掌握大量的粮食，因此对民粮的供应很少，多着重于对贫苦农民的民食调剂，其中心主要在当时粮价高涨的陪都所在地四川重庆地区。随后各省亦仿造重庆的方法，向贫民实施平价政策，发售平价米。但是由于粮源很少，其实施的范围也很小。1941 年实施田赋征实后，政府手中控制了大量的粮源，对民粮的供应范围亦扩大。粮食部先后在各地设立了民食调节处，管理各地的民食调节。同时 1942 年 3 月 24 日，行政院第 556 会议通过《价拨各省田赋征实余粮调剂民食办法大纲》，其中对民食的调节有专门的规定，例如，各省三十年田赋征实除抵拨军粮、价拨公粮及专案划拨之囚粮工食及其他指拨粮食等项外，所余粮食悉作调剂民食之用。② 从上述的内容规定来看，民粮的供应是在拨配军粮、公粮等以后根据所余数额进行拨配的，如若在军粮、公粮分配后，余粮较少，则民食的供应则会减少，如余额较多，则民食供应则会增多，供应量处于不稳定的状态，所以民粮的供应大都在青黄不接之时拿出来以应急之

---

① 章伯锋、庄建平：《抗日战争》第 5 卷，四川大学出版社 1997 年版，第 678 页内容统计。

② 《粮政法规——配拨类》，粮食部印行 1944 年，第 43—44 页。

用，而这也仅限于是少数的大城市而已，农民所需要的粮食，仍要到市场上以高价购买，民粮的供应在事实上使社会民生获得的利益甚少。

粮食供应是为了解决战时缺粮问题而产生的，在实行田赋征实之前，国民政府所掌握的粮食较少，粮食的供应主要是以军粮为主，在实行田赋征实之后，政府手中掌握了大量的粮源，对粮食的供应范围也在逐渐地扩大，这对于稳定军心以及大后方的民心有着重要的作用。同时粮食的供应，对于增强国民政府的财政力量，稳定市场物价等也有着重要的影响，有效地抑制了物价的上涨和通货膨胀的恶化。

综上所述，作为农业大国，在抗战时期我国面临着严重的缺粮问题，为了保障军糈民食的供应，国民政府分别在粮食的生产、价格、征集和供应等方面出台了一系列的粮食管理政策及措施。这些政策及措施的实行，对于保障军民粮食的需求、稳定军心民心以及抗战的胜利有着重要的意义。但是这些政策在执行过程中，由于贪官污吏以及奸商的囤积居奇等原因，粮食管理政策并没有有效地得到执行，太多的粮政弊端在很大程度上减弱了粮政的实效。所以说，国民政府的粮食管理政策是既有利又有弊，我们在了解国民政府粮食管理政策时，应该客观、全面地看问题，正确看待粮政的利与弊；同时我们还应在国民政府粮政管理中总结经验、吸取教训，更好地为我国现代化粮食管理服务。

第三章　战时各地解决粮食问题实践与成效

国民政府制定一系列发展农业生产、解决粮食问题的政策后，立即在国统区各地着手实施。整个国统区尤其是抗战大后方纷纷结合本省实际，采取相应措施想方设法进行粮食增产。各地解决粮食问题的实践各有侧重，有的从田赋征实方面着手，有的从改进农业生产技术入手，还有的则结合本地粮食市场状况从调整粮食价格、稳定粮食市场秩序方面着手解决粮食问题。

本章主要从地方这个层面探讨战时各地是如何在国民政府指导下应对和解决粮食危机问题的，主要从抗战时期云南的田赋征实、抗战时期湖南的田赋征实、抗战时期安徽国统区的粮食管理、抗战时期陕西国统区粮食仓储管理、抗战时期重庆粮价管制、抗战时期四川农业推广等方面论述，分别从田赋征实、粮食管理、粮食价格管制以及粮食生产等方面系统探讨了战时各地应对和解决粮食问题所采取的措施、办法，同时对各地解决粮食危机的具体实践所产生的效果给予客观的评价。

随着抗日战争的长期和持久，国民政府面临着日益严重的经济困难，其中，粮食问题尤为突出和急迫。为了解决粮食问题，保障军粮民食的供应，国民政府自1941年起在全国实行田赋征实，并强化各省各地区的粮食管理和粮食供应。本部分以大后方的云南省和处于抗战前线又是中部大省的湖南省为例，对其在抗战时期的田赋征实政策进行进一步的深入探讨，对其取得成效给予积极评价。

在粮食管理具体政策措施方面，则以华东地区的安徽、西北地区的陕西及西南地区的四川、战时陪都重庆为例，对抗战时期粮食管理的某一方面如仓储管理、粮价管制、农业推广等进行了探讨和研究，以加深此一领域此一地区抗战经济史的研究。在调整粮食价格、稳定粮食市场秩序方面，战时国民政府所在地重庆结合本地粮食市场的实际状况，采取了一系列调整和管制政策，对稳定粮食价格、保证大后方粮食供给起到了部分积极作用。在抗战时期，由于战争及其他因素的影响，粮食生产及供应都出现严重问题，特别是粮食价格变化较大，有时价低粮贱伤农，有时粮价过高伤民伤军。为了保障粮食价格和军民生活的稳定，战时陪都重庆按照国民党中央和国民政府的决策与部署，采取了一系列的政策和措施来管制粮价，稳定市场，保障粮食安全，以稳定社会，支持抗战。具体措施有：实行评价政策，成立物价评定委员会；制定粮食报价标价办法；扩大食用米的范围；派售余粮，确定重庆的各大粮食的供应区；平价米供应与局部统购统销；打击囤积居奇；实行议价限价政策等。

在农业推广方面，四川省政府也早在1936年年初即创办稻麦改进所，并在省内逐步健全农业推广机构，设置县推广所、乡农会、棉病实验室、农业改进所、县农业土办机关等相继建立，从而建立了一套有效的互助机制，积极开展农业推广，提高粮食产量。1938年9月1日，川省合并九个农业机构，成立四川省农业改进所，并着手对川省水稻、小麦及其他农作物进行改良和推广，实现川省农业增产。到抗战结束时，川省稻作、麦作等增产收到十分优异的效果，对保证川省的人民的生活，支持前线抗战，完成抗战建国大任起到积极作用。同时，其农业改良的经验、措施等对抗战时期的其他省份以及先进农业的发展提供了良好的借鉴，以期实现作为农业大国之中国的伟大复兴。

除了上述各实践外，部分省份还从加强粮食储藏，完善粮食仓储建设方面入手，也取得了一定的效果。如战时陕西为了解决粮食危机，就出台了相应的粮食仓储管理政策与措施，做法主要表现在：进行粮情调查，为仓储建设奠定基础；筹措经费，积极建设各级各类仓库；健全粮管机构，加强粮食管理等。

战时各地解决粮食问题的举措收到了一定的成效，在一定程度上缓解了日益紧张的粮食危机，为抗战的顺利进行提供了有力的保障。

一　抗战时期云南的田赋征实

现代战争对国民经济的依赖性极大，可以说它是参战各方以经济为基础的综合实力的决斗。对于抗日战争这场伟大的民族解放战争来讲，经济因素在战争目的、战争过程中占有重要地位。日本帝国主义发动侵华战争的目的，正如《田中奏折》所说，"以支那之富源而作征服印度与南洋群岛以及中小亚细及欧洲之用"[1]，即用暴力打断中国走向独立富强的现代化进程，使中国沦为日本帝国主义的附庸，掠夺中国经济资源为其全球战略服务。抗日战争开始后，日本对中国进行疯狂侵略，抢占领土，掠夺经济资源，达到以战养战的目的。

随着抗日战争的长期和持久，国民政府面临着日益严重的经济困难，其中，粮食问题尤为突出和急迫。为了解决粮食问题，保障军粮民食的供应，国民政府自1941年起在全国实行田赋征实。而云南作为一个后方大省，亦按照国民政府决策实行了田赋征实。

---

[1] 龚古今、恽修：《第一次世界大战以来的帝国主义侵华文件选辑》，生活·读书·新知三联书店1958年版，第93页。

（一）抗战时期实行田赋征实政策的原因

田赋，是国家对土地所征收的赋税，它是几千年来中央政府最主要、最基本的财政收入，"国家财政，自来以此为砥柱"①。民国建立以前，财政没有中央地方之分，田赋收入为国库所用。民初曾筹议划分国、地收支系统，而各省当局力争将田赋收入划归地方。1928年北伐成功，南京国民政府决定将田赋收入划归地方，而监督田赋的权力仍归中央。此后，各省为增加财政收入，先后对田赋征收进行改革。

抗日战争爆发后，沿海沿江的重要城市遭敌侵占，财政收入锐减，而支出因战时关系日益增加，地方财政的情形也一样。其后，因战争持久，物价上涨，财政上所受的破坏日益严重。地主粮商囤积居奇，导致市场供应短缺，形成人为粮荒，致使粮价不断猛涨，以大米为例，1941年6月平均价格高出战争前夕20倍以上②。实际上从1940年起，粮食危机日益严重，甚至达到"不惟高而且根本就买不到"的地步③。据国民政府主计处统计局对重庆、贵阳、昆明、西安、兰州、成都等重要城市的粮价指数的统计，抗战时期昆明市的粮价在全国各大城市中是比较高的。

东部地区的沦陷，使当时的中国农业损失极大。为了坚持抗战，国民政府必须对后方农村经济进行调整，以发挥农村经济的潜力，提高粮食的生产能力。

田赋征实最早发端于山西，1939年春，山西省因军粮供应缺乏，

---

① 秦孝仪主编：《抗战建国史料：田赋征实》（一），《革命文献》第114辑，台北："中央"文物供应社1988年版，第1页。
② [美]费正清、费维恺：《剑桥中华民国史》（下），刘敬坤译，中国社会科学出版社1994年版，第670页。
③ 秦孝仪主编：《抗战建国史料：粮政方面》（四），《革命文献》第113辑，台北："中央"文物供应社1987年版，第84页。

第三章 战时各地解决粮食问题实践与成效

举办田赋改征实物，但因是临时办法，标准不完善，实施得并不好。随着抗战形势的恶化，粮价上涨迅速，粮食危机日益严重。为解决粮食困难，"时贤有主张专卖者，有主张公有者，有主张征发者，其用意皆在使政府控制一定数量的粮食，以为管理之基础。惟或以牵动太大，或以需资过多，均难付诸实施，独田赋回征本色，较为切实可行。因中国田赋，历来皆征本色，全征折色，不过才数十年间事，人民既较习惯，标准亦有成规可循，而其能提供政府大量之粮食，又与其他各方案无异，故最后乃为政所采用"[①]。1941年4月，召开国民党中央五届八中全会，通过了将田赋收归中央的决议，6月召开第三次全国财政会议通过了从1941年起，全国田赋一律改征实物的决议，7月公布了《战时各省改征实物暂行通则》。此后，田赋征实开始在全国推行。

按照国民政府的规定，云南省应于1941年10月1日开始征收实物，但因征额尚未核定，遽难开征。到10月18日征率核定，云南省政府于10月20日提经省务会议议决，定于11月1日开征，并通电全省公布施行。但是云南区域辽阔，多山区高原，交通不发达，全省仅有39个县市区设有电台。省方发出的电文，需要多次邮转传递才能到达，费时费力。各县接到电文的日期，又大都在11月1日之后，而各县田赋管理处及经收机关"皆属筹组伊始，准备需时"[②]，"省处体念各县处征收困难，呈准凡奉电较迟之县，其征收期限，准自奉电之日起，扣至两个月届满时为止"[③]，所以大多数县都是在12月以后开始征实的。因各县实在很难依限征齐，又经呈准，一律延展至1942年2月25日止。"在二月二十五日以前纳粮入户的，准予免科

[①] 关吉玉、刘国明：《田赋会要》第三篇，《国民政府田赋实况》（下），台北：正中书局1944年版，第3页。
[②] 秦孝仪主编：《抗战建国史料：田赋征实》（三），《革命文献》第116辑，台北："中央"文物供应社1989年版，第430页。
[③] 同上。

滞纳处分，以恤民艰，而示权益。"①

（二）抗战时期云南田赋征实的概况

1. 组织机构

按照国民政府的规定，云南省对于田赋征实分别设立了经征经收机构。经征方面：按财政部有关规定，省设立财政部云南省田赋管理处，设处长1人，由省财政厅厅长兼任，总理全处事务，副处长1人，协助处理全处事务，设主任秘书及秘书各1人，负责整理全处规章文稿并办理机要文电及其他交办的重要事件，分设一、二、三等三科及会计室，分掌奉颁组织规程所列各事项，各科室分股办事，设股长一级，即以高级委任职人员充任，每科室各设置股长3人，共设置12人，督导员原设9人，后奉部令缩小督导区，根据本省粮区分布的情形，将全省划分为12个督导区，增设督导员12人，总计省处人员除先后派用秘书科长、主任督导员以下荐委职员61人外，雇用司书15人，工役19人，总计97人②；县设立县田赋管理处，设处长1人，由各县县长兼任，副处长1人，由各县税务局局长兼任，其下按规定本应设二科至三科，但因云南曾举办过土地清丈，不再办理土地陈报，所以全省各县处一律仅设二科，分掌县处征收各项事宜，各科设置科长1人，科员、助理员及雇员各若干人，各级人员名额由省田赋管理处按照财政部颁布的各项规章，并根据各县的实际情形，厘定人员设置表，各县所设的会计人员，因一时不容易找到，暂由各县县政府会计人员兼任③；各县田赋管理处之下设立经征分处，设主任1员，由以前曾经服务清丈而且具有相当资历或以前经办地税的人员充任，副主任1—2人，由当地乡镇长兼任，稽征员1—2人，由县田赋

---

① 秦孝仪主编：《抗战建国史料：田赋征实》（三），《革命文献》第116辑，台北："中央"文物供应社1989年版，第430页。
② 同上书，第425—426页。
③ 同上书，第426页。

管理处遴选合格人员充任，雇用工役1名，催丁1—2名。各县设立经征分处的数目，根据本省的情形，在田赋征实的63个县，在旺征期间，平均每县不超过9处；淡征期间，每县不超过5处。至于折征国币的67个县，则照上项标准，酌予减少，以平均每县不超过5处为限①。经收方面：省为省政府粮政局，县市为县市政府粮政科，在县市以下设立经收分柜，这些机构主要负责经征实物的验收、储存、保管、拨发、运输等。为简化手续，提高工作效率，国民政府于1942年对经征经收机构进行合并，由田管机关设征收处统一办理，而于内部仍采分立制。

2. 核定征率及划分征实折征区域

云南省1941年的田赋经省政府与财政部商准定为半数征实，半数折征国币。因为云南省赋率极高，征实部分的赋率，"经省府商准部中定为每元征稻1市斗2升；折征国币部分，则定为每元征国币6元"②。至于征实与折征国币区域的划分，"因田赋征实主旨，原系从事调节军粮民食，所以实施田赋征实的区域，以稻产丰富，交通便利者为宜。盖必稻产丰富，税源始有把握；又必交通便利，征获之实物始便于运输划拨"③。如果各县普遍实行的话，产谷不多的地方，征纳较为困难；而交通不便的县区，即使征获了大量实物，也难以运输划拨。"为谋确实掌握应征实物，并便于运输划拨起见"④，于是经过研究决定制定了此项标准："凡农产较丰，交通便利之区，概行征实，余即折征国币。"⑤ 照此项标准，将昆明、呈贡、晋宁、昆阳、宜良

---

① 秦孝仪主编：《抗战建国史料：田赋征实》（三），《革命文献》第116辑，台北："中央"文物供应社1989年版，第426—427页。
② 同上书，第427页。
③ 同上。
④ 同上。
⑤ 同上。

等63县指定专征实物①;其余昭通、巧家、师宗、永善、绥江等49县,及河口、麻栗两贱泛区,暨龙武、宁洱、梁河等16县设治局,则折征国币②。

3. 田赋征实的宣传与督导

"为力谋促使人民踊跃完纳起见,自非发动扩大之宣传,俾人民切实明瞭征实意义不为功。"③ 因此,在省田赋管理处成立之初,就对田赋征实拟定了宣传纲要,正打算付印分发时,恰逢财政部颁布宣传大纲,所以就将原本拟定的宣传纲要废止,付印财政部颁布的宣传大纲两千份,分送各机关实施宣传,其宣传方法在省、县两级分以下数种。

(1) 省处方面。①将财政部颁布的关于田赋征实的一切法令,以及省政府对于田赋征实的重要指示,编成新闻稿件,分送各日报刊登宣传;②编纂关于田赋征实的白话文布告、浅近标语,分发各县,使群众易于了解;③会商省党部、民政厅、教育厅,策动各市县党部及各乡镇保甲长、中小学校教职员、学生,扩大宣传;④委派督导员分赴各县督导,并召集该县的负责人及士绅等,将有关田赋征实的疑杂问题解答给民众,以使民众明了田赋征实④。

(2) 县处方面。①散布粘贴奉发关于田赋征实的各种宣传;②编发壁报;③会同当地党、政、军各机关首长,率领地方士绅、学校教职员和学生、各乡镇保甲长,分区组织宣传队,将有关田赋征实的主旨与办法巡回讲演;④利用人们集会场所,如赶场地点及茶馆等,公开宣讲;⑤经常邀集地方绅耆到处举行座谈会,详细报告工作情形,并听取意见,以改进参考,如果遇到出席人员对征实的办法有所疑惑

---

① 秦孝仪主编:《抗战建国史料:田赋征实》(三),《革命文献》第116辑,台北:"中央"文物供应社1989年版,第427页。
② 同上书,第427—428页。
③ 同上书,第428页。
④ 同上。

时，应立刻进行详细解释，以免误会①。

这些宣传收到了很好的效果，"据本处（指省田赋管理处）所派督导员工作完毕返处面报，各县绅民，对于征实之意义，均已明瞭，并能踊跃上纳，此其得力于宣传者实多也"②。

省处、县处办理的田赋征实，虽然订立了计划，但各县市处及经征分处能否切实执行所颁布的各项法令，百姓是否能彻底明了，都需监督指导。所以，在省田赋管理处成立之初，就遵照财政部颁布的《各省田赋管理处组织规程》的规定，设置督导员，实行督导制度。并对督导区域进行划分，开始时将全省130个县分为6区，每区设督导员1人，分别负责该区督导、考查、宣传等事项，但由于云南省粮区分布的情形特殊，后又将全省划分为12个督导区，并增设督导人员③，从而使督导工作能够顺利开展，督导的效能大为增进。

4. 云南历年田赋征实概况

（1）1941年田赋征实。第三次全国财政会议决议全国一律改征实物之后，云南省对于田赋征实工作积极筹办，并计划于1941年10月1日起开征。但由于条件所限，实际上到11月1日才开征。1941年预算，正附税额合计为1500万元。征收数额为全年税额之半数，即750万元，每元折征稻谷1市斗2升，共征实90万市石，其余半数加六倍折征法币，共应征4500万元。云南省征收田赋共有昆明等105个县，1941年度征收田赋，"除巧家等42县地处边陲，粮产不丰，系照1940年度原纳耕地税额每元折征法币6元外，其余保山等63县一律改征实物"④。截至1942年2月15日年度截限日止，云南

---

① 秦孝仪主编：《抗战建国史料：田赋征实》（三），《革命文献》第116辑，台北："中央"文物供应社1989年版，第429页。
② 同上。
③ 同上书，第431页。
④ 秦孝仪主编：《抗战建国史料：田赋征实》（二），《革命文献》第115辑，台北："中央"文物供应社1988年版，第299页。

的田赋征实已达八成以上，行政院对云南进行了嘉奖：认为云南省主席"能仰体时艰，努力推动，督率亲征，辛劳备至"，由部呈请行政院转呈国民政府，颁给卿云勋章；省财政厅厅长兼省处长，由部颁给财政奖章；省副处长，由部记大功一次①。至1942年6月底止，"计征实各属，已征起稻谷794203市石，计合八成五之谱，将来可望征达九成。又折征各属亦经征获法币14141500元，将达五成之谱"②。至1942年9月20日止，云南省共征稻谷819858市石，法币18537172元③，达应征实物额的91.1%，成绩较为突出。

（2）1942年田赋征实。1942年3月上旬，日军进攻仰光，为了援助在缅甸的英军，确保由缅入滇的海口通道，中国政府组织了中国远征军，出动兵力达十万人，迅速从云南进入缅甸，但到5月时，中、英、美各自为战、指挥混乱及日军装备精良、地形气候等因素，导致了远征军的巨大伤亡，远征军入缅时总计10万人，生余4万人④。云南省的腾冲、龙凌2县及陇川、瑞鹿、盈江、莲山、潞因、梁河6个县设治局，遭日军侵占，田赋无法征收。所以，征实区域共有昆明等104个县市及河口麻栗坡两队泛区，龙武、耿马、宁蒗3个县设治局，折征法币区域共有中甸等14个县。征实县份依照1940年度耕地税原额计1519214元，每元征收稻谷1市斗5升，应征1519614市石，随赋带征县市公粮，每元5升应征496879市石。折征法币县份，则依其耕地税原额或边远县地区户折工折捐率原额，每元折征法币30元（照征实县份每元1市斗5升比率每石200元粮价折合），以实收入八成计算，大约可得430万元。此外仍每元带征县

---

① 秦孝仪主编：《抗战建国史料：田赋征实》（二），《革命文献》第115辑，台北："中央"文物供应社1988年版，第278页。
② 秦孝仪主编：《抗战建国史料：田赋征实》（三），《革命文献》第116辑，台北："中央"文物供应社1989年版，第432页。
③ 秦孝仪主编：《抗战建国史料：田赋征实》（二），《革命文献》第115辑，台北："中央"文物供应社1988年版，第299页。
④ 李良玉：《新编中国通史》（第四册），福建人民出版社2001年版，第406页。

级公粮折价10元，约可收120万元。征实种类，除稻谷以外，兼征包谷、苦荞两种杂粮，其比率为稻谷1市斗等于包谷1市斗或苦荞1市斗3升。全省征实之109个县区局，搭征杂粮的共有82个县区，搭征成数多至五成，少至半成，平均计算约合一成五，征购粮食，依照中央规定亦按赋额比例。其标准及起购点均由各县田管处根据赋额多寡及地权分布情形拟定并呈报省处核定，大约以每元征购2市斗为原则，并按各区农产交通等状况，分为平购、多购、少购三项标准，以核定其购额，多购区每元约2市斗5升，平购区约2市斗，少购区约1市斗5升，全省各县配额共为2135000市石。最后经中央核定云南省征实150万市石，征购200万市石。开征日期原定为10月1日，收获特迟县份仍有延至11月开征的，截至1943年6月30日止，云南省电报征起数字，计征实为1565967市石，征购为2181126市石，合计3747093市石。比较原定征实征购总额350万市石，超征达6%[①]。经行政院核准对云南奖励如下：云南省征收超额，该省主席"能仰体时艰，悉力推动，功劳备著，由部呈请行政院特予嘉奖，省田管处兼处长督率有力，记大功二次，副处长记大功一次"[②]。

（3）1943年田赋征实。1943年，腾冲、龙陵、梁河、盈江、莲山、陇川、瑞鹿、路西8个县市区由于沦陷应予免赋，云南省对其余的123个县市区又进行了划分：①划定昆明等105个县市区为征实区域，各属原有赋额共为国币13825253元，按照每元征稻谷1市斗2升计，本应征谷1659030市石。因历年灾荒和公私使用变更及云南省本年调整山地等应核减赋额，合计约占总额的两成，故实收之数，仅以120万市石为目标。县级公粮仍按每元带征5升办理，应征497709市石。②划定中甸等18属为折征法币区域，各属原有赋额共为国币

[①] 秦孝仪主编：《抗战建国史料：田赋征实》（二），《革命文献》第115辑，台北："中央"文物供应社1988年版，第312—313页。
[②] 同上书，第340页。

445409元，本年粮价较以前涨高数倍，折征标准定为每赋1元折征国币70元，应征总额31178520元，每元带征县级公粮20元，应征8908148元。③划定的上列征实105个县市区中，交通便利、军粮需要较切、产谷较丰的昆明等91个县市，实施随赋征借征购粮食。折法币18个县市中，地处军事要塞、军粮需要急迫的耿马等4个县市，指定征借一部分粮食①。1943年除征购征借的粮食全部收米外，征实部分，交通便利的昆明市县区等91属应征稻谷，按照四五碾率，折收食米，交通不便的景谷等14个县市，仍征收稻谷，巧家等32个县市为搭征杂粮区域，但征购与征借，一律不准搭征杂粮。征购借款付给办法，依照原定标准，征购部分米30万市石给价42000万元，征借部分发给粮食库券。但征购与征借，必须对每一粮户同时实施才能公平，如果征购与征借分别办理，流弊甚多，为了简单划一，对县概称征购，其应给人民的借款，全部分配于征购征借米90万市石之中，其中1/3发给法币，其余2/3发给粮食库券。为让人民得到切实实惠，避免发款时库券部分无法按户分划配拨，特规定除现钞部分仍由各县处会同县参议会或县政府县党部派员组织巡回付款遂实施付款外，人民应领的粮食库券由各该县市区参议会负责承领保管，县参议会未成立的地方，由各县政府设治局或督办公署负责承领保管，不再分发，由保管机关按年提其中1/5，作抵该县市区此年应纳粮谷之数。1943年开征日期，依照各县农产收获季节规定为11月1日、11月15日及12月1日分别开征，截至1945年10月30日止，征实征购共收起2474795市石，计达配额97%②。行政院对云南省的奖励如下：云南省因收获期晚，开征较迟，加以地质浇薄，灾情严重，又当大军云集，虽截限期内，收数不及六成，而该省主席及兼副处长，在

---

① 秦孝仪主编：《抗战建国史料：田赋征实》（二），《革命文献》第115辑，台北："中央"文物供应社1988年版，第370—371页。
② 同上书，第371—372页。

此特殊情形之下，努力催征，应付裕如，实属异常辛劳，由部呈请行政院仍各予以嘉奖①。

（4）1944年田赋征实。云南省1944年度征实配额按耕地税总额为13835253元，每元征谷1市斗5升，核计应征2073788市石，剔除一成五的流滥额，实配征实谷175万市石。征购一律改为征借，每赋额1元平均带借2市斗，应借2765051市石，除小量户免借额一成，起点仍照1943年办法，剔除流滥一成五，实配210万市石②。县级公粮总额按各县实际需要核实配定，但以征实额三成为限。为了平均人民负担，规定大户多借，按征实额一成办理累进征借，配额20万市石。但是由于云南省山多田少，农产不丰，人民无力负担，电请核减配额，将征实核减为150万市石，征借仍照案办理，共为360万市石，累进征借暂准缓办。并将征实的峨山等33个县区及折征的宁蒗等12个县，核定为第一期，于11月1日开征；征实的龙武等41个县市及折征的中甸等五县，核定为第二期，于11月16日开征；征实的缅宁等31个县及折征的维西1个县，核定为第三期，于12月1日开征。截至1945年10月底止，据报征实共收起1560823市石，征借收起2067522市石，共计3628345市石，计超收28345市石③。

（三）抗战时期云南田赋征实的成效与不足

云南，是西南地区落后省份之一，其境内地形极其复杂，以山地高原为主，垂直高差悬殊，坝子星罗棋布，这些坝子有河流流经，土壤层肥沃，较适宜种植农作物，乃主要产粮区，而其人口也比较多，对粮食的需求也比较大。因此，为保障粮食的供应，稳定后方社会秩序，支持抗战，云南省对田赋征实非常重视，按照国民政府的部署，积极采取措

---

① 秦孝仪主编：《抗战建国史料：田赋征实》（二），《革命文献》第115辑，台北："中央"文物供应社1988年版，第341页。
② 同上书，第388页。
③ 同上书，第388—389页。

施推进田赋征实工作，并取得较好的成效。其作用主要表现为：一是通过田赋征实，政府征收到了大量粮食，可以顺利调剂军粮民食的供应，就战时情况来说，保证军粮的供应，具有重大战略意义，对于长久支持抗日战争并取得最后胜利具有不可低估的作用；二是稳定了物价，保证了公教人员和人民基本的生活，安定了社会秩序；三是增加了政府的财政收入，在一定程度上降低了通货膨胀的风险。

然而，作为大历史环境中的田赋征实制度，其产生的影响是复杂的、多方面的。蒋介石曾说田赋征实应服务于抗战建国的基本政策：①国家财政收支能使之平衡；②国民负担能使之平均[①]。显然，国民政府也希望在解决财政问题的同时能兼顾社会公平。朱英、石柏林著的《近代中国经济政策演变史稿》中对国民政府战时经济政策进行研究时指出："有利者，主要是集中国力应付了持久抗战局面；有弊者，是因为这些政策都是以牺牲人民利益为前提的，而且带来了无法遏制的通货膨胀，使人民遭受空前的浩劫。"[②] 由此可见，田赋征实作为战时经济统制政策，对国民政府各级政权渡过战时难关，稳定抗战大局有很大作用，但也给人民带来了沉重的负担。

作为战时后方重要省份的云南，虽然按照国民政府的决策与部署，在田赋征实方面取得了很好的成效，但在实施过程中，由于存在不合理的土地制度与政治制度，使得田赋征实或征购过程中出现了一系列问题。

其一，存在着一系列技术上的问题。由于土地所有者的反对，此前的土地清丈并没有取得实质性成效，政府实施的土地陈报收效也并不大，致使征收时缺乏准确的地籍资料，影响了征收效果。

其二，政治不良导致一般员吏徇私舞弊、地主大户规避负担，使

---

① 秦孝仪主编：《抗战建国史料：粮政方面》（一），《革命文献》第110辑，台北："中央"文物供应社1987年版，第136页。
② 朱英、石柏林：《近代中国经济政策演变史稿》，湖北人民出版社1998年版，第550—551页。

田赋征收流滥甚多。田赋征收人员邀功行赏，滥派浮收，弄虚作假，不顾民命，这使农民极为不满，也促成政府道德上的败坏。粮食部督导室一名视察员报告说："三十年（1941年）度我政府征购政策，本为人民极端拥护。以后各地经办人员浮收、冒斗、勒索等影响普遍，致使人民普遍受害，渐怨及政府征购政策。"① 同时，地主还轻易地将田赋负担转嫁给佃户，致使税负比例失平，人民负担加重。抗战以来，因"物价剧涨，农产品市价随之提升，地主因收益关系，当不无加租及退佃事情发生，据调查所得：……云南之加租事件，亦常发生"。②

其三，云南的抗战环境和地理条件影响了征实效果。云南省因修筑公路、铁路、机场、机关、学校、工厂等所征用，各县因灾荒与使用变更，应该免赋的耕地日益增多。而"各县政府对于应行免赋之田赋，多未照章办理免赋手续"。③ 从1942年后，云南大军云集，而且由于我国沿海和东部地区的沦陷，很多百姓、很多学校转移到昆明等城市，致使云南人数猛增。几百万难民的涌入，深深地影响到中国西部的省份④，而云南便是其中之一。因此，云南需粮也较多，需要征购大量粮食，但是云南多山区高原，粮食并不丰富，这就影响了田赋征实的征收。

其四，机构臃肿，人浮于事。抗战时期，按照国民政府的规定，为办理田赋征实，云南省分别设立经征、经收两个机构，这两个机构事务重复，人员众多，手续繁琐，无形中加重了人民缴粮的负担，影响了征实工作的开展和效率。

综上所述，尽管面临一系列困难，抗战时期云南的田赋征实亦取

---

① 《国民政府粮食部档案》，第二历史档案馆藏，档案号：（八三）1443。
② 李铁强：《抗战时期国民政府田赋征实政策再认识》，《中国社会科学院研究生院学报》2004年第3期，第139页。
③ 秦孝仪主编：《抗战建国史料：田赋征实》（三），《革命文献》第116辑，台北："中央"文物供应社1989年版，第431页。
④ 关吉玉、刘国明：《田赋会要》第三篇，《国民政府田赋实况》（下），台北：正中书局1944年版，第643页。

得了较好的成效，在一定程度上满足了云南省的粮食需求，为军粮民食的有效供应奠定了基础，为支撑云南战场，稳定后方秩序做出了一定贡献，其积极作用是明显的，应予以肯定。当然，在其实施过程中，由于人员的贪污和腐化以及制度方面的原因，也产生了一些消极作用，给人民生活带来了沉重负担。因此，对抗战时期的田赋征实，我们应有客观、公正的认识和评价，既要肯定其对抗战所起的积极作用，又要指出其存在的不足和缺陷。

二 抗战时期湖南的田赋征实

国民经济在现代战争中发挥着重要作用。对于抗日战争而言，经济因素在战争目的和战争过程中就扮演着重要的角色。日本帝国主义为了"以支那之富源而作征服印度与南海群岛以及中小亚细及欧洲之用"[①]，发动了侵华战争。抗日战争开始后，日本侵略者为巩固其在中国的占领区，并且供应其在太平洋地区对英美等国的作战需要，疯狂进攻敌后抗日根据地，残酷榨取沦陷区，抢占中国领土，掠夺中国资源，达到以战养战的目的。

伴随抗日战争的持久与长期，国民政府面临的经济困难越来越严重。粮食短缺，军需民食供应不足，市场混乱等，粮食问题特别突出和急切。为了解决粮食问题，国民政府于1941年开始在全国实行田赋征收实物政策，即田赋征实。湖南，作为后方大省，也按照国民政府的决策实行田赋征实。

（一）抗战时期湖南概况

湖南省有着"21万多平方公里肥沃的土地，三千万'夙以忠勇

[①] 龚古今、恽修：《第一次世界大战以来的帝国主义侵华文件选辑》，生活·读书·新知三联书店1958年版，第93页。

勤朴称'的人民，'取之不尽，用之不竭'的丰富资源，'绾毂南北，控制东西'的交通机关。这一切……使得湖南成为国防重镇与复兴中华民族的根据地"。[①] 湖南省位于长江中游地区，湘江贯穿省境南北，土壤肥沃，物产富饶，素有"湖广熟，天下足"的美誉，是著名的"鱼米之乡"，并且水陆交通便利。其东临江西，西接重庆、贵州，南毗广东、广西，北与湖北相连，战略位置十分重要。湖南矿产资源丰富。有色金属中的锑、锡、钨等重要战略物资位于全国首列，被称为"中国有色金属之乡"，湘中、湘南地区煤铁资源丰富。湖南是中国抗战的重要战略基地。在中国抗日战争的战略相持和战略反攻阶段，正面战场比较大的会战有 13 次，其中 6 次是在湖南境内。1939 年 9 月，日军在湘北地区发动第一次长沙战役。在中国军队顽强抵抗下，10 月初，日军分路后撤。日军"在蒲塘、金井、新市一带，奸淫掳掠，残杀我民众，暴尸盈野，惨不忍睹"。[②] 1941 年 9 月 6 日，日军发动第二次长沙战役。日军主力一度窜入长沙，国民党第九战区当局组织反击，日军退回新墙河北岸，恢复战前状态。1941 年 12 月，日军集中约 12 万兵力发动了第三次长沙战役。但日军多次遭到中国军队的围歼，损失惨重。计"第三次长沙战役共毙伤日军 56944 人，俘获 139 人，缴获步枪 1122 支、轻机枪 101 挺、重机枪 13 挺、山炮 11 门及其他大量军用物品"。[③] 1943 年 11 月，日军分东西两线在湘西发起常德战役。常德战役中，日军"共投入约 10 万兵力，使用毒气 74 次"[④]，日军共伤亡 4 万余人，中国官兵伤亡 5 万余人。1944 年 4—12 月，日军在豫湘桂地区发动了豫湘桂战役。湖南战场

---

① 杨东莼：《抗战一年来的湖南》，《中苏》（半月刊）1938 年第 9—10 期。转引自范忠程《湖南抗战述论》，《抗日战争研究》1996 年第 4 期，第 142 页。
② 《关麟征致蒋介石密电》（1939 年 10 月 6 日），《抗日战争正面战场》（下），江苏古籍出版社 1987 年版，第 1075 页。
③ 李良玉：《新编中国通史》第四册，福建人民出版社 1996 年版，第 402 页。
④ 《常德会战日军使用毒气概况》（1943 年 12 月 26 日），《抗日战争正面战场》（下），江苏古籍出版社 1987 年版，第 1199 页。

的作战始于5月26日,迄8月8日衡阳失守,前后75天。湘军民分别进行了常德保卫战、衡阳保卫战,但均以失败告终。1945年4—6月,日军发动了湘西会战。6次大会战中,政府当局和全省军民利用湖南的资源优势,动员全省的人力、物力、财力,支持抗战,为抗战胜利付出了巨大的奉献和牺牲。

(二) 抗战时期实行田赋征实政策的原因

所谓田赋,即为中央历代政府对土地所征的税,是政府的主要财政收入。"国家财政,自来以此为砥柱。"① 田赋征实,就是以实物的形式征收土地税。抗日战争以来,国民政府财政支出剧增。我国以往税收主要来源关税、盐税、统税(生产环节征收的税)等间接税,但因受战事影响,增收困难,新办各直接税又因初办,收入有限。故就税源中田赋方面谋增收,非常有必要。并且,随着日军的加紧进攻和掠夺,国统区生活更加困难,物价飞涨,物品和军粮民食需求量增加,政府却难以在短时间内筹措到足够的粮食来供应军需民食,从而导致政府粮食和市场粮食奇缺,各地物价上涨,不断通货膨胀,严重扰乱了市场秩序。因此,田赋改征实物,实乃当务之急。

1941年4月,国民党召开了中央五届八中全会,决议将田赋收归中央,6月又召开第三次全国财政会议,决议从1941年起全国田赋一律改征实物,7月公布了《战时各省改征实物暂行通则》,此后,田赋征实开始在全国推行。根据国民政府的规定,"湖南省应于1941年8月1日开始征收实物,但因距离本年秋收极为迫近,预定10月1日开始,收获较早的县份,提前于9月15日开始"②。又因湖南省地形复杂,交通不便,而且并不是所有的县市区都设有电台,所以省政

---

① 秦孝仪主编:《抗战建国史料:田赋征实》(一),《革命文献》第114辑,台北:"中央"文物供应社1988年版,第1页。
② 秦孝仪主编:《抗战建国史料:田赋征实》(三),《革命文献》第116辑,台北:"中央"文物供应社1989年版,第195页。

府发出的电文需要经过很多次邮转传递才能抵达，耗时耗力，故各县开征时间不一，如"各县田赋除临湘战区停征，永绥向无田赋外，于9月15日开征，计有南县、常德、华容等3县，10月1日开征者，有耒阳等63县，10月6日开征者有长沙1县，10月15日开征者有临澧1县，10月16日开征者有资兴1县，11月1日开征者有石门、平江、湘阴3县，11月15日开征者有沅江1县"。①

（三）抗战时期湖南省田赋征实的概况

1. 组织机构

湖南省根据第三次全国财政会议决议，于民国三十年（1941年）8月间成立田赋管理处，负责湖南省的田赋征实工作。田赋征实制度，"采行经征经收分立之制，由财政部粮食部分别掌理，经征部分根据第三次全国财政会议决议，于财政部之下，湘省设省田赋管理处，设处长、副处长各1人，处长由财政厅长兼任，下设3科及会计室。第1科主管人事、文书、庶务、出纳事项；第2科主管赋制督征清欠减免及地价税土地增值税的征收事项；第3科主管土地陈报及田赋推收事项，另设技正1人，办理土地陈报技术工作，督导员9人，分区普遍督导②，县设县田赋管理处（因新赋征实开征期迫，准备不及，未及设置县田赋管理处，于是利用原有征收田赋的税务局来办理），县以下设经征分处，常设经征分处428所，临时经征分处100所，与之对应配置经征员警、临时粮柜员丁③，分处之辖境，以半径三十里为原则，俾便粮户完纳。至经收部分，省县两级均由原有粮食

---

① 秦孝仪主编：《抗战建国史料：田赋征实》（三），《革命文献》第116辑，台北："中央"文物供应社1989年版，第211页。
② 秦孝仪主编：《抗战建国史料：田赋征实》（二），《革命文献》第115辑，台北："中央"文物供应社1988年版，第252页。
③ 秦孝仪主编：《抗战建国史料：田赋征实》（三），《革命文献》第116辑，台北："中央"文物供应社1989年版，第204页。

机关兼办，县以下则配合经征分处，设置经收分处及仓库，办理实物验收储运事务"①。民国三十一年（1942年），湖南田赋征收机关进行了调整，"省田赋管理处照原有机构增设一科，办理经收，并加派技术人员专司实物之验收保管、折征标准及量衡鉴定、仓库配建等事务"②，"县田赋管理处调整情形，与省田管处略同，亦增设经收科，并加派技士，专办理储验收事务，在同一系统管理之下，仍划分经收经征业务，俾专职责"③，"乡镇征收机构，按各县粮区分布情形，粮额多寡及交通状况，设置征收处，平均每县不超过5处，在旺征期间增设临时征收处，平均每县不超过3处。征收处设主任1人，内部组织，采分立制，计分稽征及收储两股，俾一方面事权集中，指挥灵便，同时仍可分工合作，收相互稽核之效。稽核股设股长及稽核员，股长得由主任兼任之，此项稽征股即等于以前之经征分处。收储股设股长仓库管理员，派驻各仓库办理实物收拨、粮食保管等事务。至于仓库，系按辖区粮额之多寡配备，每征收处约设仓库3—5所，征收处辖境之半径以一日能挑运往返者为原则，但赋额不及实物稻谷1万市石者，改设巡回征收处，其每一驻留地之仓库、地点、日期及征收区域，在开征前布告通知"④。湖南省于民国三十二年（1943年）下半年开始，"田赋管理处与省粮政局合并，改称为省田赋粮食管理处，各县市田赋管理处与县市政府粮政科合并，改组为县市田赋粮食管理处，县以下原设征收处，改称乡镇办事处，仍设收纳仓库"⑤。"民国三十四年（1945年）9月，抗战胜利，湖南田赋奉令豁免，业务减少，紧缩了省县田粮处，并裁撤了原设的乡镇办事处及收纳仓库收复

---

① 秦孝仪主编：《抗战建国史料：田赋征实》（二），《革命文献》第115辑，台北："中央"文物供应社1988年版，第251页。
② 同上书，第257页。
③ 同上。
④ 同上书，第257—258页。
⑤ 同上书，第325—326页。

县份田粮业务,由县市政府设置田粮科代办。"①

2. 宣传与督导

田赋征实为划时代的改制,若想推行顺利,则须要人民彻底认识到征实的意义,从而加以拥护。"湖南省田赋管理处于筹备开征之时,就印发标语及告粮户书两种,共25万份,并遵奉部颁田赋征实宣传大纲规定实施宣传"②,各县政府及代办经征经收事务的税务局为主办宣传机关,县民众教育馆社教工作团、各乡镇保校员生,为基层负责人员。"省田赋管理处另又函请省党部,转饬各县党部宣传,并且撰拟分发宣传品,将中央重要法令暨处所拟田赋征收实物实施办法,及各项章则,分送各报社批露。因各地中心小学校散布四乡,员生为数多且具有爱国热忱,宣传极能收效,后又奉部电,饬督令各县发动学校员生催促缴纳,使家喻户晓,踊跃输将。又会同教育厅财政厅签请省政府电令各县政府,会同当地县党部,暨三民主义青年团各级团部发动各中心小学校定期联合举行宣传周,并由各县员生分别组队,于例假日下乡劝导各纳户人民缴纳,已据各县报告,人民多能明白体会,故开征后完纳踊跃,获得效果。"③

田赋征实事属创举,法令是否贯彻,机构是否健全,经征经收事务,有无尚待改进之处,必须实地考察,就近矫正。例如,民国三十年(1941年)湘省对田赋征实进行了督导,"计划实施此项工作,可分3个时期:第1期,各县田赋征实与土地陈报同时举办,省处派员考察分处的设置情况、仓库的修建和局内外人员的工作共策进行,按本省督察区域,派督导员黄霞亚、张曦夫、黄健、黄星韬、汪建尧、文根、向励、黄翊湘、王健9人,于10月30日以前出发,分区普遍

---

① 秦孝仪主编:《抗战建国史料:田赋征实》(二),《革命文献》第115辑,台北:"中央"文物供应社1988年版,第326页。

② 秦孝仪主编:《抗战建国史料:田赋征实》(三),《革命文献》第116辑,台北:"中央"文物供应社1989年版,第212页。

③ 同上。

督导。第 2 期，因受战事及虫旱灾害影响，开征逾月，查长沙、醴陵、湘乡、常德、汉寿、安化、澧县、临澧、慈利、郴县、桂阳、安仁、长豁、芷江 14 县，赋额特大，其征起成数，较其他各县为低，以致征收未能畅旺，为遵奉部电，限期归数，爰将上列各县划作 5 组编配，派汪建尧、胡玉润、王昌建、黄星韶 4 人分途前往，并以长沙、醴陵、湘乡 3 县特别重要，由本处石副处长宏规亲往督导，均于 12 月 13 日出发。第 3 期，因阴历年关，民间习惯相率停止纳赋，且稻谷逐渐消耗，转瞬青黄不接，省处积极督导，把握时间，以限归解。全省共 75 县，除汝城、乾城、宜章 3 县征收以逾七成，临湘沦陷，岳阳地处战区，永绥无赋均未派员外，其余 63 县，经划为 15 个督征区，将以前派出的督导员，就其交通状况，距离远近，重新予以调整，除由本处石副处长择要亲往督征外，并增派干员多人，以黄健、黄中通、罗文辉、罗厚析、张曦夫、魏海青、段心旷、汪建尧、饶冠人、胡玉润、黄星韶、刘丰均、吴功科、唐际虞等为 15 组委员，先赴成数较低及办理疲滞之县次及成数较高之县巡回督征，均于 1 月 10 日以前出发，并为求增加效率迅赴事功起见，除派员督征外，又会同湘省府订定各县县长协催田赋征实考核成绩奖征标准，及各县县政府暨所属乡镇保甲协催田赋征实办法，先后电饬遵照协助催征"①。

3. 湖南历年田赋征实概况

（1）1941 年田赋征实。湘省共计 75 个县，民国三十年（1941 年）田赋征实，除永绥无田赋，临湘沦陷免征外，其余 73 个县，均一律改征实物。征实种类，仅稻谷 1 种。该省"三十年度（1941 年）省县正附税原额共为 16314518 元，其中有带征券票一成工本费 327318 元，原非合理，经中央核准取消，依照余数，每元征实 2 市斗，应改征实物 3197440 市石。惟该省因受湘北战事影响，及若干县

---

① 秦孝仪主编：《抗战建国史料：田赋征实》（三），《革命文献》第 116 辑，台北："中央"文物供应社 1989 年版，第 212—214 页。

份发生旱灾之故，估计可征稻谷约为220万市石。自本年10月1日开征至次年4月间，省处报告既已收足。截至三十二年（1943年）2月止，实征2634456市石，超过原定应征数40余万市石"。① 行政院对湖南进行了嘉奖：认为"湖南省主席能仰体时艰，努力推动，督率亲征，辛劳备至，由部呈请行政院转呈国民政府，颁给卿云勋章；省财政厅厅长兼省处处长，由部颁给财政奖章；省副处长由部记大功1次。"②

（2）1942年田赋征实。"湘省民国三十一年（1942年）中央核定该省征实征购数额共为1000万市石，仅次于四川省，全省除永绥无赋，临湘全境沦陷停止征收外，其余73县共计本年正附税总额应征数为15865509元，征实部分一律按每元4市斗征收，征购部分，按收获情形规定，湖田每元随赋征购1石2斗，山田每元征购4市斗，即按照征一购三与征一购一的标准。只有南县、沅江两县虽属湖田，税率负担特重，经省方重新核定购率每元为1市石，又滨湖、常德、汉寿、沅江、益阳、湘阴、岳阳、华容、南县、安乡、澧县等11县境内，依山临江筑围作之障田，其收益次于湖田而优于山田，名之曰次湖田，得由业主填具申请书，觅具田亩四邻业主及田亩所在地保甲长负责证明，报请县田管处会同县政府派员履勘属实后，改按赋额每元带购8市斗。依照上列各种标准，核计征实数原可得630余万市石，征购数亦可得790余万市石。"③ 只是该省民国三十一年（1942年）因湘北会战及水旱灾歉等原因，奉准减免粮额100余万市石，征购为560万市石。"中央因念该省征购数额负担已巨，将县级

---

① 秦孝仪主编：《抗战建国史料：田赋征实》（二），《革命文献》第115辑，台北："中央"文物供应社1988年版，第296—297页。
② 同上书，第278页。
③ 同上书，第310页。

公粮160万市石划在征购数内拨付，不再另行加征。"① 该省本年开征日期，依照各县收获时节分为8月15日及9月1日两次，截至民国三十二年（1943年）6月30日止，计"征实数收4875193市石，征购数收5798960市石，计超过原定数6%强"。② 经行政院的核准，对湖南奖励如下："湖南省征收超额，该省主席皆能仰体时艰，悉力推动，功劳备著，由部呈请行政院特予嘉奖，省田管处兼处长督率有力，记大功2次，副处长记大功1次。"③

（3）1943年田赋征实。湖南省民国三十二年（1943年）征实征购，"因益阳、茶陵、桂阳、临武、资兴、嘉禾等县利用土地呈报成果，赋额颇有增加，全省征粮73县，共有赋额15968372元。其中山田赋额计14185793元，湖田赋额917568元，次湖田赋额116567元，只有湖田中的南县及沅江两县，因原赋率负担较重，其赋额750440元，另行配征，不在前数之内。征实标准，按各县上列田赋原额，每元征收4市斗，但核定利用土地呈报成果开征新赋县份，应依其核定新赋赋额折算。征购标准，山田每元征购4斗，湖田1石，次湖田6斗，南县、沅江两县的湖田6斗，购粮最小单位为1市斗，斗以下的尾数四舍五入，不满1市斗的小户，免于带购"④。依照上述赋额及标准计算，该省田赋征实"应征6387349市石，征购粮食应购7186512市石，合计为13573861市石"。⑤ 随赋购粮办法，"山田应由田主缴售，湖田、次湖田按东六佃四比例分摊缴售，设有典权的田亩由承典人缴售，其购粮价格按每市石80元，三成现款七成粮食库券发给"⑥，只是因本年5月间鄂西会战，该省滨湖、沅江、岳阳等县多

---

① 秦孝仪主编：《抗战建国史料：田赋征实》（二），《革命文献》第115辑，台北："中央"文物供应社1988年版，第310页。
② 同上。
③ 同上书，第340页。
④ 同上书，第380页。
⑤ 同上。
⑥ 同上。

被攻陷，11月湘北第三次大战，南县、常德、华容等10县又悉数蹂躏，计应免征实征购粮食3481960市石，又30年及31年灾歉，土地核准减免田赋应在本年度流抵者，计有634739市石、及30年度征购粮食所发粮食库券本年应抵纳本息田赋之数，约计300000市石，经此一一核减，并依照该省历年征赋成数不超过八成前例，经核定"征实粮额3700000市石，征购3800000市石"①，其开征日期，分别为8月16日、9月1日、9月16日及10月1日，截至民国三十六年（1947年）2月28日止，"征起征实部分3799389市石，征购部分3875445市石，合计为7674834市石，达原配额102%"②。经行政院的核准，对湖南省的奖励如下："湖南省征达九成以上，该省主席由部呈院予嘉奖，田管处兼处长，记大功1次、副处长记功2次。"③

（4）1944年田赋征实。湖南省素称产粮之区，滨湖各县产粮尤其丰盛，民国三十三年（1944年）是抗日战争中最紧张的时期，军公各粮需用非常急迫，中央特别斟酌实际需要，以及湖南省的负担能力，"配定征实谷额465万市石，征借490万市石，累进征借45万市石，共计1000万市石"④。并且规定"县级公粮以征实额三成为限，由省斟酌实际需要，随赋带征140万市石"。⑤ 只是累进征借，因为湖南省大粮户多集中在滨湖地区，和山田相比湖田征借率要高，实际上已经属于累进，至其他各县，因业户、综归户及大户调查统计尚未完成，没有依据，请求缓办，经中央核准"本年度征实率每赋额1元征谷4市斗，带征县级公粮1市斗2升，征借率山田每元4市斗，湖

---

① 秦孝仪主编：《抗战建国史料：田赋征实》（二），《革命文献》第115辑，台北："中央"文物供应社1988年版，第381页。
② 同上。
③ 同上书，第341页。
④ 同上书，第396页。
⑤ 同上。

田 10 市斗，次湖田 6 市斗，征实额不满 1 市斗的小户免借"①，并"依据各县收获季节的迟早，分别于 8 月 21 日、9 月 1 日及 10 月 1 日开征"。② 为抢征滨湖赋粮，以应需要，此年特于常德县设滨湖区督征办事处。只是此时"敌寇大肆骚扰，长沙、湘潭、衡山以至粤汉路南段及湘桂线均沦为战区，湘北、湘东、湘南 30 余县市，均遭蹂躏，战灾惨重，人民流徙"③，征实征借大受影响。中央为减轻湘民负担，"乃参酌实际情形，将该省配额减轻为征实谷 200 万市石，征借 250 万市石，共计 450 万市石"④，截至民国三十六年（1947 年）2 月 28 日止，"据报计征起征实谷 2286173 市石，征借 2417808 市石，共计 4703981 市石，计超征 203981 市石"⑤，成绩显著。

（四）抗战时期湖南田赋征实的成效与不足

湖南田赋民国三十年（1941 年）8 月 1 日起，由中央接管，改征实物后，截至民国三十五年（1946 年）9 月止，"民国三十年（1941 年）征起实物数 2634576 市石，折合法币为 263457600 元，民国三十一年（1942 年）征起实物数 10622433 市石，折合法币 1062243300 元，民国三十二年（1943 年）征起实物数 7626979 市石，折合法币 1372856220 元，民国三十三年（1944 年）征起实物数 4601143 市石，折合法币 828205740 元"⑥，成效显著。其主要作用表现为：其一，国民政府征获大量粮食，得以因量制价，稳定了物价，为公教人员和人民提供了基本的生活保障，安定了社会秩序。其二，国民政府

---

① 秦孝仪主编：《抗战建国史料：田赋征实》（二），《革命文献》第 115 辑，台北："中央"文物供应社 1988 年版，第 397 页。
② 同上。
③ 同上。
④ 同上。
⑤ 同上。
⑥ 陈雷：《经济与战争——抗日战争时期的统制经济》，合肥工业大学出版社 2008 年版，第 371 页。

征获的大量粮食用于军粮供应，解决了战时的军粮民食问题，具有重要的战略意义，为全民族抗战取得最后胜利做出了重要贡献。其三，湖南的田赋征实，亦增加了国民政府的财政收入，在一定程度上缓解了通货膨胀的压力。

然而湖南田赋征实取得成效的同时，也有很多不足之处。主要表现在：其一，战争与灾歉，影响征实甚巨。湖南省启征之初，正值湘北战事紧张，敌骑进逼长沙，战区各县直接被敌蹂躏，邻近战区各县物资人口均经疏散，征收陷于停顿，后方各县，人心浮动，纳赋多存观望，征实很受影响，湘北大捷后，本渐恢复常态，不料敌人再度侵犯，所到之处，多被抢劫一空，此后的第二、三次湘北会战，多是如此，严重影响国民政府的田赋征实。而且本省民国三十年（1941年）与民国三十一年（1942年），虫灾旱灾严重，粮食歉收，人民无谷纳赋，这亦影响征实。其二，仓库缺乏，验收器具本质及构造穷劣，风车数量不敷。其三，催征力量薄弱，如"本省三十年份（1941年）粮户共约580万户，仅设催征警855名，如以之分送全省粮户通知单，则每催征警1名，平均应送20118户"①，并且各县交通不便，粮户完纳困难。其四，经费不足，拨款手续过繁，难以应急。本省各项经费，每于奉核发后，即行通知历久不到，而通知到后，由湘汇来再行拨汇，各县均需相当时日，以致难应各县急需。其五，有很多的技术的问题。在清丈土地时，这就使田赋征实并没有取得实质性的成绩，虽然国民政府实行了土地陈报，但国民政府实行的土地陈报效果不佳，导致征收缺少精确的地籍资料，使征收的效果不是很好。其六，舞弊与贪污盛行。在征收田赋的收集、储存、运输、分配的四个过程中，贪污成风。

综上所述，尽管困难重重，但是抗战时期湖南省的田赋征实还是

---

① 秦孝仪主编：《抗战建国史料：田赋征实》（三），《革命文献》第116辑，台北："中央"文物供应社1989年版，第225页。

取得了很不错的成效，在一定程度上缓解了湖南省对粮食的需求，为军粮民食提供了有效的供应，为支持湖南战场，稳定抗战的后方秩序做出了很大的贡献，有明显的积极作用，应该给予肯定。当然，由于战争灾歉、制度腐败等原因，使其在实施过程中产生了一系列的消极影响，加重了人民的负担。所以，对于抗战时期湖南的田赋征实，我们必须客观、公平地认识和评价，不仅要肯定其对抗战的积极作用，还要指出其存在的不足和缺陷。

三 抗战时期安徽国统区的粮食管理

粮食是极其重要的战略物资，是战时大后方社会稳定和持久抗战的基础。为安定社会和支持抗战，国民政府颁布了一系列有关粮食管理的法规、命令、条例，根据战时需要不断调整粮食政策，加强粮食管理，以确保战时军粮民食的供应。安徽作为战时重要省份之一，亦按照国民党中央和国民政府的决策与部署，在国统区实施和加强粮食管理，以稳定社会秩序，保障粮食供应，为支撑安徽战场，坚持抗战奠定了一定基础。

抗战时期，安徽省共辖62个县，除沿江、沿淮及皖东、皖北地区的15个县大部沦陷外，其余皖西、皖南山区和皖西北地区的47个县仍由国民政府控制，战时安徽省粮食管理政策和措施主要是在上述后方国民党统治地区进行。

（一）抗战时期安徽粮食管理机构的设置与调整

安徽地处全国东部，邻近江、浙等沿海省份。1937年年底，皖南广德、芜湖、当涂等地先后沦陷。1938年5月徐州失陷后，日军又向皖北进犯，先后占领蒙城、萧县、宿县、砀山、涡阳、凤台、寿县等县，皖北大部沦陷。此后，"中日两国军队在广阔的安徽战场上展开了长达七年多的激战，许多县城、村镇及交通要点失而复得，得而复失，几易其手，战况至为惨烈"①。

抗战开始后，军事上，安徽长江以北地区归第五战区管辖，长江以南地区（即皖南部分）则属第三战区管辖，司令长官为顾祝同。1938年1月25日，国民政府行政院任命李宗仁为第五战区司令长官兼安徽省政府主席。3月，安徽省政府迁往立煌县（今金寨县）。此后桂系重要将领、第二十一集团军总司令廖磊、李品仙先后于1938年10月、1939年10月出任安徽省政府主席，直到抗战胜利后，安徽一直处于桂系的统治之下。

为加强对粮食的管理和监督，1938年夏，国民政府先后颁布《战区粮食管理办法大纲》及《非常时期粮食调节办法》，规定各战区设置粮食管理处办理粮食采购、加工、储藏、配销等事宜，非战区各省设运销机构调节各地供求，并实施各项管理事宜②。据此，桂系控制下的安徽省"于1938年5月颁行《民间粮食管理办法》，并在立煌县设置皖西粮食调节处，收购皖中各县余粮，调剂大别山军糈民食"。③ 在皖南方面，则有第三战区司令长官部设皖南粮食管理处，负责供应军粮。

1940年秋，各地粮价迅速上涨，人民生活受到威胁，军粮供应出现困难。为平抑粮价，保障军粮民食，稳定后方社会秩序，坚持抗战，国民政府决定进一步加强对粮食的管理，于1940年10月成立全国粮食管理局，作为粮食管理的最高机构，并于各省设粮食管理局，各县设粮食管理委员会，分别掌理省县粮食管理事宜。安徽省粮食管

---

① 宋霖、房列曙：《安徽通史·民国卷（下）》，安徽人民出版社2011年版，第628页。
② 陈雷：《经济与战争——抗日战争时期的统制经济》，合肥工业大学出版社2008年版，第215页。
③ 秦孝仪主编：《抗战建国史料：粮政方面》（三），《革命文献》第112辑，台北："中央"文物供应社1987年版，第156页。

理局于1940年12月成立，"隶属省政府并受全国粮食管理局之指挥监督"，下设总务科、管制科、视察科、会计室，分别办理各项业务①。1941年3月安徽省粮食局决定将原第三战区司令长官部所设皖南粮食管理处裁撤，"改设皖南分局，同时并于皖东全椒县属古河设置皖东办事处，分别办理皖南、皖东各县军粮供应，及其他粮食管理事宜"②。各县的粮食管理机构则依照中央颁行的《县粮食管理委员会组织通则》的规定，在"各县设置粮食管理委员会，隶属于县政府受省粮食管理局之指挥监督，管理县粮食事宜；主任委员由县长兼任，副主任委员由县长就委员中指定之，报由省粮食管理局备案，必要时副主任委员得由省粮食管理局派充之；下列三股，第一股掌调查登记事项，第二股掌调节平价事项，第三股掌公有仓库及积谷事项，各股设股长一人、办事员数人"③。自1941年3月起，"除芜湖、盱眙、天长、泗县、灵璧、来安、嘉山、五河、滁县、定远、凤阳、怀远、无为等县，情况特殊，暂缓设置粮食管理委员会外，其余立煌等四十七县粮食管理委员会先后成立"④。后为提高效率、集中事权，于8月将各县粮食管理委员会裁撤，改于县政府增设粮食科。

1941年田赋改征实物后，为加强粮食的征收和管理工作，6月国民政府决定将全国粮食管理局改组为粮食部，隶属行政院，统筹全国军粮民食，各省粮食管理局改为粮政局，各县粮食管理委员会改为粮政科，与财政部在各省县设置的田赋管理处共同负责田赋征实工作，分别办理经收和经征事宜。据此，安徽省粮政局于1941年10月改组完成，并将各县粮食科改为粮政科，"将皖南分局改组为皖南办事处，与皖东

---

① 《省粮食管理局组织规程》，《安徽政治》1940年第3卷第16—18期，第1030页。
② 秦孝仪主编：《抗战建国史料：粮政方面》（三），《革命文献》第112辑，台北："中央"文物供应社1987年版，第156页。
③ 《县粮食管理委员会组织通则（行政院二十九年九月四日阳字第一八六七八号训令颁布）》，《安徽政治》1940年第3卷第16—18期，第1031页。
④ 秦孝仪主编：《抗战建国史料：粮政方面》（三），《革命文献》第112辑，台北："中央"文物供应社1987年版，第156—157页。

办事处名称划一"①,从而使战时粮食管理机构得以统一和加强。

此外,为了加强军粮的征购及抢购沦陷区食粮,安徽省粮食管理局于1941年8月"增设第一、第二、第三区购粮办事处,及各县购粮督购员"。②第一区辖桐城、太湖、潜山、怀宁、宿松、望江等6个县,第二区辖六安、舒城、合肥、庐江、霍邱等5个县,第三区辖皖北阜阳等6个县。至1942年1月,因任务完成,第一、二区购粮办事处予以裁撤,第三区购粮办事处则以正在办理皖北民食调节事宜,仍予保留③。1941年实施田赋征实后,粮食的购屯运输分配及代办军粮任务日益繁重。为此,安徽省粮政局呈准粮食部专设粮食购运处,于1941年11月1日正式成立,并续设军公粮接运站,计有庐江、三河、双河、独山、叶集等五处④,负责各地粮食的中转和调运事宜。

至1941年随着田赋征实的实施,战时安徽省粮食管理机构逐渐趋于完善,在省为粮政局,对上隶属粮食部,负责全省田赋征实的经收工作,并统筹军粮民食的供应及各项粮食管理工作;在县为粮政科,负责粮食的经收和调配及储运等工作。粮管机构的设置和完善,既适应了抗战的需要,也为加强粮食管理、保障粮食供应提供了组织保证。

(二)抗战时期安徽粮食管理的主要内容与措施

由于粮食是重要的战略物资,加强粮食管理,保障军粮民食,就成为国民政府在抗战建国中必须实施的要政,因为"在进行战争期间,军需民食的供应和调剂,必须实施最严密的粮食统制,始可确保长期战争的经济力"。⑤为此,安徽省政府和各县政府按照国民党中

---

① 秦孝仪主编:《抗战建国史料:粮政方面》(三),《革命文献》第112辑,台北:"中央"文物供应社1987年版,第157页。
② 同上。
③ 同上。
④ 同上书,第157—158页。
⑤ 曼心:《大别山的粮政宣传工作》,《战地党政月刊》1941年第1卷第5期,第26页。

央的决策和部署，积极进行粮政宣传，提高人民的认识和思想觉悟，以利于各项粮食管理工作的开展和进行。

1. 实行粮食调查统计

为实施粮食管理，统筹军粮供应及民食调节，必须切实掌握各地粮食生产消费状况，为此，安徽省实行了粮食调查统计工作。

（1）调查粮食生产消费数量。安徽省粮食局为掌握粮食生产消费数字，采取了以下措施。首先，制定抗战爆发后各县各年（1937—1940年）粮食生产消费数量统计表，要求各县按规定依式查核上报。至1942年2月止，除皖南因长江阻隔，交通不便，数据尚未送达，及皖东北各沦陷县份无法调查外，"所有寿县、阜阳、桐城、蒙城、太和、临泉、霍山、霍邱、凤阳、怀远、涡阳、巢县、凤台、颍上、庐江、岳西、望江、太湖、立煌、潜山、六安、合肥、舒城、绩溪、青阳等县均已据查报，计二十六年（1937年）生产数量为42268292市石，消费数量为39373302市石；二十七年（1938年）生产数量为51327139市石，消费数量为49763275市石；二十八年（1939年）生产数量为45131756市石，消费数量为43876415市石；二十九年（1940年）生产数量为42783244市石，消费数量为49897756市石"①。除1940年外，其余各年粮食消费量均低于生产量，表明粮食基本能够自给，并略有剩余。

其次，调查民国三十年（1941年）粮食生产情况。根据粮食部颁布的秋季粮食收获估计办法，要求各县遵照查报。至1942年5月，办理此项调查的共计48个县，"所有籼粳稻、玉米、黄豆、高粱、小米五种作物面积，共24885561市亩。……产量估计，籼粳稻为29755851市担，占主要作物产量74.4%；黄豆为5285882市担，占13.11%；高粱为3869127市担，占9.61%；玉米为1120863市担，占2.8%；小米

---

① 秦孝仪主编：《抗战建国史料：粮政方面》（三），《革命文献》第112辑，台北："中央"文物供应社1987年版，第158页。

最少，计21432市担，占0.05%"①。另据立煌等25个县报告，"稻谷、小麦、杂粮等项，生产数量为49398086市石"②。

最后，调查1941年秋季粮食生产消费数量。据霍山等21个县报告，截至1942年2月生产数量为32107408市石，消费数量为26859006市石，其余各县，正在积极填报③。另据安徽省粮政局调查估计，1941年度后方48个县十二种粮食作物，产量总计68663000市担④。后方安全区人口计13796359人，全年粮食消费量总计65532000市担，⑤数量产销相抵，基本自给（见表3-1）。

表3-1　　1941年度安徽省四十八县粮食生产消费数量统计表

粮食种类	种植面积（市亩）	生产数量（市担）	消费数量（市担）	备注
稻谷	10864000	29756000	29105000	据安徽省民政厅民国三十年（1941年）调查，安全区人口计13796359人
小麦	11507000	15211000	13563000	
大麦	2646000	4052000	杂粮类22864000	
燕麦	120000	87000		
大豆	7271000	5295000		
蚕豆	793000	962000		
豌豆	1852000	1524000		
绿豆	274000	210000		
玉米	852000	1121000		
高粱	5845000	3869000		
小米	33000	21000		
甘薯	1024000	6580000		
合计	43081000	68688000	65532000	

资料来源：《安徽省粮食供需及粮价》，《中农月刊》1942年第3卷第10期，第59—60页。

---

① 秦孝仪主编：《抗战建国史料：粮政方面》（三），《革命文献》第112辑，台北："中央"文物供应社1987年版，第164—165页。
② 同上书，第158页。
③ 同上书，第158—159页。
④ 贾宏宇：《安徽省粮食供需及粮价》，《中农月刊》1942年第3卷第10期，第59页。
⑤ 同上书，第60页。

通过对全省粮食生产消费数量的调查，安徽省粮政局基本掌握了粮食生产和消费的状况，为进一步的粮食管理奠定了基础。

（2）施行粮食市场调查。安徽省粮价，在1939年以前较为稳定。1940年6月渐趋上涨，达到小麦每市石16.3元，大米每市石17.2元[①]，分别是上年的2.63倍和2.3倍。至1941年由于皖省各地旱灾严重，粮食产量减少，仅达正常年份的七成，加之国统区通货膨胀严重以及敌伪大量收购与抢购粮食，粮价上涨迅速，至1942年全省"各地粮价扶摇直上，猛烈陡涨十余倍"[②]，给社会造成极大恐慌。

为稳定粮价，加强粮食市场管理，按照国民政府的规定，1941年安徽省依据各地粮食产销情况和人口集中状况，选定立煌、屯溪等14处为重要粮食市场，舒城、泾县等15处为次要粮食市场，要求各市场按旬报告当地米麦价格和市场状况，并每隔5日电报各种粮价一次[③]。至1942年由于各地粮价上涨过快，为及时掌握各地粮情，按照粮食部与交通部制定的全国粮情电报特约办法，安徽省重新选定立煌、六安、阜阳、歙县及休宁5处为重要市场，按日以甲类电报报告粮价，泾县1处为次要粮食市场，按日以乙类电报报告粮情[④]。

此外，关于各县粮食市场状况的调查，亦根据颁行的各县粮食情报暂行办法，要求各县选定重要及次要粮食市场，按期报告粮价及市场吐纳情形。据报告，"三十年（1941年）阜阳进口米约30余万市石，进出口麦约50余万市石，叶家集进出口米麦约40余万市石，屯溪、宣城进出口米约50余万市石，桐城、庐江出口米约60余万市

[①] 贾宏宇：《安徽省粮食供需及粮价》，《中农月刊》1942年第3卷第10期，第61页。
[②] 同上。
[③] 秦孝仪主编：《抗战建国史料：粮政方面》（三），《革命文献》第112辑，台北："中央"文物供应社1987年版，第165页。
[④] 同上。

石,立煌进出口米约40余万市石,舒城进出口米约30余万市石"①。

通过对各地粮食市场及粮价的调查,安徽省粮管部门在一定程度上掌握了皖省粮食的产销状况,为管制粮食市场管理、控制粮价提供了依据。

2. 经收田赋实物

为控制粮价上涨,保障军粮民食的供应,国民政府自1941年下半年开始,在全国实行田赋征实,安徽省亦奉令实行田赋征实。按照国民政府规定,田赋征实实行经征、经收分立制度,经征由省田赋管理处和各县分处负责,经收由省粮政局和各县粮政科负责,各县成立经收所,县以下按照原有赋区或乡镇设置经征分处和经收分所,负责田赋征实的经征和经收工作。

为保障田赋征实工作的顺利开展,安徽省粮政局对经收工作进行了详细筹划,采取了一系列措施,来推进征实工作。

(1)拟定经收田赋实物办法。田赋经收实物中央规定征收划分,经收事项归粮管机关办理。安徽省粮食管理局于1941年8月奉令筹办,首先拟定经收田赋实物暂行办法,明确规定了设立机构、验收、仓屯、拨运、经征经收联系稽核,及经收人员服务守则等项内容,以便各地遵照执行。其次关于各县收粮种类,经省粮政局会同省田赋管理处呈明财政、粮食二部,依据各县生产实际情形,确定皖中、皖南各县征收籼稻,淮域各县征收小麦。赋粮折征比率,按民国三十年(1941年)正附税总额每元折征籼稻二市斗,小麦一市斗四升,高粱三市斗②。

(2)设置各级经收机构。由于各县田赋经收实物事务繁重,手续复杂,责任重大,安徽省粮政局规定,除各县设置田赋实物经收所以责专成外,并在重要收粮及适中乡镇设置分所,配合县田赋管理处及

---

① 秦孝仪主编:《抗战建国史料:粮政方面》(三),《革命文献》第112辑,台北:"中央"文物供应社1987年版,第159页。
② 同上书,第162页。

经征分处，办理经收赋粮及仓储保管事宜①。至1942年上半年全省实施田赋征实的47个县均成立了县经收所，下辖147个经收分所②。

（3）修建赋粮临时及固定仓库。为顺利收屯田赋实物，各地经收分所于所在地利用公私仓库、庙宇、祠堂，或租用民房装修，作为临时仓库应用。各县临时仓库已报装修者，"计阜阳七座，歙县、宣城各六座，六安、舒城各五座，太湖、潜山、桐城、望江、宿松、立煌、霍邱、寿县、泾县、休宁等县各四座，岳西、合肥、霍山、庐江、和县、颍上、临泉、太和、涡阳、凤台、蒙城、南陵、祁门、黟县、绩溪、旌德等县各三座，全椒、含山、巢县、亳县、太平、繁昌、石埭等县各二座，怀宁一座"③。截至1942年3月止，全省共修成临时仓库162座，总容量为780601市石④，基本能够满足需要。此外，并勘定安全及便利交接拨运地点，修建固定仓库。江北方面，计阜阳、临泉、霍邱、立煌、岳西、六安、舒城、全椒八处；江南方面，计宁国、旌德、太平、祁门四处⑤。

关于仓库修建的目标及进展，由于自1942年度起，"田赋经收及征购事宜，统并归田赋管理处办理，所有临时仓库即尽量借给该处作收纳仓库，另行修建集中仓库，及聚点仓库，总共容量为50万市石，仅及征收征购粮额六分之一"⑥，远远不敷应用。省粮政局已呈请安徽省政府督饬各县按要求选定地点，努力增建，以使仓储容量至少达配征粮额的1/2，逐步建立全省仓储运输网络，使军公民粮的调运和拨售均能便捷、迅速、有效。

另外，为加强和完善田赋实物的验收、保管、拨运等工作，行政

---

① 秦孝仪主编：《抗战建国史料：粮政方面》（三），《革命文献》第112辑，台北："中央"文物供应社1987年版，第162页。
② 同上书，第174页。
③ 同上书，第162页。
④ 同上书，第179页。
⑤ 同上书，第162—163页。
⑥ 苏民：《安徽省粮政之回顾与前瞻》，《安徽政治》1942年第5卷第7期，第62页。

院于1943年通过了《财政部各县（市）粮仓管理暂行通则》（共十七条），颁行各省实施，进一步明确和细化了粮仓管理的相关制度和手续，其中规定："各县（市）粮仓收拨实物应按日填制收拨实物日报表，送县（市）田赋管理处备查"[1]，以便及时掌握粮食的收拨情况和储备数量，为统筹军粮民食的供应奠定基础。

（4）田赋征实地区及其成效。抗战时期安徽田赋征实是在国民党统治比较稳固的皖西、皖南和皖西北47个县进行，其中"阜阳、临泉、颍上、太和、亳县、涡阳、蒙城、凤台8县，征收小麦，其余39县征收稻谷"[2]。

抗战时期安徽田赋征实自1941年开始实施，至1945年抗战胜利奉令豁免，共实行四年，经过安徽省政府的督导和各县征收人员的努力，田赋征实工作取得了较大成效，总计安徽省在1941—1945年抗战期间共征粮食达9324615市石，年平均征起成数达106.35%，远高于全国平均水平（见表3-2）。

表3-2　　　　　　抗战时期安徽省田赋征实统计表

年度	配征数（市石）	征起数（市石）	征起成数	备注
1941年度（民国三十年十月一日至三十一年九月三十日）	903184	958380	106.11%	另折征法币1243487元
1942年度（民国三十一年十月一日至三十二年九月三十日）	2700000	2858704	105.88%	另折征法币5080581元

---

[1]《财政部各县（市）粮仓管理暂行通则（行政院第五九〇次会议通过）》，《经济汇报》1943年第8卷第4期，第105页。
[2] 秦孝仪主编：《抗战建国史料：田赋征实》（三），《革命文献》第116辑，台北："中央"文物供应社1989年版，第379—380页。

续表

年度	配征数（市石）	征起数（市石）	征起成数	备注
1943年度（民国三十二年十月一日至三十三年九月三十日）	2550000	3078690	120%	带征县级公粮70万市石
1944年度（民国三十三年十月一日至三十四年九月三十日）	2615000	2429571	90%	带征县级公粮53万市石，累进征借49万市石
合计	8768184	9325345	106.35%	

资料来源：秦孝仪主编：《抗战建国史料：田赋征实》（二），《革命文献》第115辑，台北："中央"文物供应社1988年版，第304、318、376—377、393页，安徽省部整理而得。

安徽通过田赋征实掌握了这么多粮食，为皖省军粮民食的供应奠定了可靠基础，对稳定后方社会秩序和支撑安徽战场起了重要作用。

3. 加强粮食管理，保障军公民粮供应

粮食作为人民的生活必需品，关乎军心民心的稳定和抗战的基础。一旦供应不足，将引发社会恐慌，不但影响社会稳定，更难以支持战争。因此，"为使国内物力人力悉移用于战争计，政府必须限制或调整人民消费，如实行定量分配，禁止以粮作杂用（如熬酒制糖等），以节省粮食留作军民正当之需要"[1]。本着这一目标，安徽省按照国民政府关于战时粮食管理的政策和方针，对皖省粮食市场、军公民粮供应等采取了一系列措施，进一步强化了粮食的监管、分配和供应，确保了战时皖省军民对粮食的基本需要，稳定了社会秩序，支撑了安徽战场，对抗战起了积极的支持作用。

（1）加强粮食市场管理，防止奸商牟利资敌。遵照国民党中央关于加强粮食管理的训示，根据安徽省粮食产销实况，1940年安徽省

---

[1] 张柱：《我国战时实施粮食分配之经过及今后之展望》，《经济建设季刊》1943年第1卷第4期，第188页。

拟定了粮食管理暂行办法,经省政府常务会议通过颁行。该办法的主要内容是:一、登记大户存粮,加强管制。"凡粮户所存粮食,除自用食粮外,其余在五十市石以上者为余粮大户,一律登记,予以管制。"① 今后各县配购军粮及各机关学校团体公粮,均由各大户粮数内配购,大户如自行出售余粮,亦必须报由该管乡(镇)公所登记核准。二、强化粮商粮店管理,加强市场监管。规定凡经营粮食业务的行店仓栈,须向该管县政府请领许可证,准在指定市场营业,并须依照评定粮价售粮,其每日收售及结存粮食数量,应填表报告当地粮食管理机关②。1942年4月,按照粮食部颁发的粮商登记规则,安徽省要求各地粮商重新登记,由省府转请粮食部核发营业执照。至6月已有舒城、寿县、涡阳、蒙城、霍山、临泉、颍上、含山等县呈报申请登记粮商,计354家③,重新登记的粮商,其经营业务更加明了,便于政府掌握和控制,粮食市场亦日趋稳定。三、划定粮食封锁线,严防奸商走私资敌。规定凡接近敌区五十华里地带应划为粮食封锁线,由省粮管部门派人配合驻军严密封锁,并要求各县政府将接近敌区地带的余粮移运安全地点储藏。如遇封锁区内人民缺粮,应根据调剂办法,由各该管镇公所查实给证采购,或由乡(镇)公所会同当地公正士绅统筹购办,以防奸商转运资敌。④ 至1942年6月,已划定粮食封锁线,为亳县、庐江、合肥、和县、怀远、凤台、阜阳、宿松、巢县、全椒、蒙城、含山、来安、寿县、涡阳、繁昌、铜陵、宣城、东流、贵池、宿县、至德、青阳23县,由各县政府督饬所属会同驻军,严密防止粮食走私,以打破敌人"以战养战"之阴谋⑤。

---

① 秦孝仪主编:《抗战建国史料:粮政方面》(三),《革命文献》第112辑,台北:"中央"文物供应社1987年版,第159页。
② 同上。
③ 同上书,第166页。
④ 同上书,第159—160页。
⑤ 同上书,第166—167页。

（2）经办各项粮食业务，供应军粮民食，保持社会稳定。第一，征购军粮。粮食是重要的战略物资，军粮的及时供应对战争的支持至关重要。因此，征购军粮就成为粮食业务中最急迫、最重要的工作。以1941年度为例，粮食部核定安徽省"江北各县征购军米30万市石，即22.5万大包（每大包200市斤），小麦15万大包"。"皖南各县征购军米50万市石（即37.5万大包）。"① 但因皖南属第三战区，在粮食部未核定前，第三战区司令长官部已决定皖南征购米额46.6万大包，其中在宣城、当涂两县抢购米16.6万大包，在郎溪、广德两县抢购米13万大包，其余17万大包，由皖南行署和省粮政局皖南办事处负责征购②。征购办法，则规定各县于新谷登场后，查登大户余粮确数为配购标准，余粮20市石以上的户，始得配购军粮，余粮愈多者累进配购。③ 总计1941年度安徽省"征购军粮，为956700大包（每大包200市斤），至12月底，已全部购齐，自本年（1942年）1月起，陆续分县集中，除驻在本省驻军就地划拨外，尚有调运鄂北及运屯内围"。④ 其中，调运鄂北交第五战区司令长官部50909大包，屯溪拨付第三战区93500大包，已运内围66678大包，留县待运148600大包⑤。

通过上述措施，安徽省不仅完成了粮食部及所属战区司令长官部的军粮征购任务，有效保证了本省内驻军的军粮供应；同时也支援了临近省份的军粮供应，有力地支持了国民政府的持久抗战。

第二，抢购新粮。由于安徽接近敌区，各地驻军、人口较为集中，对粮食的需求量较大。因此，为确保粮食安全，增加国统区及后方粮食

---

① 秦孝仪主编：《抗战建国史料：粮政方面》（三），《革命文献》第112辑，台北："中央"文物供应社1987年版，第160页。
② 同上书，第160—161页。
③ 同上书，第161页。
④ 同上书，第167页。
⑤ 同上书，第180页。

的储存和供应量，省粮管部门对沦陷区及其相邻地区的粮食积极进行抢购，并集中内运至后方安全地点屯储。1940年12月安徽省粮食管理局成立后，继续接办原物产管理处抢购无为等县剩余粮食的任务，"截至1941年3月底止，共收购无为、庐江两县稻谷3369340市斤"[①]。1941年春，皖北地区遭敌人入侵，形势危急，为防止粮食资敌，各县积极抢购余粮后运，计在阜阳、临泉、颍上、霍邱4个县收购小麦4904359市斤，分别运屯仓库[②]。此外，奉粮食部命令，1941年度安徽省应于江北各沦陷区及接近敌区抢购糙米20万市石，"经决定设抢购所及接运站负责办理购运事宜，截至12月止抢购数量为石牌抢购所1万市石，徐家桥、余家井、金牛桥、千人桥抢购所各1.5万市石，三桥、孔城抢购所各2万市石，青草塥、罗昌河抢购所各2.5万市石，三河抢购所4万市石，均已集中待运"[③]。这说明安徽省的粮食抢购取得了较好的成效，既在一定程度上打击了敌伪，又增加了自身的粮食储备，从而使国统区的经济实力得到增强，有效地支持了抗战。

第三，统筹省县公务员食粮。抗战期间安徽省政府设于皖西立煌县，该地产粮原本不足自给，省府迁立后，人口激增，粮食更感缺乏。为安定公务人员生活，提高工作效率，自1941年度秋季起，对于省会公务员食粮统筹供应，"经根据省会各机关表报公务员及家属人数，估计日需食米2.4万斤，全年共需864万斤，分饬六安县政府订购300万市斤，霍邱县政府订购600万市斤，陆续集中运交。截至12月底，计六安县政府交运公粮652640市斤，霍邱县政府交运公粮631799市斤，现六安县政府每日集中3万市斤以上，由独山接运站接收，霍邱县政府每日集中6万市斤以上，由叶集接运站接收，均交驿站转运"[④]。至

---

① 秦孝仪主编：《抗战建国史料：粮政方面》（三），《革命文献》第112辑，台北："中央"文物供应社1987年版，第160页。
② 同上。
③ 同上。
④ 同上书，第161页。

1942年年初陆续运抵立煌县，2月开始分拨（见表3-3）。省会公粮价格，为每百市斤33元，较中央所规定之基本价格为低[1]，在当时物价上涨不已的情形下，公务人员的生活赖此得以维持，从而提高了工作效率，保障了后方社会的稳定。

表3-3　　1942年2月至6月省会（立煌县）公粮运拨数量表　　单位：市斤

期间	上月结存数	本月收入数	本月拨售数	本月结存数
二月份		81962000	19559210	62402706
三月份	62402706	125814008	50163602	138053112
四月份	128053112	44161908	59646803	122568301
五月份	122568301	58191304	60399012	120260509
六月份	120360509	36892210	59657806	97594913
合计		347021430	249426433	540879541

资料来源：秦孝仪主编：《抗战建国史料：粮政方面》（三），《革命文献》第112辑，台北："中央"文物供应社1987年版，第168页。

由表3-3可以看出：经统筹公粮后，立煌县每月均有结余粮食，说明安徽省会的公粮供应取得了很好的成效。

为保障各省及地方县市各级公教人员的生活，1942年5月国民政府规定省级公粮在田赋征实项下价拨，每人每月发米2市斗，照中央办法收基本价款每市斗6元。1943年元月起，改按中央公务员同等待遇，一律免费发给公粮，并按各省实有员工人数核计应需数量列入其预算，在各省征粮项下划拨[2]。县级公粮，则以实际需要核定数额，

---

[1] 秦孝仪主编：《抗战建国史料：粮政方面》（三），《革命文献》第112辑，台北："中央"文物供应社1987年版，第168页。
[2] 陈雷：《试论抗战时期国民政府的粮食供应与配给》，《安徽史学》2010年第6期，第74页。

随同田赋带征,其带征额以不超过征实额30%为度①。随后由行政院颁布《县市公粮处理办法》,规定支给标准及配拨范围②。县市公粮每人每月发给之标准为:文职人员、教职员及警察局所队官佐食米为5市斗。警察局所队兵警夫,食米2.75市斗。公费学生,食米2.3市斗。公役,食米2.5市斗③。据此,安徽省1942年度带征县级公粮数额为729110市石④,1943年带征县级公粮谷60万石,小麦10万石⑤,1944年县级公粮为谷45万市石,麦8万市石⑥。上述县级公粮采取自征自拨的原则。即本县公务员所需要的公粮由本县粮政科负责征集、拨付,不足或盈余的部分上报省粮政局,由安徽省粮政局统筹安排。

通过对省县公粮的统筹供应和免费定量配给实物,安徽省保证了公务人员的正常生活和政府各机关的有效运转,不仅稳定了后方的社会秩序,也为坚持持久抗战奠定了基础。

第四,调节民食供应。抗战发生不久,安徽省就已成为战区,而且抗战期间大部分地区沦陷,使得安徽省的粮食生产遭受重大损失。与此同时,日军在沦陷区内及附近四处搜抢和"征购"粮食,人民生活难以保障、民食问题愈加突出。为保证人民生活,稳定民心,争取抗日战争的胜利,安徽省开始着手对民食的调节。为此,安徽省主要制定和采取了以下措施:统筹各县民食分配;划拨赋粮调剂民食;限制其他粮食消费事项等。具体情况如下。

---

① 抗日战争时期国民政府财政经济战略措施研究课题组:《抗日战争时期国民政府财政经济战略措施研究》,西南财经大学出版社1988年版,第50页。
② 粮食部1944年5月对国民党五届十二次全会"关于粮食管理与储备的工作报告",南京:中国第二历史档案馆藏,国民政府粮食部档案,档案号:(八三)100—2。
③ 重庆市档案馆:《抗日战争时期国民政府经济法规》(下),档案出版社1992年版,第339页。
④ 秦孝仪主编:《抗战建国史料:田赋征实》(二),《革命文献》第115辑,台北:"中央"文物供应社1988年版,第292页。
⑤ 同上书,第376页。
⑥ 同上书,第393页。

在民食分配方面，安徽省规定："一、各县粮管会依照全县粮食生产数量及消费情形，予以适当之配置，以求供求平衡。如全县粮食不足或剩余时，由县粮管会呈请省粮管局予以适当之分配，使由供求自由之产销状况渐趋计划生产、计口授粮之目标。二、各县粮管会除将各乡（镇）保粮食之盈虚加以适当之分配外，对于蔬菜、山芋及其他可充饥之粮食代用品，亦须予以适当之分配。"①

在价拨余粮调剂民食方面，为安抚人心、稳定后方秩序，安徽省经陈明粮食部核准后，将本省赋粮及省内储粮以低于粮食市场平均价的价格出售。另外，在春荒之时或存粮不足之时，通过省府拨发粮款的形式，采购存有余粮县份的余粮运往缺粮县份，以平价售出，调节民食。以1941年6月为例："缺粮地区经开放省内存粮，拨售贷济民食，共籴出稻谷6934404市斤、食米1209363市斤、小麦1500431市斤。又以皖北蝗灾惨重、大军云集，军粮民食，亟待调剂。经拨发购粮款30万元，由第三战区购粮办事处照市价采购舒城、合肥、青县等县余粮，运往平价出售，以资调节。"② 以便使当地人民渡过灾荒。此外，对于田赋征实所得粮食，"除划拨军粮、专案价拨国防征工食粮及预留公粮、囚食外，余数经照部令，按市价九五折售济缺粮民户"③，以调剂民食，稳定后方社会秩序。

在限制粮食不当消费方面，安徽省严格限制粮食用途，以使粮食能够发挥最大的功用而不至于被浪费。战时安徽省政府规定："一、各县除人口、牲畜消费粮食外，其他消费粮食事项（如酿酒、制糖、制浆等）应依照全县粮食收获数量之多寡加以限制或取缔。二、各县粮食歉收或因军队需求致不敷用时，除人民及供生产运输之牲畜消费

---

① 秦孝仪主编：《抗战建国史料：粮政方面》（三），《革命文献》第112辑，台北："中央"文物供应社1987年版，第193—194页。
② 同上书，第161页。
③ 同上书，第169页。

粮食外，其不急之需之消费，如饲养猪、犬等，应加以限制或取缔。"① 通过对粮食消费事项的限制，最大限度地发挥了粮食的战争功用，一定程度上减少了不必要的粮食浪费。

通过对民食的调剂，安徽省保障了后方人民的基本生活，安定了人心，稳定了社会秩序，为坚持持久抗战并取得最后的胜利奠定了基础。

（三）抗战时期安徽粮食管理的成效及评价

抗战时期安徽省按照国民政府的部署，在国统区实行了严格的粮食管理，根据安徽粮食产销状况及敌我形势变化，积极抢购粮食、经办田赋征实、供应军公民粮，有效保障了国统区人民的基本生活和社会秩序的稳定，在一定程度上支撑了安徽战场，为坚持抗战并最终取得胜利奠定了一定基础。

抗战时期，安徽省通过加强粮食管理，在军公民粮供应方面取得了较好的成效，稳定了军心民心和后方社会秩序，有力地支持了抗战。具体表现为：

1. 较好地完成了军粮征购任务，确保军粮及时供应

在省内大部沦陷、粮食生产遭受重大损失的情况下，安徽省依然能够按照所属战区司令长官部和粮食部的要求，完成征购军粮任务，并及时拨付供应部队。这对于处在安徽省内抗战前线的广大驻军来说，无疑有利于军心的稳定。另外，安徽省除了供应本省驻军军粮外，还有大量粮食运囤内围和支援临近省份，这就有力地支持了全国范围内的持久抗战。

2. 有效供应公务人员食粮，保障政府正常运行

面对国统区普遍存在的粮价上涨、大多数公务人员薪不得食的情

---

① 秦孝仪主编：《抗战建国史料：粮政方面》（三），《革命文献》第112辑，台北："中央"文物供应社1987年版，第194页。

况，安徽省对省内公务人员实行低价配给和免费定量配给的政策，在征实粮下划拨，保证了政府公务人员的正常生活，进而保障了政府各项工作的正常开展和国家机关的有效运转，为坚持抗战奠定了基础。

3. 平价售粮，调剂民食，维护社会安定

在粮价高涨、民不得食的情况下，安徽省一方面将部分征实余粮以平价投入市场售济民食；另一方面，以政府手段积极组织、拨款购买粮食充裕县份的余粮运往粮食不足的县份以平价销售，借以调剂民食。通过对民食的调节供应，不仅安抚了民心，而且稳定了后方社会秩序，为坚持持久抗战和最后取得战争的胜利奠定了社会基础。

由上可知，抗战时期安徽省实行的粮食管理政策和措施是抗日战争这一特定环境下的产物，是随着抗战的进行而不断调整和加强的，是国民政府战时统制经济的重要组成部分，在一定程度上适应了战争的需要，支撑了安徽战场。

战时国民政府实施粮食政策的目的是使"民食无虞，军粮有着"[①]，以支持抗战的进行。从这一角度来看，战时安徽省的粮食管理基本保证了抗战军民进行生产生活和抗战的需要，稳定了社会秩序，为坚持抗战并最终取得胜利做出了一定贡献。

四　抗战时期陕西国统区粮食仓储管理

"战争"是不祥的代名词，它总是给人类带来灾难。战争不仅使人民颠沛流离、居无定所，使百姓无法从事正常的粮食生产活动，而且会使战区乃至全国出现粮食短缺、粮价日涨、民生艰难的现象，尤其在长期的、大规模的战争期间更是如此。抗日战争时期，中国在粮食管理方面就面临着一系列的问题，作为主政者，为了保障粮食供

---

① 张华宁：《田赋征实后之粮食管理问题》，《中农月刊》1943年第4卷第7期，第13页。

应、平定粮价,以安定民生、稳定社会、争取抗战的胜利,国民政府采取了诸多措施,而重视仓储建设就是其中的一个重要组成部分。

(一) 战时粮食仓储管理的背景

1937年,日本继甲午中日战争后又发动了侵华战争,并进行了一系列的侵略行为,而当时陕西在全国具有重要的战略地位。陕西作为中国西北的咽喉和进出西南的通道,是国民党坚持抗日战争的后方基地,陕西在抗战时的主要任务是在战争期间,尤其是在经济作战逐渐超过军事作战时期,为战争提供经济来源。但抗战时由于大批人口涌入陕西省,包括中央红军、各地爱国青年、驻陕部队及随行军属、东北沦陷区人口和因河南大旱而涌入的大批难民造成了陕西粮食供给更趋紧张。另外,陕西驻军较多使国民政府在陕西征购的军粮也较为庞大,这也给陕西省粮食管理方面带来一些问题。上述以及其他的原因迫使国民政府加强了对陕西粮食的控制。

为适应战时需要,同时也为供给军队调节民食,国民政府在1940年召开的行政院第四十九次会议通过了田赋征收实物的议案,并在1941年6月召开的第三次全国财政会议中复议通过,决定从1941年开始实行田赋征实,即将原本的田地赋税由货币改为征收农作物,包括稻谷、小麦、粟米、玉蜀黍四种。田赋征实后,政府通过征实、征购、征借的方式获得了数量庞大的粮食,具体见表3-4[①]。

表3-4　　　　　　　　田赋征实征购表　　　　　　　单位:市石

年份	1941	1942	1943	1944	1945
征实所得	谷:19261363 麦:4075310	谷:28887176 麦:5820707	谷:28035852 麦:7147123	谷:22393903 麦:6087406	谷:11911038 麦:2970410

---

① 秦孝仪主编:《抗战建国史料:田赋征实》(一),《革命文献》第114辑,台北:"中央"文物供应社1988年版,第30—32页。

续表

年份	1941	1942	1943	1944	1945
征购（借）所得	（购）谷：13469278 麦：6314733	（购）谷：26848409 麦：4410108	（购）谷：11000129 麦：1991739 （借）谷：13787234 麦：2514327	（借）谷：24474041 麦：4003395	（借）谷：13253350 麦：1457028
总计	谷麦：43120684	谷麦：65966400	谷麦：64476404	谷麦：56958745	谷麦：29591826

由表3－4可知，总体来说，1941年到1945年，国民党征收谷麦的量大大增加，而如何处理数量巨大的粮食就成为那时的当务之急。陕西省作为抗战的重要根据地，赋税总额也大大增加。由赋税增加可知陕西省的粮食应获得丰收，但令人惊讶的是粮价却年年上涨。

"民以食为天"，抗战期间，粮食显得尤为重要，但是"不幸，当前方浴血抗战之时，后方竟有些不顾民族利害的败类，图个人的益利，囤积食粮的，以致陕西本为产粮之区，抗战四年，又都是岁岁丰收，乃反粮价高涨"。[①] 陕西省西京市的批发物价指数由1937年的100上涨到1940年年底的1526.1，批发物的价格大大增加，例如，白米由1940年年初的每市石75元上涨到每市石180元，小米则由每市石39元涨到每市石138元，绿豆由每市石42元上涨到最高时达到每市石140元；零售物价指数同样上涨，由1937年的100上升到1940年的1312[②]。由此可知，战争期间，我国粮食价格变动非常大，一些农作物的价格上涨了两倍、三倍，乃至十倍以上。而粮价之所以上涨，除了上述一些商人的囤积居奇，还有一些比较具体的原因，如

---

① 《严禁囤集食粮》，《陕政》，陕西省政府编译室编行，1941年第61—63期，第603—604页。

② 《西京市批发物价指数》，《西京物价指数月刊》，陕西省银行经济研究室编制，1941年第1卷第1期，第5、6、9、10页。

供应失调、交通困难、游资过多、成本增高、心理恐慌、工资增加、风险增大等。这些战争带来的并发症，使得粮价上涨的现象愈演愈烈，而陕西省的粮食问题也因之越来越严重。

面对这种情况，很多仁人志士都提出了自己的见解。刘连城就曾指出"经济力则尤为一切力量所从出之源泉"①，因此我们"须知者即节约建国储蓄运动"。② 由此我们可以看出号召广大的农民来推行节约运动是解决粮食问题的一个有效办法。除此之外，另一个有效的办法我们可以从王春雨的言论中找到答案。他指出仓储是非常重要的，尤其是在战争时期。"仓储积谷，平时为救荒卹贫的要政，且能辅助农村生产事业之发展。战时为军需民食之供给的来源，充实国防力量的要素。非有存仓积谷，不足以应急需，非有完善管理，不足以严储政。我国值此非常时期，粮食之供给，为前后方之重要需求，其能否为长期充裕之供给诚有关于国计民生与抗战之前途。"③ 由此可知，要解决粮食问题，实行合理的粮食仓储制度是必不可少的。

（二）陕西粮食仓储管理政策与措施

1. 进行粮情调查，为仓储建设奠定基础

建立仓库并不是起于现代。据历史记载，在汉代之后就出现了仓储。那时仓库主要用于平定物价、救灾救荒。但是满清之后，仓储制度曾一度被废弛；国民政府定都南京之后，意识到了仓储的重要性，便令内政部着手整理。督促各省各县普遍办理，以防急需，并把办理仓储行政的成绩列为地方行政长官考绩的内容之一。

---

① 刘连城：《抗战现阶段的节约运动》，《陕政》，陕西省政府编译室编行，1941年第58—60期，第564页。
② 同上。
③ 王雨春：《实施新县制与仓储行政》，《陕政》，陕西省政府编译室编行，1941年第64—69期，第635页。

抗战时期，国民政府根据孙中山建国大纲的要求在1939年9月19日颁布的《县各级组织纲要》宣布各省开始实行新的县制，陕西省于1940年11月正式实行，推行新政，拟订陕西省县各级组织纲要实施计划，分期分县，相继实施。而办理仓储积谷则被列为重要工作之一。根据陕西省《新县制专号上卷》第四十六条的规定"在人口稠密地方一村或一街为自然单位不可分离时，得就二保或三保联合设立国民学校合作社及仓储等机关……"①虽然没有指出仓储工作的具体内容，但是特别提出建立仓储机构，可见国民政府对仓储的重视。

1938年6月行政院公布了《非常时期粮食调节办法》，一方面要求经济部农本局应就各省重要地点，积极举办国营仓库，经营粮食储押及运销业务；另一方面要求各省市县政府或其粮食调节机关，应于适当地点酌设粮食仓库，办理粮食的收购、加工存储及运销，以调剂盈亏，平衡价格②。1941年7月粮食部成立之后，一方面致力于调查各种仓库及管理情况，以达到间接控制粮食的目的；另一方面利用国有或国营仓库的一部分容量，指定为民间存粮公共储藏之所，由政府予以特殊保障及便利③。而且，1941年9月，国民政府决定在全国实行田赋征实。这样，国家征收的粮食数量大大提高，原来的仓库容量便难以满足要求，这就需要新建仓库。

为了解决粮食存储管理问题，积极执行国民政府的决策，陕西省在粮食方面进行了一系列的调查，准备在1940年先举办夏粮总调查，并拟定夏粮总调查实施要点及调查表册，然后上交省府。并且将长安作为实施调查的区域，调查长安的粮食种植及收获、粮食的消费、粮食的存储，以了解长安在粮食方面的状况。夏粮总调查

---

① 《县各级组织纲要（二十八年九月十九日国民政府公布）》，《陕政（新县制专号上卷）》，陕西省政府编译室编行，1941年第52—54期，第450页。

② 秦孝仪主编：《抗战建国史料：粮政方面》（一），《革命文献》第110辑，台北："中央"文物供应社1987年版，第281—282页。

③ 同上书，第196页。

最终于1941年举行，按照1940年的计划，以长安县为试办区，实施分户调查登记，其余县也各自办理，并且对1941年秋季的粮食产量做了估计，随后在秋季又进行了秋粮总调查；另外，为了清楚各地粮食集散市场的交易情形，陕西省又进行了粮食集散市场交易情形调查，并制定了粮食集散市场交易情形报表式和查报方法，分别命令各县的粮食管理委员会调查后具体上报，并在集齐资料后进行统计比较；除此之外，陕西省还办理粮情报告，主要内容有：

（1）让各县按旬查报粮食市价，也就是存销情形、市况动态，并编造米麦价格比较表、米麦粉价统计表、历年粮价报告表，即中等米麦价格市况旬报表。（2）遵照粮食部规定办法，按期上报陕西省各主要粮食市场粮价；对大户的存粮也进行了调查，明了各地粮食情况以进行适量调剂①。

除对调查进行了整理外，陕西省粮食管理局对运输问题也做了报告，"1. 一年半屯粮（即二百万包案）运输：本案军粮运输除少数交军粮局邻近县份仓库接收运输外，其余均系就地交仓，运费规定凡属就地拨交仓库者，概不发给运费，其余由镇巴、略阳拨运南郑，及由紫阳、洵阳、岚皋、平利等县拨运安康军粮局仓者，所需费用前定由军粮局核发，现经改由本局核发；由乾醴两县遵拨兴平鏊屋，高陵，泾阳运拨三原军粮局仓库者，所需运费报由本局核发。2. 改订土路运费：关于征购征实土路运输费用，过去系按照部颁三十年军事征雇夫马车辆新增租力与标准拨给，本年奉粮部令按照上项标准准增百分之九十给与"②。

通过粮食调查，陕西省政府可以充分了解本省的粮食产量、粮食价格变动、粮食集散市场交易等的情况并且在下一年对与粮食相

---

① 秦孝仪主编：《抗战建国史料：粮政方面》（一），《革命文献》第110辑，台北："中央"文物供应社1987年版，第450—451页。
② 同上书，第455页。

关的问题做出预测。而且，对运输问题做报告，可以了解各县的交通状况，以便在建仓时可以合理选址，减少运费。上述工作的开展，可以为当地的仓储建设提供依据，以便能够制订合理可行的建仓计划。

2. 筹措经费，积极建设各级各类仓库

1941年陕西省发布了《三十年度省库补助各县地方款分配表》，陕西省把省库分为十个区，每个区都包含若干地区，十个区的补助款数目大小不一，在1940年，省库补助各县地方款共有2514958元，其中包括县行政经费1031712元。新县制实施后，陕西省政府拟定1941年省库补助县地方款为400万元，省库补助款项分发至各县，便为各县仓储修建提供了经费①。1941年10月1日陕西省粮政局奉命成立。随后便计划修建仓库并将积谷仓分为县仓、乡（镇）仓及保仓三种，县仓应该建立在县政府所在地，乡（镇）仓要设在乡（镇）公所所在地，保仓要设于保内适当地点②。县仓、乡仓、保仓的修建，方便政府层层管理，提高办事效率。而且，将仓库遍及省、镇、乡、保，方便了粮食的运输，以便及时地解决粮食问题，减少运输时间。省政府还把仓库分为赋粮仓库、军粮仓库。这样，便将军粮与民用粮食分开，防止出现任意挪用军粮的现象，而且，两者分开更方便管理。

在修建赋粮仓库时，规定"就各县乡保仓及公共祠堂庙宇略为修葺，并利用旧材征工修理，以备赋粮屯储之用"。③由此可见，陕西省粮政局把一些原本没多大用处的祠堂庙宇修葺过后用来存储粮食，

---

① 《附财政厅原签呈》，《陕政》，陕西省政府编译室编行，1941年第52—54期，第555页。

② 王雨春：《实施新县制与仓储行政》，《陕政》，陕西省政府编译室编行，1941年第64—69期，第635页。

③ 秦孝仪主编：《抗战建国史料：粮政方面》（三），《革命文献》第112辑，台北："中央"文物供应社1987年版，第449—450页。

这样可以合理地利用资源,一方面可以把荒废的庙宇利用起来;另一方面,可以完成国家的要求,兴建仓库。在修理各县乡保仓和公共祠堂庙宇的费用方面,到1940年,"电请粮食部拨发,已经收到了50万元。由省局按各县田赋仓库分配,遵照部令在每千石600元范围内,照各县新设仓库实存赋粮开支,业经缮具各县田赋仓库修理费分配表及修仓要点,签请省府核准,令县办理"①。即各县修建仓库的费用,由粮食部根据各县的实际情况来分别发放。

除设赋粮仓库外,陕西省粮政局还准备设军粮仓库。准备在1941年筹建"屯粮二百万包军麦案仓库"②。粮政局"查此案归省局接办后,因仓库缺乏,亟需筹设,已由本局与军政部驻陕军粮局及有关机关召开联席会议决定办法,正派员筹勘中"③。在战争时期筹建军粮仓库是十分必要的,但是也不能草率为之,在修建的同时要保证质量,这就需要陕西省粮政局与军政部驻陕军粮局共同讨论决议。经过一系列努力,在1941年10月至1942年2月的陕西省粮政局施政报告中总结了陕西省1941年在仓储修建方面的成就:"1. 修理本省田赋征实仓库:查田赋征实仓库修理费,已由粮食部先后拨发七十五万元,交局统筹办理。当经令饬各县先就原有县乡保仓收存,并尽量利用公共祠堂、庙宇。至修理费用,是按照各县赋粮数量分配,每千石约六百元。并拟定修仓要点,经省府核准,令县办理。2. 接办各县积谷事项:奉粮食部令饬接管本省积谷事宜,遵经派员将民政厅仓储卷宗接收过局,由本年一月份起归本局续办,除一面清理旧案外,现正设计改进中。"④ 由此可知,陕西省在1941年就为修建仓库做了巨

---

① 秦孝仪主编:《抗战建国史料:粮政方面》(三),《革命文献》第112辑,台北:"中央"文物供应社1987年版,第449—450页。
② 同上。
③ 同上。
④ 同上书,第454页。

大努力，例如，合理利用粮食部拨发的经费，以统筹修缮、新建仓库；接办粮食积谷事宜并结合各县的地理位置及交通情况来选择适宜的修仓地点。除此之外，报告也整理了其他方面的内容。因为粮食仓储管理不仅包括仓库的修建，而且与粮食调查、粮食征实、粮食采购与征发、粮食运输等内容也息息相关。

经过努力，陕西省建立了大批的仓库，这些仓库为储存粮食做出了重大贡献。1942年陕西新增仓库容量98500市石[1]，包括谷：16001608石；麦：15792829石；杂粮：4377545石，谷款高达31064858元[2]。1940—1943年陕西省共有51个县市建有仓廒，建立仓廒124处，各县积储粮食包括谷153336市石，其他粮食171519市石，谷款高达364304元[3]。仓库积谷数量经过粮食部核定达到150万市石。另外，陕西省旧有的粮仓既简又陋，设备不全，省政府便又新修了渭南、大荔、耀县、临潼、宝鸡、武功六处仓库，各仓的容量，共计有105000市石[4]。粮仓的修建，较好地满足了田赋征实和粮食存储的需要，为保障军需民粮的供应、安定社会、支持抗战做出了一定的贡献。

3. 健全粮管机构，加强粮食管理

为了保证仓库修建的适当、合理，陕西省粮食管理局还采取了一些其他措施。陕西省各县的粮食管理委员也应运而生。陕西省粮食管理局在1940年10月至1941年9月的年度政绩比较表中列出了陕西省粮食管理方面的计划及实施效果，在工作上做了以下努力。

---

[1] 陶波：《抗日战争时期陕西地方自治问题研究——以"新县制"为中心》，硕士学位论文，西北大学，2005年，第37页。
[2] 秦孝仪主编：《抗战建国史料：粮政方面》（二），《革命文献》第111辑，台北："中央"文物供应社1987年版，第14页。
[3] 同上书，第18页。
[4] 刘恺钟：《一年来的陕西粮政》，《陕政》，陕西省政府编译室编行，1944年第5卷第5—6期，第42页。

（1）在管理机构方面，陕西省粮食管理局成立，其职责有：调查全省粮食产销、征管、运输、调剂以及军粮采购，积谷筹集，粮商登记，粮食市场与加工厂房等事项。随后通令各县遵照全国粮食管理委员会组织通则成立县粮管会，并且在县粮管会人选变通及组织要点上作了规定，各县都要遵照，成果也是显著的，除了陕北各县因情形特殊未能设立外，其余共有 74 个县都有设立；在粮户管理方面，采取了两项办法："（一）调查粮户存粮：调查分为总调查及普遍调查两种。总调查于每年夏秋两季收货后办理，普通调查由县粮管会随时办理。关于调查方法先由县粮管会召集各乡镇长开会说明调查意义，发动各机关团体学校分赴城乡宣传，再由保甲人员负责住户调查登记，具结属转县粮管会，汇报省局查核。（二）规定粮户正常消费量：粮户正常消费量为：（1）积谷数量；（2）全户人口消费量；（3）种子需要量。此外余粮得由粮食主管机关照市价收购，作为军粮或赈粮。"[①]

（2）陕西省粮食管理局除了对管理机构和粮户方面进行工作外，对粮商也作了硬性规定，在管理粮商时粮食管理局做了六项工作。首先是对粮商进行登记，要求各粮食商行经纪仓库堆栈及加工厂房都要按照规定向所在地县粮管会报请登记，审查合格后会发放登记证，在此之后才可以经营粮食业务；其次，政府组织同业公会，让各县重要粮食集散市场及乡镇经营粮食业务的人全部加入同业公会，遵守公会的公约；再次，各粮食商行应办理粮情报告，即各粮食商行应将每日进出粮食数量、种类、价格及存储量、地点逐日表报同业公会，由同业公会转报给县粮管会再上报总局；此外，粮食管理局通过一系列措施来稳定粮价，包括把未经登记的游资、囤积的粮食全部充作军粮，

[①] 秦孝仪主编：《抗战建国史料：粮政方面》（三），《革命文献》第 112 辑，台北："中央"文物供应社 1987 年版，第 435—436 页。

限期勒令粮户出售余粮，监督粮商以便使其随时出售存粮，要求各县征收的军粮必须是粮物而不是现款；随后又评定粮价，规定粮食价格由各县粮管会随时评定，粮商对粮管会决定的价格不得有异议；最后，又提出禁止游资囤积，"凡未经登记利用资金购屯粮食待机出售，以谋重利者，绝对禁止。其已登记者，得由粮食主管机关随时收购，或限期运往指定地点出售，如有私自售卖情形，以售出总价格三分之二充公"①。

（3）陕西省粮食管理局还对当地的粮食生产做了调查，调查后得知陕西省粮食生产量，全年夏秋两季估计约四千余万市石，全省人口约一千余万人，以每人年需量四市石计，丰年尚且可以自给，但是遇到灾荒歉收百姓则只有吃甘薯和马铃薯来充饥。陕西省粮食管理局计划每年要对粮食产量进行调查，根据陕西省管理粮食办法大纲的规定，每年举办夏秋粮食总调查各一次，以便实施管制。

上述工作的开展，使陕西省粮食管理局能够详细了解各县粮户存粮，并在此基础上限定粮户的正常消费量，余粮由粮食主管机关按照市价收购，作为军粮或赈粮。而且，这些措施使陕西省政府可以知道当时的粮食状况，并在此基础上做出决策，以保证修建仓库的合理性，以及修建多少才能满足需要，来积极合理地解决粮食问题以保障粮食的库存量并稳定粮价。

（三）陕西粮食仓储管理成效

抗战时期，粮食在我国的地位逐渐提升。"粮食为农产品之一种，其生产运销有成本关系，其供应有季节及地域关系，其在生活上为最不可缺少之物。"② 为加强对粮食的管理，陕西省响应国民政府的号

---

① 秦孝仪主编：《抗战建国史料：粮政方面》（三），《革命文献》第112辑，台北："中央"文物供应社1987年版，第438页。

② 同上书，第57页。

召实施的田赋征实取得了巨大的成效。具体见表3-5[①]。

表3-5　　1941—1945年陕西省田赋征实征购情况统计表　　单位：市石

年度	种类	应征实	实征实	完成（%）	应征购	实征购	完成（%）	备注
1941	稻谷、小麦	1000000	998237	99.82	2051428	1741714	84.9	1
1942	小麦	2600000	2281226	87.74	2400000	1780914	52.61	2
1943	小麦	3000000	2278226	75.94	1200000	1360914	113.40	3
1944	小麦	2850000	2456996	86.21	1130000	1435336	127.02	4
1945	小麦	2850000	1375767	48.20	1580000	783110	49.5	5

备注：1. 其中征实稻谷在征实21个省中排列第12名，征购小麦在19个省中排列第15名。2. 同业公会摊派的40万市石；实际征购数内包括同业公会加购的21万市石；在征实21个省中排列最后一名。3. 在征实20个省中排列第16名。4. 核定向大户累进征借25万市石，实征借中包括向大户加借的204050市石，在征实21个省中排列第12名。5. 核定向大户累进征借25万市石，实征借中包括向大户加借的114585市石，在征实11个省中排列第7名。

由表3-5可知，在1941—1945年陕西省通过征实获得了小麦9390452市石，征购与征借5360274市石，三征小麦合计14750726市石，加上抢购与征实加罚、采购等，共征得约15137千市石[②]。

理论上讲陕西省的赋粮比重不低于平均数4.5%就可以，但是该省在抗战时期22个省中赋粮征起数几乎年年上升，比重曾一度高达8.7%，而且陕西省人民在征实方面的负担也是全国平均值的三倍，可见其在抗战时期的重要作用。具体见表3-6、表3-7[③]。

[①] 王茜：《论抗战时期陕西国统区的粮食管理政策》，硕士学位论文，四川师范大学，2010年，第27页。
[②] 同上书，第28页。
[③] 同上。

表3-6　1941—1945年陕西省田赋征实征粮实绩与全国之比较

年度	全国赋粮征起数（千石）	本省赋粮征起数（千石）	本省占全国百分比（%）
1941	41197	2734	6.6
1942	49394	3600	7.3
1943	47882	3836	7.4
1944	43262	3874	8.7
1945	16376	1393	8.5

表3-7　1941—1945年陕西省人民田赋负担与全国之比较

地别	人口（人）	征实收起数（石）	平均每人负担（石）
全国（22个省市）	344847363	198112000	0.574
陕西	9678372	15137000	1.564

注：稻谷杂粮均按规定折合小麦；全国包括22个省市。
资料来源：《陕西省政述要》陕西省政府统计室，1946年7月。

征收的粮食产量巨大，但储存方面却面临着一些问题。一些仓库因年久失修，不可用或容积甚小，不易储藏。不仅如此，仓库年久失修也使其内部透风透光，设备不完善，甚至出现粮食潮湿霉烂的现象，另外老鼠和麻雀也会使粮食损失惨重。为了更好地保存粮食，减小损失，新建仓库必不可少。仓库的修建为保存这些粮食提供了合理的场所。陕西省政府通过修建仓库，合理管理粮食的生产与供应，为解决战时的粮食问题做出了巨大的贡献。而保存的粮食则为军粮、公粮、民食、专案粮的分配提供了物质基础。[军粮是指在战争时期供应陆军以及海军的粮食，政府为保障军队的战斗力，专门为军队的士兵设立了军粮仓库；公粮包括中央公粮、省级公粮（各省公教人员及警团所需食粮）、县级公粮（各省县级公教人员食粮）及党团务人员食粮（党务工作人员及三民主义青年团团务工作人员食粮）；民食是指战争期间供给百姓的食粮，包括平时粮食的配给以及灾荒年份的救

第三章 战时各地解决粮食问题实践与成效

济；专案粮是指各地国立学校食粮、各地保育院及慈善团体食粮、各省电政员工食粮、铁路及公路员工食粮、国营矿厂员工食粮及各省普通司法人犯囚粮等。] 上述几种粮食的供给是在政府拥有充足粮食的前提下才能实现，如果政府拥有的粮食不足则会出现下面这种情况，"1943年因各省征购粮有限，并且须要尽快先配拨军粮，不得不以一部分或全部折发代金券"①。在抗战时期，代金券没有实质作用，只有在粮食不够的情况下才发代金券，而粮食才是人民生命安全的保障。因此，粮仓的修建使得政府能够合理保存征收的大量实物，能够切实提供军粮、公粮、民食、专案粮，树立政府的威信，为抗战的胜利做出了巨大的贡献。但是，在实施仓储管理政策的过程中，并不是一帆风顺的。政府要求建立一些新式合理的仓库，但是受财力、物力的限制，这些仓库短时间内无法大量建筑，而且，那些由各地祠堂、庙宇、民房改建的仓库既不合乎样式，又无法长久。"其在征粮之际，分发少量经费，责成地方政府临时培修应用者，更属有名无实，多数仓库不能合于理想。"② 但是，我们不能否认粮食仓储管理政策总体上存在巨大的积极意义。

粮价为物价之母，物价以粮价为转移。陕西省修建仓库后，政府便拥有了大量的粮食，1943年陕西省实建仓库容量为110380市石，而完成仓库容量105476市石，占实建量的95.47%③，这样可以防止一些大商人囤积居奇，借机提高粮价。民以食为天，粮价降下来了，其他物价的上涨也趋于缓和，为调节粮价及物价起了重要作用。

仓库的修建，还可以尽快地解决灾荒问题。政府把百姓在丰收年份多收的粮食收购上来，那么在灾荒年份政府便可以用这些粮食来帮

---

① 秦孝仪主编：《抗战建国史料：粮政方面》（二），《革命文献》第111辑，台北："中央"文物供应社1987年版，第46页。
② 同上书，第59页。
③ 同上书，第41页。

助百姓。1942年，陕西省政府在征粮项下配拨大米9512市石、麦20000市石，小麦调节西京粮荒，米调节柞水民食①。1942年，河南发生旱灾，便派人员到陕西采购粮食，而且从陕西省借了七万大包的军粮来救济灾民②。仓库大都修建在交通便利处，如果仓库修建选址不当，那么"粮食为笨重之物，在此战时交通运输特别困难之际，甲省虽或有余，并不能补乙省之不足，盈虚调剂绝非易事"③，但在便利处则不同，这样可以调整运价、减少运程运量、减少损耗，如果一个地方出现了粮食危机，那么距灾区近的粮仓便可以通过便利的交通向灾区运粮。

综上所述，抗战时期，面对严重的粮食问题，作为具有重要战略地位的陕西制定并出台了一系列的仓储管理政策，虽然在实施过程中出现了一些不足，但总体而言取得了不菲的成果。这些措施取得的成效颇为显著，大批粮仓的修建及使用使政府拥有大批粮食，为保障军需民食、平定物价水平、缓解财政危机、稳定社会秩序、维护社会正常运转做出了巨大贡献，也为抗战的最后胜利奠定了坚实的物质基础。不仅如此，通过了解战时陕西的粮食仓储管理政策，也对现代粮仓的修建起了一定的借鉴作用。

五　抗战时期重庆粮价管制

粮食不仅是关系到军需民用、支撑战争和稳定军心民心的重要因素，而且也是一种重要的战略物资。在抗战时期，由于战争及其他因素的影响，粮食生产及供应都出现严重问题，特别是粮食价格变化较大，有时价低粮贱伤农，有时价高伤民伤军。为了保障粮食价格和军

---

①　秦孝仪主编：《抗战建国史料：粮政方面》（二），《革命文献》第111辑，台北："中央"文物供应社1987年版，第50页。
②　同上书，第25页。
③　同上书，第54页。

民生活的稳定，战时陪都重庆按照国民党中央和国民政府的决策与部署，采取了一系列的政策和措施来管制粮价，稳定市场，保障粮食安全，以稳定社会，支持抗战。

（一）战时重庆的地位与作用

重庆地处长江上游，位于长江和嘉陵江的交汇处，水运便利。同时，它又地处四川盆地的丘陵地带，市区四周环山，三峡和大巴山作为天然屏障，易守难攻。其所在的四川省又被誉为"天府之国"，物产丰富，有着丰富的战时储备资源，是重庆重要的物资来源基地和经济辐射区。蒋介石曾经说过："经济事业内的病根，足以影响军需民生。"[①]

1929 年，重庆正式建市，其市政府下设了 7 个局 3 个处 1 个库 29 个科，使重庆组织机构渐趋完备，"标志着重庆市在近代化过程中，在城市管理方面已经趋于系统化"[②]。1935 年 1 月 12 日，国民政府军事委员会委员长南昌行营参谋团（以下简称"参谋团"）由主任贺国光率领抵达重庆，负责整理四川善后和剿匪事宜。2 月 10 日成立了以刘湘为主席的四川省政府，废除防区制，收回军事、行政和财政权，统一币制，实现了川政的统一。四川省政府的成立，不仅加强了重庆与四川各县的经济联系，也使重庆与华中及沿海发达地区的经济联系加强，对重庆的经济发展起到了巨大的推动作用。"参谋团"入川后修建的公路，加强了重庆与西南、西北的联系，促进了重庆工商业的发展，使重庆的经济中心位置更加突出。因此，川政统一为重庆成为西南的政治经济中心和抗战时期的陪都奠定了基础。

1935 年 11 月 1 日国民政府正式成立重庆行营（国民政府军事委员会委员长重庆行营）[③]，顾祝同为主任，贺国光为参谋长，杨永泰

[①] 朱剑农：《泛论粮价与粮源》，《粮政月刊》1943 年第 1 卷第 2 期，第 1 页。
[②] 周勇：《重庆通史》（第三卷·近代史·下），重庆出版社 2002 年版，第 846—847 页。
[③] 同上书，第 840 页。

为秘书长,行营辖区包括川、康、黔、藏在内的整个大西南,进一步加强了中央对四川及西南地区的控制,为其作为抗战大后方和民族复兴基地奠定了基础。

1937年7月7日,在日本的挑衅下,发生了卢沟桥事变。8月13日,淞沪抗战爆发,国民政府决心反抗日本的侵略,并发表了抗战自卫声明书。在此之后,又召开国防最高会议,蒋介石发表《国府迁渝与抗战前途》讲话,确定四川为抗战大后方,重庆为国民政府驻地,并于1937年10月20日宣布迁都重庆。"至1938年1月11日国民政府机关均由南京迁到重庆,但军事及外交部门仍留在武汉办公。至此,重庆成为中国的战时首都。"①

随着重庆政治地位的上升,日本将侵略的中心转向重庆。从1938年2月开始对重庆进行大规模的空袭。针对这种情形,国民政府采取了一些措施来稳固军心、民心。1939年5月,国民政府将重庆变为行政院直属特别市,贺国光为市长。1940年9月国民政府将重庆明定为中华民国战时陪都。重庆的地位就这样一步步地确立起来,最终重庆成为战时大后方的中心。

(二) 战时重庆的粮价变化

纵观抗战时期重庆的粮价变动,其变化过程大体可以分为以下几个时期:(1) 1937—1938年,粮价较为平稳②;(2) 1939—1940年,重庆粮价激涨并且达到历史新高③;(3) 1941—1945年,粮价波动频繁并且粮价日趋上涨④。重庆粮价的变化可以通过重庆中等河熟米和重庆中等河碛米出售价格以及战时后方重要粮食市场价格指数统计表

---

① 周勇:《重庆通史》(第三卷·近代史·下),重庆出版社2002年版,第870页。
② 王洪峻:《抗战时期国统区的粮食价格》,四川省社会科学院出版社1985年版,第3页。
③ 同上书,第6页。
④ 同上书,第6—7页。

和战时后方重要粮食市场价格环比指数统计表来反映。具体见表3-8至表3-11。

表3-8　　1937—1943年部分月份重庆中等河熟米出售价格　单位：市石元

月份 年份	一月	三月	五月	七月	九月	十一月	年平均	价格指数
1937	11.73	13.29	13.20	11.67	11.33	11.99	11.18	224.7
1938	11.40	11.67	11.13	10.69	8.90	8.80	10.80	190.0
1939	8.80	9.43	9.70	9.78	11.33	14.70	10.84	200.0
1940	15.00	18.67	28.67	50.67	83.33	131.67	59.61	1100.00
1941	143.00	144.00	166.05	232.00	332.00	232.00	196.50	3615.4
1942	232.00	210.00	330.00	433.33	480.00	510.00	424.02	7823.2
1943	545.00	614.00	—	—	—	—	—	—

表3-9　　1937—1943年部分月份重庆中等河碛米出售价格　单位：市石元

月份 年份	一月	三月	五月	七月	九月	十一月	年平均	价格指数
1937	10.69	11.83	12.10	10.12	19.53	11.01	10.76	211.3
1938	9.03	9.46	8.80	7.97	6.73	6.20	7.78	152.8
1939	6.66	7.26	7.00	7.46	8.86	12.10	8.22	161.5
1940	11.88	14.85	20.82	37.29	61.05	111.05	46.78	919.1
1941	126.75	135.96	153.71	224.73	224.73	222.00	185.58	2648.0
1942	222.0	264.00	325.00	353.33	396.66	435.00	341.97	6728.5
1943	477.00	550.00	—	—	—	—	—	—

资料来源：节选自于登斌《重庆粮价变动之原因及其影响》，《财政评论》1943年第10卷第4期，第100、101页。

表 3-10　　战时后方重要粮食市场价格指数统计　　1930—1936 年平均 = 100

年份 地区	1937	1938	1939	1940	1941	1942	1943	1944	1945
重庆	140	110	121	703	3591	6854	12856	48501	108144
成都	123	155	173	173	3289	5275	15814	62957	128828
南充	176	124	104	705	3594	4612	12696	48683	100454
宜宾	140	105	98	675	2980	4792	13001	50854	109455
雅安	121	137	203	783	3429	5373	16598	79116	145950
昆明	83	114	349	1011	1491	6899	20037	70431	334154
贵阳	148	109	211	577	1656	4227	8337	59426	324922
桂林	131	196	285	485	1373	4841	15803	34213	—

表 3-11　　战时后方重要粮食市场价格环比指数统计表

年份 地区	1937	1938	1939	1940	1941	1942	1943	1944	1945
重庆	100	79	110	579	511	191	186	377	223
成都	100	126	112	411	462	160	299.8	398	205
南充	100	70	84	675	510	128	275	384	206
宜宾	100	75	93	688	442	161	271	371	215
雅安	100	133	148	386	438	157	309	477	184
昆明	100	136	307	290	148	463	290	351	474
贵阳	100	74	194	274	287	255	197	713	547
桂林	100	149	145	170	283	353	326	216	—

资料来源：节选自王洪峻《抗战时期国统区的粮食价格》，四川省社会科学院出版社 1985 年版，第 4、9 页。

从表 3-8 可以看出，1937—1943 年重庆中等河熟米出售价格指数分别为 224.7，190.0，200.0，1100.0，3615.4，7823.2。

从表 3-9 可以看出，重庆中等河碛米出售价格，其中 1937—

1942年的价格指数分别为211.3,152.8,161.5,919.1,2648.0,6728.5。由此数据可以看出重庆米价的波动还是比较剧烈的,特别是从1941年开始,上涨更快。

此外,从表3-10看,重庆1937—1945年的粮食市场价格指数分别为140、110、121、703、3591、6854、12856、48501、108144。[①] 这里,对上面一些数据进行简单的分析论述。1937年7月,抗战爆发后,重庆的粮价从下半年开始略高于前七年平均水平,1938年的粮价较1937年有所下降,但基本相同,这说明这两年来的粮价是平稳的。从1939—1940年可以看到粮价是一个腾涨的局面。1941—1943年粮价持续上涨,达到历史新高。1944—1945年粮价也依然是一种无节制的飞涨状态。这个时期的粮价基本是上涨的状态。

从表3-11来看,重庆1937—1945年的粮食市场价格环比指数分别为100、79、110、579、511、191、186、377、223。[②] 从这些数据来看,也足以证明笔者先前所述的重庆粮价变动的情况。

(三) 战时重庆粮价上涨的原因

"粮价为物价水准之一环,其变动除受本身特殊性质之限制外,更受一般物价变动之法则所支配。"[③] 自抗战爆发后,尤其是1939年以后,重庆粮价激涨,对于重庆粮价上涨究其原因,除粮食生长受自然环境因素影响外,还有政治、经济、战争等社会因素的影响。综合来说,有以下几个方面。

1. 自然与土地因素

由于重庆地区多荒旱,雨水缺乏,秧稻多枯萎,进而影响作物产

---

① 王洪峻:《抗战时期国统区的粮食价格》,四川省社会科学院出版社1985年版,第4页。
② 同上书,第9页。
③ 于登斌:《重庆市粮价变动之原因及其影响》,《财政评论》1943年第10卷第4期,第99页。

量减少，粮价上涨。农产品之贸易，自然因素和季节变动性最大，因农产品之播种收获，均有一定之时期。① 在农产品的撒种，农作物的成熟乃至收割这一阶段需要相当长的一段时间，农产品从成熟收获到变成商品可以出售时也需要一定的时间，因此农产品的价格受到农产品收获季节的时间影响有一定的变化。依据中国古代小农生产的局限性，我们可以知道，小农在租佃地主土地时，他们因无法交足自己租佃田地的佃费时，便在第二年农产品收获时拿自己耕种的农作物来抵消自己上一年的租佃费。另外，农民在生产时由于缺乏农具，向地主租用农具，第二年也要拿自己收获的农作物来偿还。这样农民便将自己收获的农作物中的一部分交给地主。因此，农民种植的农作物大部分都当作佃金交给地主。此时，正处于粮食充裕时期，粮食价格不高。反之，土地处于休耕期，粮价就会上涨。又由于人们对粮食的消费量有一定的数量，在一定的时期内不愿多买，一些收购粮食的商人，对手边多余的粮食便要进行再一次的管理，等待下一次粮食缺乏时再卖。这其中的粮食管理费用便增加了，商人为了减少自己的损失便要提高粮价来获得更高的利润，正所谓无商不奸。因此由于季节的变动粮价也会变动。在那个动乱的年代，重庆作为战时陪都，对粮价要进行管制是必然的。

2. 战争的因素

孔祥熙曾说："后方各省，虽未受敌人的直接侵害，但如兵险水患以及空袭意外等损失，亦在所难免。又因各地壮丁参加兵役者日多，故粮价渐长。"② 战争给交战双方都带来致命性的伤害。在中国，导致人员伤亡，粮食破坏，劳动力丧失。③ 中国的粮食亦受到致命性的伤害。首先，战争使大量劳动力被迫参军，结果大多战死沙场。农

---

① 于登斌：《重庆市粮价变动之原因及其影响》，《财政评论》1943年第10卷第4期，第111页。
② 孔祥熙：《全国粮食会议报告》，国民政府全国粮食管理局1941年，第16页。
③ 金开山：《粮食腾贵原因之检讨》，《农村经济》1937年第4卷第5期，第3页。

村劳动力的不足自然也使粮食总产量下降。例如，农忙时节缺少劳动力，这必然给农业生产带来极大的损失，有时使农业在播种时无法按时播种，有时使农作物在收割时缺少劳动力而损失田间。进而导致粮食产量减少，供小于求，粮价上涨，严重影响农民和军队的生活。其次，战争也影响粮食的运输。抗战时期重庆"因敌机轰炸，粮船多有损失，商人裹足不前，米粮来源日促"。①《重庆防空志》中记载，日本在5年半的时间里轰炸了重庆203次。炸死中国人民24004人。房屋被炸毁焚毁的数以万计，给重庆带来了无法估量的伤痛和损失。特别是交通的瘫痪，使粮食无法及时运输，造成粮价飞涨。因此由于战争的影响，迫使重庆实行粮价管制，调控粮价，保障人民和军队的基本生活。

3. 人口因素

随着日本侵略的大规模开展，许多沦陷区人民迁到大后方避难，重庆人口剧增，粮价上涨。1936年3月重庆的人口为33万人，抗战中突然就超过百万人。②到1940年沿海各省逃亡大后方的人口，从一亿八千万人增加到两亿三千万人，以致全国人口总数之半定居于中国后方。③"七七"事变后，国民政府将首都从南京迁到重庆，导致大量的机关和文教单位纷纷迁渝。并且随着国民政府前去的军队、智囊团、政府机关等一系列的人员及家属在无形中加重了重庆市的生存压力，由于粮食的消费量与需求量在一定的时期内是不变的，重庆在长时间里的粮食需求量是固定的，但重庆突然增加了那么多的人口必然使物价上涨。另外，为了适应重庆战略地位的需要，厂房、学校、医院等基础设施机构纷纷建立，特别是《西南西北工业建设计划》的

---

① 于登斌：《重庆市粮价变动之原因及其影响》，《财政评论》1943年第10卷第4期，第105页。

② 陆大钺：《抗战时期国统区的粮食问题及国民党政府的战时粮食政策》，《民国档案》1989年第4期，第99页。

③ 《工商经济史料丛刊》第6卷第1—2合期，文史资料出版社1983年版，第19页。

制订,吸引了大量的外来人员务工,同时这些外来务工人员的子女就在工厂附近的学校上学。因此,这也给重庆带来了大量的人口,导致重庆在生活必需品上有所欠缺,致使物价上涨,粮价上涨。随着战事的频发,大量的逃难人员来到重庆避难,又使重庆人口增加,粮价起伏不定。为了安稳人心,解决这些人的穿衣吃饭问题,促使重庆不得不实行粮价管制。

4. 粮户存粮,奸商囤积居奇,粮价管理不够完善

重庆出现囤积居奇的现象很普遍,其主要原因是有大量的游资出现。1941年活动于大后方的各重要城市,如重庆、成都等地出现的游资,其数量达50亿元以上。① 大量的游资使得商人可以一下买入很多粮食,然后操控粮价。另一原因是当时的银行放贷,商业资本化。使得商业资本亦投资粮食,囤积居奇,粮价上涨。② 粮价管理开始后,由于缺乏一贯的经验与教训,粮价管制多半治标不治本,因此效果不太明显。在价格的管制方面,由平价报价而限价议价。在粮食的输入上,由自由贩运而统购统销。在粮政的机构上,由农本局代办,到全国粮食管理局、粮食部。重庆粮食管制的机关有粮食管理委员会、粮政局与陪都民食供应处,但这些机构多半办事效率不高,没有民族责任感与责任心,他们做事推三阻四,职责不清,在管制政策上也不用心。总之,在粮价管制开始阶段,市场依然比较混乱,商人囤积居奇,粮价飞涨。

5. 物价水平对粮价上涨具有推助作用

这一点我们可以从国产品同进口产品的比例关系,原料产品同制成品的比例关系以及粮食同其他制成品的比例关系来分析。我们以原料同制成品的比例关系为例。1937—1939年,比例逐步上升,反映

---

① 刘丙吉:《抗战以来四川的商情与物价》,《四川经济季刊》1945年第1卷第2期,第278页。
② 王洪峻:《抗战时期国统区的粮食价格》,四川省社会科学院出版社1985年版,第107页。

了制成品在新的供求关系中，其价格逐步上涨，逐渐同原料制成品的价格形成新的比价关系。到 1939 年比率达到 3.5 左右。1940 年到 1941 年，比率有所缩小，由于新的供求关系，1942 年，制成品价格快速上涨，比率达到 3.8 左右。1943 年恢复到 3.5 左右，1944 年基本保持这个水平，1945 年又上升到 4.5 左右。[①] 这揭示了重庆市的物价水平对粮价有推动的作用。

（四）战时重庆粮价管制措施

抗战时期，重庆具有重要的战略地位。粮价上涨对重庆影响巨大。为了维护陪都行政中心的稳定，稳住军心民心，确保人民生活的基本稳定和抗战的胜利，国民政府在重庆出台了一系列管制粮价的措施。

1. 实行评价政策，成立物价评定委员会

重庆市在 1938 年 10 月 20 日成立的物价评定委员会，直接隶属于委员长重庆行营。[②] 例如，重庆市对于粮价的评定，首先由社会局会同重庆卫戍总司令部、政治部、市党部等代表组设立食米评价会议，逐日依据下列条目：（1）本市米粮存储数量；（2）本市需要数量；（3）大小两河逐日运销数量；（4）产地价格及运输费用；（5）米商应得之合理利润等项，评定批发及零售价格。

2. 进行报价标价办法

（1）由重庆市粮食公会根据食米之等级，分别规定价格；（2）各商店于食米上用竹签标明种类等级及价格；（3）以市度量衡制为计算单位。[③] 重庆市实行以上的措施以后，市场销售的价格归于统一，米商不再漫天要价。另外还派遣各代表组织到重庆各地点，检查工

---

① 王洪峻：《抗战时期国统区的粮食价格》，四川省社会科学院出版社 1985 年版，第 116 页。
② 同上书，第 127 页。
③ 贝幼强：《重庆之粮食管理》，《财政评论》1941 年第 5 卷第 6 期，第 92 页。

作，拟定米价的量及价格。如大小河米的数量、产地价格、运输费用、商人获得的利润等。

3. 为缓解米粮的紧张程度，扩大食用米的范围

如设立联营米店，提倡食用糙米，禁止食米出口。① 糙米的营养成分和熟米差不多，并且能够缓解米荒给人民带来的困难。在米荒以前，商人经常以高价卖出，低价收入。后由社会局与军警当局一起管理商人，严防食米出口。

4. 派售余粮，确定重庆的各大粮食的供应区

"我国为农业国家，若无自然灾害及战争等影响，农民可以自给。故粮食部成立以后，即在陪都及成都内江等分设民食供应办理各该地公粮民食之分配供应事宜。"② 1940年重庆米价陡涨，为了应对粮价高涨、粮食短缺问题，1940年11月11日，全国粮食管理局召开粮食会议，重庆市市长吴国桢提出，对较大都市如成都、重庆所需之粮食，须分配于产粮各县定量供应，其中重庆的供应区主要有巴县、岳池、江北、广安、长寿等二十多个县城。渝市所需大米大多来自江津、合川、叙府、江安、安溪等地。③ 1940年12月12日，全国粮食管理局召集各产米区县长会议，决定各县应供应重庆食米数量，18个县合计每月供应重庆253000市石。④

5. 平价米供应与局部统购统销

1940年5月，重庆成立了平价粮食品办事处，专门负责平抑重庆的粮价。⑤ 平价米供应首先于1940年12月在陪都重庆市开始试行，

---

① 贝幼强：《重庆之粮食管理》，《财政评论》1941年第5卷第6期，第93页。
② 王洪峻：《抗战时期国统区的粮食价格》，四川省社会科学院出版社1985年版，第63页。
③ 周勇：《重庆通史》（第三卷·近代史·下），重庆出版社2002年版，第1139页。
④ 《战时物价特辑》，中央银行经研处编印，1982年，第53页。
⑤ 王洪峻：《抗战时期国统区的粮食价格》，四川省社会科学院出版社1985年版，第138页。

以后陆续推行各地。① 平价米的供应范围包括党政机关公务员及其家属、教职工及其家属、住校学生、抗战军人家属、贫苦市民每人每月有两市斗米，五岁以下幼童每人每月一市斗米。由于当时米价陡涨，依靠固定工资的工薪家庭的生活压力与日俱增，甚至入不敷出，实行平价米政策有利于稳定政局，缓和矛盾。1941年3月22日全国粮食管理局公布了《重庆市民粮食供应统购统销规则》。② 这个规则规定了凡来重庆的粮米，都应该报到登记，由重庆粮政机关统一核定与管理。这有利于官方统一管理，使程序合法化，有利于打击黑市，稳定粮价。

6. 打击囤积居奇

1940年3月15日，蒋介石给川省秘书长贺国光等的手令中指出："根据近日成都米价陡涨，确系奸商大贾囤积抬价居奇，诚堪痛恨。应急查明存量，作有计划之平价销售，务使平民生活，不受影响。"③ 1940年12月底，国民政府对于在重庆市实施取缔囤积，提出以下几点意见：（1）所有商店行号、凡各个私人，如囤积各种粮食与重要日用品者，统限于1941年1月26日以前，尽量售出。（2）前项粮食与食品，如在此期限，不自动出售，又不实报登记者，即作囤积居奇论罪，除将粮食没收外，并照军法严惩，决不宽带。④ 1941年5月12日，国民党政府公布《非常时期违反粮食管理治罪暂行条例》。据《非常时期违反粮食管理治罪暂行条例》，按照囤积居奇的罪名处罚的有：不是经营粮食业或者商业的人购买粮食用来囤积并且最后盈利者，经营粮食业的商人不遵守规定出售粮食的，粮户或粮商有剩余的粮食却不出售的。另外，按照囤积的数量没收全部粮食并判处拘役乃

---

① 陆大钺：《抗战时期国统区的粮食问题及国民党政府的战时粮食政策》，《民国档案》1989年第4期，第101页。
② 同上书，第102页。
③ 周开庆：《国民川事纪要》，台北：四川文献研究社1972年版，第139页。
④ 《战时物价特辑》，中央银行经研处编印，1982年，第50—51页。

至死刑，公务人员和军警营私舞弊，从严治罪。随后，又成立"重庆经济检查队"，其主要任务是暗查粮食违法案件。

7. 实行议价限价政策

1940年6月，重庆市分别实施了设立专卖局，颁布《限制物价办法》，实施议价平价限价等措施。1942年12月20日，重庆市社会局规定一些重要民生必需品重新议定价格；1943年4月11日，重庆市政府规定米煤等8种主要日用品继续限价。① 其实，在国民政府西迁重庆后，一面积极充裕物资，一面采取统制政策，如统购统销、田赋征实、专卖、平价限价等措施进行管制。国民政府实行田赋征实、统购统销政策也在为议价限价提供保证。国民政府只有辅助一些政治手段，其经济手段才能充分保证，使国民政府的粮价管制得以继续施行。

（五）战时重庆粮价管制的效果

重庆在经过一段时间的粮价管制政策的推行实施，在物价水平、社会心理、人民生活以及国民经济的发展上都起到了一定的效果。

1. 在物价水平上，在实行粮价管制之前，粮价指数已大大超出国统区整个物价指数。② 可是国民政府实行粮价管制后，则粮价指数与物价指数相持平，保持一定的规律，总体上整个物价指数与粮价指数相协调。据统计，1941年粮价指数高于物价指数的城市有重庆、成都等很多市县。到了1942年这一年，粮价指数高于物价指数的城市只剩三个城市了，从1942年7月开始，粮价指数就降到物价指数以下，这种改观是明显的。从1942年年底，各地物价指数与粮价指数则与实行粮价管制之前完全相反，粮价指数明显低于物价指数。如

---

① 中国人民政治协商会议四川省重庆市委员会文史资料研究委员会编：《重庆抗战纪事：1937—1945》，重庆出版社1985年版，第212页。
② 陆大钺：《抗战时期国统区的粮食问题及国民党政府的战时粮食政策》，《民国档案》1989年第4期，第103页。

重庆，若 1936—1937 年这一年的物价指数为 1，那么 1942 年物价总指数为 51，而粮价指数仅为 36.8，从这里就可以明显看出粮价指数与物价指数的变化。从这个变化也可以看出，实行粮价管制是有成效的，它保证了粮食供应的稳定，不致使粮食价格过高，让人们和军队没有饭吃，这有利于整个国家的正常运转，有利于调动广大人民的积极性，争取抗战的胜利。

2. 在社会心理上，重庆作为当时的战时陪都，实行粮食管制有利于稳定国统区内的军心、民心，使抗战能够取得全国的胜利。抗战时期，战争频繁，人心浮躁恐慌不安。粮食价格起伏波动，且在一段时间里粮价上涨迅速，人们对粮食生产的价格抱有悲观心理，粮价稍有波动，人们便认为饥荒来临，争先恐后地囤积粮食，市场上的粮食便减少，因此逐渐形成囤积居奇之风气。大公报 1940 年 12 月 27 日曾对社会心理影响粮价有这样的评价："心理恐慌，俨如鬼影，越害怕，越逼真，患了这种病，有也是无，多也是少。"[①] 抗战时期，由于战争的影响，粮食生产运输比较困难，人民多是吃了这一顿没了下一顿，人们对于饥饿是恐慌的。人们追求的是自保的心理。商不商，工不工，人们没有积极进取的上进心。因此，陪都重庆实行粮价管制，有利于解决粮价陡涨之势，解决人们和军队的粮食问题，有利于社会安定、人心稳定、军心团结、士气高涨，为抗战胜利提供巨大的精神动力。

3. 在人民的生活上，陪都重庆实行粮价管制，使社会各阶级人士的生活有所改善。"粮食为人们的生活必需品，但和其他的必需品相比弹性较弱。粮价高涨，对于固定收入的工薪阶级来说压力显得较大，他们依靠固定工资去支付生活中的所有开支，随着粮价上涨，工资固定不变，他们的生活必将遇到瓶颈，如食不果腹。"[②] 为了获得

[①] 于登斌：《重庆市粮价变动之原因及其影响》，《财政评论》1943 年第 10 卷第 4 期，第 118 页。

[②] 同上书，第 119 页。

更多的经济来源，他们日益劳作，一些公职人员甚至贪赃枉法，徇私舞弊，给国家造成极大的损失。实行粮价管制如平价米面、公粮，有利于帮助这些人改善和提高生活质量，解决他们所亟须解决的问题。对于一般劳动者来说，他们的工资较战前有所增加，但粮价的高涨使他们挣扎在饥饿线上，他们多无法维持基本生活。陪都重庆实行粮价管制，工厂、公司实行生活津贴或米贴办法，改善他们的生活。对于农民来说，粮价上涨，农民收入也相应增加，但由于农民在丰收时将粮食以低价卖给囤粮者，待到粮价高涨时农民也用高价买回自己所需的粮食，从这里可以看出，农民并不是粮价上涨的受益者。总体而言，重庆实行粮价管制，使人民生活有所改善。

4. 在国民经济的发展上，抗战时期，粮价上涨，影响国民经济的发展与资源的分配，如在工业方面，由于粮价上涨，工资也被迫勉强上涨，工业的生产成本就会加重，商品的出口售价大多受政府控制任意增加或减少。因此，工厂未必能够获利。加上原料昂贵，运输困难，工业生产在很大程度上是亏本经营。因此，粮价上涨使工业资本逐渐萎缩。重庆实行粮价管制，对于解决工业资本萎缩有一定的促进作用，在国民经济的发展上有一定的辅助支撑作用，使国民政府在当时的艰苦环境下继续坚持抗战。

综上所述，抗战时期重庆的粮价管制对平抑粮价，稳定人民的生活有一定的积极作用，在物价水平、社会心理、人民生活以及国民经济的发展上都起到了一定的效果。

六 抗战时期四川农业推广

1937年抗日战争全面爆发后，中国东部广大的富庶地区相继被日军占领，导致中国农业发展受到极大破坏。在抗战的大背景下，农业成为支持前线抗战和保证大后方人民生活的重中之重而受到当政者的重视，国民政府及地方采取了相应的措施，积极发展农业，增加农作物产量。特别是对抗战时期陪都重庆所在的抗战后方基地四川省非常重视，在农业改良和农业推广方面投入较大，成效也较为明显。

（一）抗战时期四川的地位及农业改良的基础

抗战时期，由于四川位于中国腹地，日本军队一时难以深入，受战争影响较小。而相对于其他地区而言，川省在地形、气候等方面具有一定优势。早在民国初年，蒋介石曾上书孙中山时指出："四川人口众多，物产丰富，人民富于革命精神，勇于创新，若能以四川为革命的根据地，就更能使革命早日成功。"[1] 1935 年 8 月，蒋介石在峨眉山发表演讲时再一次提出："四川远处西陲，形式天成，估计当时敌人的实力，绝不能深入到四川来，因此本人仍认为四川为抗战唯一的根据地。"[2] 1937 年 10 月 30 日，国民政府迁都重庆，使川省的地位和作用更加突出。

而近代以来，为增加农业产量，农业推广和改良受到川省当局的重视。1902 年，清四川总督设立农政总局，各县设立农务局。1908 年以后，川省先后成立农务总会和各州农务总局，"据统计，迄 1911 年计有农业试验场 74 处，各试验场注意试验和改良种子，劝业道将外国种子分类说明，给发试种"[3]。1922 年，四川省军阀刘湘设立四川省中心农事试验场。1936—1937 年，四川省政府先后设立家畜保育所、蚕丝改良场等九个农事机构。1938 年 9 月 1 日，四川省政府将战前设立的九个农业机构改组为四川省农业改进所，专门负责从事对川省农业的试验研究、改进与推广等事业。至此，四川省的农业发展

---

[1] 温贤美：《四川通史》（第七册），四川大学出版社 1994 年版，第 150 页。
[2] 李俊：《抗战时期四川省农业改进所研究》，硕士学位论文，四川大学，2007 年，第 4 页。
[3] 同上书，第 3 页。

逐渐走上正轨，为抗战爆发后四川的农业推广奠定了基础。

（二）四川省成立农业改进所，主持农业推广工作

1935年四川省废除防区制，统一政治，成立四川省政府。1936年3月10日，四川省政府设立家畜保育所，"办理畜种改良，病疫防除，血清制造等事宜"①。1936年春，"先就南充县设立蚕丝改良场，从事栽桑养蚕之改良指导工作"②。1936年春，川省府建设厅与"四川省农学院合作，就成都办理稻作试（验）场，以谋改良品种，增加生产"③。随后，国民党中央稻麦改进所加入合作，并将其改组为四川省稻麦改进所。1936年3月，于遂宁县筹设四川省棉作试验场，并于各重要棉产区域设立分场，进行棉作改良。1936年6月，川省府建设厅与四川大学农学院于内江县城外西圣水寺合组成立四川省甘蔗试验场，进行蔗种改良、引种及蔗作指导的推广等事宜。随后继续成立四川省第一林场，并于1937年成立四川省农林植物病虫害防治所、四川省园艺试验场和四川省林业试验场。九个农事机关，在其成立后，共同"致力于实验研究及推广工作，对本省农业改进已树立相当基础，并收得改进实效"④。但"农业改进事业之推进，经纬万端，俟求各部门有效之发展，必需要统一计划，齐一步骤，密切配合，协调并进，始可收最大值成效。欲达此项之目的，非有健全统一之机构不为功。自七七事变发生以后，省府为加强农业行政效率，增加农业生产以适应抗战需要计，特调整全川农业机构，于二十七年九月一日（1938年9月1日），将原有之九农业机关，一律归并成立本所，统筹办理全川农业改良事宜"⑤。

---

① 四川省政府：《四川省政府公报》1936年第41期，第60页。
② 四川省政府：《四川省政府公报》1936年第59期，第42页。
③ 四川省政府：《四川省政府公报》1936年第4期，第59页。
④ 四川省农业改进所：《川农所简报》1941年第3卷第9—10期，第4页。
⑤ 同上。

1938年9月1日,四川省农业改进所正式成立,委任赵连芳为第一任所长,所内设秘书室、食粮作物组、病虫害防治组、农业化学组、工艺作物组、蚕丝组、森林果木组、农业经济组、垦殖工程组、畜牧兽医组。所外设棉作、甘蔗、蚕丝、林业等十大试验场以及岷江林管区、四川省蚕丝推广委员会。1942年川农所改组,将原十组改为农事组、林务组、畜牧组、农业经济组,将原相关附属机构改为稻麦、畜牧、甘蔗、棉业、园艺、林业六个改良场,设立农事试验场等。其工作人员由成立时的300多人,发展到1941年的1300多人,改组后人员有所缩减,到1945年抗战结束时仅600多人。其主要工作是对川省农业进行试验研究、改良和推广,涉及农林牧副渔,包括良种美法、化肥农药、病虫害防治、耕作制度和方法等诸多方面。同时创办《川农所简报》进行宣传。其内容主要来源于川农所各组的各项试验结果,相关人员的农业报告,以及相关良法的推广等,面向川农所及各督导区、各县推广所等的工作人员,对川省农业发展起到了很好的推动作用。

(三) 战时四川农业推广的措施及成效

1937年抗日战争全面爆发,东部富庶地区相继沦陷,导致中国的农业经济损失严重,据相关统计,"仅1937—1938年,全国粮食种植面积损失38%,产量损失22%;棉花种植面积损失达70%,产量损失68%;烟叶种植面积损失32%,产量损失33%"[①]。1938年9月1日,川农所的成立,在一定程度上弥补了这些损失,同时对川省的农业做了一个整合与统一,在原有农业改良的基础上,进一步促进了川省农业的发展。下面主要对水稻和小麦的试验、推广及成效作逐一论述:

---

① 董长芝、李帆:《中国现代经济史》,东北师范大学出版社1988年版,第15页。

1. 进行稻种改良试验和推广，提高粮食产量

川省食粮作物，以水稻和小麦为主。川省水稻生产，"据抗战以前中央农业试验所之调查估计，川省水稻种植面积，在三千八百万至四千万亩之间，居全国第二位，仅次于粤省。产额在一万四千万担至一万八千万担之间，亦居全国第二位"①。1938年9月，川农所成立后，即对川省稻作进行试验。并以四川本省的稻种进行试验选种为主。此项工作早在1936年稻麦改进所时期便已展开。1938年9月1日，川农所成立，将原稻麦改进所合股归并为食粮作物组。其增加水稻产量的工作，首先进行的是对川省水稻品种的检定，其目的主要在于：（一）求短期内获得良种，以供就地推广；（二）分区试验，选优去劣，化繁为简；（三）迅速纯化各地良种，以增高育种效率；（四）明了稻作生产环境，以定考入方针。1939年年初，川农所"依照本所规定之《检定地方稻作品种纲要》，就主要稻米生产各县农家原有之水稻品种，分期调查采集样本，详细试验研究，倡导农民普遍种植，以期增加产量，划一米质"。②并于1940年年初颁布了《四川省农业改进所食粮作物组水稻品种检定督导办法》。据统计，到1939年年底，经川农所试验检定之品种"甚多，其中尤以筠连粘、合川托托黄、隆昌红边钻、崇宁铁杆谷、宜宾竹桠谷、郫县大叶子、夹江白叶子、井研白叶钻、开江巴州谷等成绩最为优良。"③ 1940年年初拟定《二十九年度水稻良种推广实施计划》，将试验研究所得优良品种在川省成都区、眉山区、宜宾区、江津区、涪陵区、万县区、内江区、南充区、绵阳区九个推广区包括40个县份进行推广试种，推广面积共计7630市亩。到1940年年底，川省推广种植改良稻种"共达二万五千八百余亩，平均增产自百分之五至百分之十，共增产稻谷七

---

① 李俊：《抗战时期四川省农业改进所研究》，硕士学位论文，四川大学，2007年，第21页。
② 四川省农业改进所：《川农所简报》1939年第11期，第24页。
③ 四川省农业改进所：《川农所简报》1940年第15期，第17页。

第三章 战时各地解决粮食问题实践与成效

千一百余担"。① "到1941年,共检定53县区,计询问调查品种4238个,在调查所得的20个优良品种中,直接比较大量推广的有:都江玉、巴州齐、富锦黄、竹桠谷及嘉陵雄五大品种。五大优良品种,其适宜的地区各有侧重,如都江玉适宜于川西种植,巴州齐适宜于川东种植,富锦黄适宜于川北种植,竹桠谷适宜于川南种植,嘉陵雄适宜于川中种植,如此东南西北中皆有良种可以推广,以解决不用的风土问题,而这些良种的增产也从3.5%至25.41%不等,但皆较本地土种为优。"② 同时,川农所鉴于"川东南各县盛栽之早中稻多在七月底或八月初成熟,收获后即蓄冬水,土地利用殊不经济,故拟提倡再生稻,即于收获时,留稻椿一尺至一尺五寸使其复生,并加以中耕、施肥或治虫□处理,期待二次收获,同时并不妨碍冬季蓄水。据试验结果,可以增加产量平均百分之一五"③,其实际每亩再生稻产量为20市斤至94市斤。1939年,川农所"推广保育再生稻二万四千四百余亩,平均增产百分之十五至百分之二十,共增产稻谷一万九千八百余担,廿九年扩大举行,共推广二万九千七百余亩,增产情形,视地方而异,据抽查结果统计,共增产稻谷一万八千四百余担,两年共增产稻谷三万八千二百余担"。④ 1941年年初,川农所在《三十年度食粮增产实施方案中》,制订了"在下川东及川南等县,推广再生稻二十万亩"⑤ 的计划,同时制定了《三十年度推广再生稻实施办法》,对三十年度再生稻的推广作了具体的规定。据统计,1941年,全川推广再生稻有登记之面积总计达264391余亩,但有收获亩数却达281315余亩,共收获再生稻计约20676062市斤。1942年,全川计划

---

① 四川省农业改进所:《川农所简报》1941年第3卷第1期,第4页。
② 李俊:《抗战时期四川省农业改进所研究》,硕士学位论文,四川大学,2007年,第24页。
③ 四川省农业改进所:《川农所简报》1939年第11期,第24页。
④ 四川省农业改进所:《川农所简报》1941年第3卷第1期,第4页。
⑤ 四川省农业改进所:《川农所简报》1941年第3卷第5—6期,第22页。

推广再生稻20万亩。为了充分利用耕作间隙，川农所又进行对双季稻种植的试验和推广。其好处主要有："（1）增加产量。廿九年测定产量结果，每亩增收百分之六十三；（2）避免八、九月间雨水最多时收割之损失（单季稻多于八、九月收获）；（3）早稻有晚稻之依靠，晚稻因早稻之吸收肥力，均可减少倒伏；（4）调节劳力（单季稻工作忙时，亦即旱作工作忙时）；（5）输入米质优异之晚稻；（6）减免水旱灾害之几率。"① 其工作早在1937年稻麦改进所时期就已经在"成都、绵阳、合川、泸县等所属总分场，及与温江、资中、永川、乐山、宜宾、遂宁等六农校合作，分别进行。"② 1938年9月，川农所将"双季稻示范"作为一项基本计划列入稻作的实验和推广工作中去。1940年，川南示范双季稻成绩异常优异。1941年，川农所"拟在泸县、合江二县，示范间作双季稻二千万五百亩"③ 的计划，并在《三十年度食粮增产方案》中正式确定下来。1942年，川农所在民国三十一年度事业计划中，拟定1942年在全川推广再生稻种植面积8000亩。据统计，到1942年年末，川农所实际在宜宾、合川等四个县份示范和推广种植双季稻14亩，在泸县、江津等六个县份示范推广种植10550余亩。"三十三年在川东南、荣昌、江安、纳溪、长宁、泸县等二二县推广双季稻，共一三三，四一七，三三市亩。三十四年省粮增团与本所合作办理，计在巴县、江北、江津、合江、泸县等十县推广面积为六，九七九，八市亩。"④

在抗战期间内，川农所通过检定和推广水稻优良品种，推广再生稻和双季稻种植等积极措施，达到川省水稻增产之目的，一方面保证了川省所有人口在抗战期间的正常饮食；一方面，对从东部沦陷区西迁进来的团体、学校、工厂、难民等起到了积极的接济作用，保证了

---

① 四川省农业改进所：《川农所简报》1941年第3卷第2期，第19页。
② 四川省农业改进所：《川农所简报》1941年第3卷第5—6期，第13—14页。
③ 四川省农业改进所：《川农所简报》1941年第3卷第1期，第52页。
④ 四川省农业改进所：《川农所简报》1944年第6卷第9—12期，第2页。

其工作的正常运转和生活。同时，取得稻作增产的四川省也积极向抗战前线输入粮食物资，对前线物资的供应起到了积极的支援作用，保证了抗战前线对日作战取得胜利和增强了人们取得抗战胜利的信心和决心。

2. 进行麦作试验，积极推进麦种改良和推广

"四川省食粮作物，除水稻外，小麦为主要食粮之一，栽培分布全省，为冬季作物之冠。据中央农业试验所民国二十年、二十四年之估计，平均计有一千五百余万市亩，占全省总耕地面积百分之十七，年约产麦三千一百万余市石，居全国第六位。"[1] 而且在川省历年的食粮作物推广中，也以小麦的推广成效最好，其次为水稻。此情形无疑是另一个食粮增产的途径，减轻了川省作为抗战建国根据地的压力。

川省小麦作物的改良和推广工作，在前稻麦改进所时期便已展开。经过稻麦改进所对川省麦种的实验和引种实验，"麦种繁殖，可增加百分之十一至二十"[2]。1938 年 9 月 1 日，川农所成立后，川省小麦推广被并入食粮作物组主办，并主要围绕引种展开，包括省外种和国外种，主要有从南京引进的金大二九〇五号种，从意大利引进的落霞种、中大矮立多种和中大二九一四种，从浙场引进的莫字一〇一五号种，从澳洲引进的"川福麦"种，包括成都光头麦种等。1938年，川农所在全川推广金大二九〇五号麦种。全年共推广 24175295 余亩，共收获 7000 余石种子。但金大二九〇五号麦种在川省最适宜种植的是川北地区，对于其他地区如成都平原，虽能种植，但并不适宜。而经过川农所试验研究得出，最适宜该地区种植的小麦品种是"落霞"，又称中农二十八号，其"原产意大利，系中央农业试验所、

---

[1] 四川省农业改进所：《川农所简报》1944 年第 6 卷第 9—12 期，第 56 页。
[2] 四川省政府：《四川省政府公报》1938 年第 103 期，第 2 页。

中央大学、金陵大学三机关所引进，"① 品种优异，产量较普通土种高约23%。因此，1939年全川同时小范围推广种植落霞品种，并于1940年开始大范围种植。1939年，全川共有十九个县份推广金大二九〇五号麦种，总面积十万余亩。1940年，川农所制定颁布了《四川省推广优良小麦办法大纲》《四川省农业改进所小麦推广特约示范农田办法草案》《四川省农业改进所食粮作物组小麦推广督导办法》，将川省的小麦推广以制度化的形式确定下来，计划"在川北等三十五县推广金大二九〇五小麦八万八千余亩；在华阳等八县示范落霞六百余亩"。② 除此，川农所在合川、渠县和宜宾等三个县区推广"美国玉皮"号麦种15000亩，浙场"莫字一〇一五"号麦种1000亩。1941年，川农所在《三十年度食粮增产计划实施方案》中，拟定在全川试验推广金大二九〇五、落霞、美国玉皮和莫字一〇一五号四个麦种共计50万余亩，同时制定《四川省三十年小麦良种推广实施计划草案》加以保障。1941年秋，川农所在三台、绵阳等42个县份推广金大二九〇五、落霞、莫字一〇一五号、光头麦四个品种，共计305000余亩。根据统计，从1938年川农所成立到1942年年底，全川共推广改良或引进的麦种面积达50万余亩。1943年，川农所计划在全川推广金大二九〇五、落霞、光头麦等六大品种2500余亩。1944年，川农所拟在川推广金大二九〇五号、落霞等五大品种共58万余亩，计增产约1480万市斤。据统计，从1937年9月到1944年年底，川农所"先后动员工作人员八十余员，推广县份由三十余县扩至七十余县，推广面积由一千余亩增至二百万余亩"③，实际增产达七十余万市石，各年份具体推广如表3-12所示。

---

① 四川省农业改进所：《川农所简报》1941年第3卷第2期，第24页。
② 四川省农业改进所：《川农所简报》1941年第3卷第1期，第27页。
③ 四川省农业改进所：《川农所简报》1944年第6卷第9—12期，第55页。

表 3-12　　　　　　四川省历年来小麦推广成效表

年度	推广品种	推广面积（亩数）	增加产量（市斤）
1937	金大二九〇五	2308.83	19580.17
1938	金大二九〇五	33925.77	148906.10
1939	金大二九〇五	90599.18	27716134.32
1940	金大二九〇五 中农二十八	88640.63	3093914.60
1941	金大二九〇五 中农二十八 光头麦 莫字一〇一五	305316.91	2897715.66
1942	金大二九〇五 川福麦 美国玉皮 中农二十八 中大矮立多 中大二四一九 光头麦 莫字一〇一五	504764.30	17425653.40
1943	金大二九〇五 川福麦 美国玉皮 中农二十八 中大矮立多 中大二四一九 光头麦	560565.71	23594671.48
1944	川福麦 美国玉皮 中大二四一九 中大矮立多 金大二九〇五 中农二十八 光头麦	582333.25	14813496.67
总计		2168454.58	89710072.4

资料来源：四川省农业改进所：《川农所简报》1944 年第 6 卷第 9—12 期，第 58、59、60、61 页。

在抗战期间，川农所对川省小麦进行试验研究，改良和推广，经过七年的努力，到抗战结束时，川省小麦的种植取得了十分显著的成效，既支持了前线抗战，又保证了川省人民正常的生活生产。同时为川省后期麦作生产奠定了良好的基础。可以说，在抗战期间，四川省农业改进所对川省麦作进行的工作具有十分重要的意义。

总之，四川省由于其特殊的地理位置及其优越的地理环境，在抗日战争的特殊背景之下，被赋予了作为抗战建国根据地的重任。而在抗战时期，粮食问题是关乎人民的生活和生命安全及支持抗战之根本，所以，四川省的农业发展受到全国人民的关注。1935年川政统一后，其农业问题被提到日程上来，从1935年四川省政府的建立到1938年8月，四川省政府先后建立九个农业机构，对川省农业进行试验、研究及推广，并获得相当规模的成效。1938年9月1日，川省合并九个农业机构，成立四川省农业改进所，并着手对川省水稻、小麦及其他农作物进行改良和推广，实现川省农业增产。到抗战结束时，川省稻作、麦作等增产收到十分优异的效果，对保证川省人民的生活，支持前线抗战，完成抗战建国大任起到积极作用。同时，其对农业改良的经验、措施等对抗战时期的其他省份以及现今农业的发展提供了良好的借鉴，以期实现作为农业大国之中国的伟大复兴。

第四章　战时粮政管理人物与粮政机构

"民以食为天""饥馑之年，天下必乱；丰收之年，天下太平"，这足以说明平时粮食的重要性，至于战时，它的重要性更十倍于平时，所以古语也说，"兵马未动，粮草先行"。1937年7月抗战全面爆发，同年年底国民政府迁都重庆，1938年武汉会战期间，中央驻武汉各机关再次西迁，是年12月蒋介石率军事委员会大本营也由桂林飞抵重庆，与此同时，还有大量的学校、企业、研究机构等内迁；大规模人口迁入，使西南等城市人口增加不少，如重庆一地，人口就增加了3倍，军公教等各类人员粮食需求大增，由于粮食库存量减少、粮食管理存在很大的不足，便发生了粮食危机。而日军的不断进攻致使国民党政权的空间活动范围愈加狭小，加之日军对重庆等地的轰炸，使粮食生产运输亦受到极大影响，因此西南上空弥漫着紧张和焦虑。面对粮食危机，国民政府通过组建粮食管理机构，加大粮食生产，促进农业推广，强化粮食管理等措施来保障军粮民食的供需。

抗战初期，国民政府利用农本局、平准购销处来解决粮食问题。农本局成立后起初主要的工作围绕流通农村资金和调整农产运销而展开，农本局着力于农业仓库和合作金库的建设，举办各类农产贷款。1938年年底，政府要求经济部兼管的农本局承担储运军粮任务，购销大米以维持米价供应。为稳定物价，1939年12月经济部制定并公布了《日用必需品平价购销办法》和《取缔囤积日用必需品办法》，希望各级政府积极地自行办理购销，并取缔囤积，以平定物价，经济部设立了平价购销处。1940年3月18日，经济部召开粮食会议，拟具十二条平定粮食及日用品价格办法。然而农本局及平准购销处职能架构并不能满足解决粮食问题的实际需要。于是，乃有全国粮食管理局的成立。

1940年8月1日，全国粮食管理局在重庆成立，内设行政管理处、业务管理处、财务处及秘书室、研究室等，卢作孚任局长，何廉、熊仲韬、何北衡三人担任副局长。卢作孚任职全国粮食管理局期间，着手从组织架构与制度建设、筹办四川军粮民食、召开全国粮食会议等方面推进粮食管理。在派售余粮、平抑物价等方面，卢作孚试图以经济手段，采取平缓办法来推进粮食工作，他更多的是从市场角度出发，措施平稳，兼顾各方利益。虽然卢作孚在川粮筹办方面取得了成效，然而就全国而言，粮食管理还有许多问题需要去解决。

为加强全国粮食管理，提高粮政机构地位，国民政府于1941年4月即筹划将全国粮食管理局改组为粮食部，随后7月1日正式成立粮食部，当时的财政次长徐堪被特任为部长，直至抗战结束。粮食部在徐堪的主政下，相继通过田赋征实、征购和征借以调剂粮食供求，通过加强运输、仓储建设、办理积谷来保障市场，同时还与农林部等机构协同推进粮食增产工作。应当说抗战时期粮食部有效地执行了国民政府的粮食政策，基本解决了粮食供应问题，为安定社会、支持抗战做出了一定的贡献。

当然，为适应战时粮食问题的解决，提高管理效能，粮食部机构职能也处在不断调整之中。如1941年7月设立粮政计划委员会。1943年1月，粮食部的主管业务再作调整，为加强管理全国粮食生产配给事宜，增加粮食生产事务，新设增产、调节两个司。为简化机构、集中事项，1943年4月将各省粮政局与田赋管理处合并改为田赋粮食管理局，直接隶属于财、粮两部。1945年3月，将田赋征收归粮食部专管，财政部田赋管理委员会改隶粮食部，粮食部将其改为田赋署。

为加强全国农林行政事务，1940年7月国民政府在经济部农林司的基础上成立了农林部，设有农事、林业、畜牧、农村经济和总务等司，后下设粮食增产委员会和垦务总局。1945年时将粮食增产委员会与农产促进委员会合并改组为农业推广委员会，并在各地设立农业推广的分支机构。不过整体而言，农林部的几任部长似属国民党政权安插或排挤人员的闲职去处。如首任部长陈济棠，再如沈鸿烈，以及盛世才等人，显然可知，农林部的工作难有较为明显的成效。

为保障战时需要，往往存在一些机构叠加，政出多门的现象。如抗战初期，行政院自身还计划成立一个促进农业生产的机关，随之1938年5月建立了农产促进委员会，孔祥熙任命穆藕初为主任，主要负责全国农业推广事宜。1938—1943年，穆藕初本着"费小、速效、实惠及于农民"的主旨，通过密切联系中央各涉农机关，协助各省落实推广事业，在架构农业推广组织、重视基层农会及农民利益、训练培养农业人才及推广手工纺织等方面都有一定的建树，农业推广取得了不小的成效。农产促进委员会先是隶属于行政院，1942年3月被划归农林部。当时在中央层面的涉农机构较多，如地政司、中央农业实验所、农本局、农林司、四联总处农业金融处等。应当说农产促进委员会权力不大，职位不高，加上费用不多，人才缺乏，受各种因素牵制，农业推广事业深入不够。

客观而论，抗战时期为解决粮食问题而推动的一系列建设，围绕"抗战必胜、建国必成"的宗旨，是整个国民经济建设运动中最主要的一环，不仅仅对农村农业问题有所解决，一定程度上也推进了西部地区社会经济的发展。

整体而言，抗战以来，国民政府当局对于粮食问题极为重视，不仅设立了专门的粮政机构，而且还在农村金融、农业实验、技术推广等方面进行调整。如1938年在汉口召开的金融会议中，就规定了相关农村金融政策，如要求设立农产仓库，增加农产、农田机器、水利计划等项借款，农民可以凭借存仓农产进行抵押借款，并兴办农业仓库，进行移民垦殖，实施农业教育。值得一提的是，在战时粮食问题的解决过程中，一些农学人才得到国民政府的重视和使用，如邹秉文、董时进、乔启明、钱天鹤、谢家声、沈宗瀚等人。

本章主要围绕卢作孚与全国粮食管理局、穆藕初与农产促进委员会、徐堪与粮食部三个方面来进行论述，通过不同时期粮政机构的设立、解决粮食问题所做的诸多努力、粮管人物的作用等，展示了抗战背景下国民政府迎难而上、与时俱进，坚持抗战的决心及成效。

全国粮食管理局是国民政府最初解决粮食问题的专门机构。1940年8月在重庆成立后，即起用在四川素负众望的卢作孚任局长。卢作孚（1893—1952），重庆市合川人，近代著名的爱国实业家、教育家、社会活动家，1925年创办的民生公司是中国近现代最大和最有影响的民营企业集团之一。卢作孚因在实业界踏实能干而受到国民政府高层重视，1935年时曾出任四川建设厅厅长，后任四川粮食调整委员会主任，1938年1月又被任命为交通部次长。应当说卢作孚对战时后方四川等地情况较为熟悉，并且与四川、重庆等地绅商关系密切。当然战时粮食问题首要解决的便是四川、重庆等地。全国粮食管理局直接隶属行政院，卢作孚统筹粮政机构建设，依托基层与民间力量进行层层管理，通过市场法则，在四川筹办军粮民食方面取得了一些成效；然而其权力有限，未能真正有效推进对全国粮食的管理，因此全国粮食管理局存在时间不到一年便被新设立的粮食部取代。

为加强粮政机构的地位，通盘筹划各省粮政关系，1941年4月国民政府即开始考虑将全国粮食管理局改组为粮食部，随之7月1日正

第四章 战时粮政管理人物与粮政机构

式成立粮食部，特任徐堪担任粮食部部长。徐堪（1888—1969），四川省三台县人。早在1907年即加入同盟会，曾先后任中政会财政专门委员会主任、四联总处秘书长、财政部次长等职。国民政府任命徐堪为部长，主要是其人深得蒋介石、孔祥熙信任。战时粮政工作重心在四川，徐堪也是四川人，并且对粮政工作有自己的见解和考虑。

粮食部主掌全国粮食行政事宜，主要任务为征收征购、运输存储、供应分配等。徐堪任职粮食部直至抗战结束，可以说在徐堪的主政下，战时粮食问题大体上得以解决，并且粮食部还先后邀请农林部、农民银行及水利委员会等机构开展联席会议，推进各级增产机构与粮政机关之配合，以便保证粮食的生产、运输、仓储与管理的协同一致。

当然战时粮食问题的解决，不仅在于粮管机构的成立，更为重要的是从根本上推进粮食增产，举凡在稻麦改良、肥料使用、病虫害防治、小型农田水利工程修建、增产贷款、移民垦荒等方面，都需要多管齐下，齐头并进，在这诸多相关机构建设与具体工作中，农产促进委员会机构的建立与工作就值得一提。

农产促进委员会早期直接属于行政院领导，国民政府任用穆藕初为主任。穆藕初（1876—1943），上海人，早年曾留学美国，学习农学、纺织和管理等，回国后创办纱厂，组织上海华商纱布交易所，在业界颇有名气，由于穆藕初是农学专业出身，因此曾出任过实业部中央农业实验所筹备主任。穆藕初任农促会主任一职从1938年直至其1943年9月去世。

穆藕初认为农业推广的实施，首先需要健全机构与制度，因此随之建立了从中央以至省县专门负责计划农业推广之机关，负责督导推动或实地办理农业推广事务。穆藕初重视基层农民利益，一些措施往往从农民的方便和利益来考虑，并且多是依托农会来组织农民。农业推广，需要专门的人才去实施，因此农促会既培养高级人才去设计并督导全国农推事业，也注重训练基层人员。应当说在穆藕初的领导下，农促会成立后在农业推广与增产方面取得了不少成绩，有效地为战时粮食问题的解决提供最为基础的保障，当然穆藕初在树立农业推广机构、密切联系中央各涉农机构、协助各省农业推广事业的开展等方面也是取得了不少成绩。

战时粮食问题的解决不仅仅是停留在高层重视上，更为重要的是进行相关机构建立和制度设计，从而因地制宜、统筹规划，无论是粮食生产、运输、仓储、分配等，还是粮食管理、粮政宣传、人员培训、组织建设等都需要具体予以解决与实施。回望历史，不管是全国粮食管理局、粮食部还是农产促进委员会等粮政机构的设立，不管是卢作孚、徐堪还是穆藕初等粮管人物，都在这场全民抗战历程中留下他们的痕迹与风采，当然也在战时粮食问题的解决上写下他们的智慧与丰碑。

一　卢作孚与全国粮食管理局

卢作孚（1893—1952），重庆合川人，民生公司的创始人，近代实业家、教育家、社会活动家。1940 年 8 月国民政府为解决粮食问题设立了全国粮食管理局，卢作孚任局长。对于卢作孚任职全国粮食管理局的研究，仅有台湾学者简笙簧，他认为卢作孚意在将自由买卖的粮食市场，纳入全国粮食管理局建立的管理机制，但蒋介石不愿放手让其处理，结果未能解决高粮价问题。简笙簧还对卢作孚筹办军粮做了较为详细的叙述和评价。这里将进一步探讨卢作孚就任全国粮食管理局后的具体举措，并分析其与蒋介石粮食管理主张的不同及原因。

（一）全国粮食管理局的设立

抗战爆发后国民政府及各机关先后迁往重庆，与此同时大量的学校、企业、研究所等机构内迁，重庆人口增加了3倍。1938年年初日本制订计划轰炸重庆，此后数年未曾中断。武汉沦陷后宜昌成为军事后勤交通枢纽，对西南大后方至关重要，然而1940年6月该地失守。以上诸种因素加剧了后方粮食问题的紧张。

1939年四川粮食获得丰收，成都米价一时大跌，四联总处、农本局等机构收购囤粮，奉派到各地视察囤粮的四联总处孔雪雄认为政府购囤促成粮价上涨，"去冬以来，粮价之步步飞涨，与造成畸形民食恐慌之现象，原因固甚多，然屯粮空气似亦不无影响"①。对于重庆、成都等地米价高涨，蒋介石的侍从唐纵认为"军阀、官僚、地主、资本家，故意囤积，致激民变"。②

为稳定物价，1939年12月经济部制定了《日用必需品平价购销办法》和《取缔囤积日用必需品办法》，希望各级政府积极自行办理购销。为维定物价，经济部还设立了平价购销处。其实，粮食管理起初是由农本局办理的，粮价高涨促使"越来越多的各省代表和重庆的私人机构向中央诉苦，并来到农本局要求向市场投入足够的大米与市场竞争"。而农本局"一无资金，二无人手，三无政治权力"，控制粮价已超出该局职责范围，米价的不断上涨，农本局总经理何廉认为并非仅仅供应不足，"而是由于通货膨胀"③。成立的平价购销处实际上并无有效工作开展，仅负指导监督之责。

重庆等后方城市因粮食库存量急剧减少发生了粮荒。1940年3月14日成都发生抢米风潮。3月16日蒋介石严令执行紧急处置办法，"渝蓉各地米价飞涨"，"似此情形，显系有大户奸商，囤积居奇，藉端抬价"。当天下午蒋介石又召见四联总处等机关，命令停止执行丰

---

① 张守广：《卢作孚年谱长编》（下），中国社会科学出版社2014年版，第857页。
② 公安部档案馆编著：《在蒋介石身边八年——侍从室高级幕僚唐纵日记》，群众出版社1991年版，第144页。
③ 何廉：《何廉回忆录》，中国文史出版社1988年版，第168—171页。

· 191 ·

收囤粮计划，并将已经收囤的粮食随时出售，以达平抑粮价的目的。①3月18日，经济部召开粮食会议，拟具十二条平定粮食及日用品价格办法。②四联总处亦拟订平定物价办法，但这些措施均未见成效。粮价仍在飞涨，蒋介石要求经济部部长翁文灏、四川省政府主席张群、四联总处秘书长徐堪等人切实拿出解决粮食问题办法，言称"吾人必须以最大之决心，及不惜资金之牺牲，以求迅速确实之彻底调整"。③

不难看出，已有的农本局、平价购销处难能解决问题，设立新的粮政机构，加强粮食管理已非常必要。4月30日孔雪雄向四联总处建言，各地购粮委员会及粮食管理处责任不专，办理松懈，宜设立中央粮食管理局。④5月25日，四联总处秘书处向当局建议设立中央粮食管理局，"以打破对过去粮食区域封锁之恶习，使粮食生产有无相通，供求平衡，非省县所得而私"⑤。7月11日，张群召集卢作孚、黄炎培、俞飞鹏、林虎、吴国桢、何廉等人会商粮食管理具体办法，经讨论决定设立各级粮政管理机构，实行军粮统筹，加强粮食市场管理。

对于全国粮食管理局设立的缘由，卢作孚在1941年2月全国粮食会议上说，"全国粮食管理局成立的时候，恰值四川粮食问题在最紧迫的阶段，那时因为宜昌失陷，省内又逢歉收，粮食因而发生极大的困难。四川是陪都的所在地，而敌人就在四川大门口，前方有大批的作战部队，问题的解决亟为迫切"⑥。1940年8月1日，全国粮食管理局在重庆成立。

---

① 张守广：《卢作孚年谱长编》（下），中国社会科学出版社2014年版，第851页。
② 同上书，第852页。
③ 同上书，第861页。
④ 同上书，第856页。
⑤ 同上书，第859页。
⑥ 凌耀伦、熊甫：《卢作孚文集》，北京大学出版社2012年版，第397页。

（二）卢作孚采取的粮食管理措施

全国粮食管理局成立后，首要问题就是进行组织架构和制度建设，工作重心是解决重庆等地粮食危机，卢作孚始终将精力放在四川粮食问题的供求方面，并通过召开全国粮食会议，明确政府粮食政策，推进全国粮政工作。

1. 组织人事架构与相关制度建设

全国粮食管理局内设行政管理处、业务管理处、财务处、秘书室及研究室，其中行政管理处主管粮食调查统计、粮价平准、指挥监督协调；业务管理处主管粮食生产运销仓储；研究室负责征集粮食产销盈虚、粮食加工改良、粮食市场改进等各种材料。卢作孚出任局长，何廉、熊仲韬、何北衡三人分任副局长。

卢作孚此前曾任四川建设厅厅长、四川粮食调整委员会主任、交通部次长，踏实能干，朴实刚毅，在四川素孚众望。选择卢作孚作为局长，蒋介石的考虑就是借助卢作孚在四川的威望和影响。何廉认为卢作孚"在四川省很有名望，通过他，我们可以得到四川士绅们的支持，我和卢作孚没有正式的分工，但实际上卢作孚的主要责任是对外联系，尤其是和四川士绅打交道"。[①] 何廉任职农本局时，工作重心自1938年年底已调整到控制粮食方面，"首先是储备军粮，要农本局承担购储军粮任务。其次是购销大米，维持米价供应居民"[②]。"由于我有粮食管理方面的经验，同时由于做粮食采购和分配工作的人多来自农本局，我的责任更多的是经营管理。"[③] 也就是说何廉之前已做了不少粮食管理工作，并取得相应成效，因此被任命为副局长。熊仲韬，重庆行营管理处处长、军需总监，此人主要是协助卢作孚负责军

---

① 何廉：《何廉回忆录》，中国文史出版社1988年版，第188页。
② 同上书，第167页。
③ 同上书，第188页。

粮筹措。何北衡，长期与卢作孚共事，深得卢的信任，一些具体粮政工作往往交其落实执行。

各省设省粮食管理局，隶属于省政府，设局长1人，副局长1—2人，下设总务、管制、粮情、会计室四个科室。各县设粮食管理委员会，隶属于县政府，以县长为主任委员，聘请士绅佐治，一般设委员9人。当然由于各省各县情况不同，具体组织规程细则亦有所不同。

全国粮食管理局成立后，卢作孚立即拟具公布《全国粮食管理局组织规程》《四川粮食购运处简章》《全国粮食管理局粮食管理纲要》《管理粮食治本治标办法》《粮食管理紧急实施要项》《省粮食管理局组织规程》等办法。

在《全国粮食管理局粮食管理纲要》中，卢作孚较为详细地拟定了粮食管理的具体办法，他从粮食管理原则、管理机构、管理事项、粮食储备、粮食动员、市场管理六个方面考虑。[①] 应当说在卢作孚的制度设计中主要采取经济手段来派售余粮、平抑粮价，体现出市场自由、公平交易、稳步推进的特点。1941年6月全国粮食管理局还制定了《粮食消费节约实施要项》，主要内容是：禁止用粮食酿酒制糖、提倡食用糙米粗面、限制以粮食饲养牲畜等。

大体说来，在卢作孚主管粮政期间，四川的各级粮政组织架构已初具规模，而其他各省与中央联系不多，并且很多省份相应的组织机构仍不完备。在制度建设方面，颁布了相关粮政法令，然而有的只停留在纸样文章上，没有落实下去。

2. 筹办四川军粮民食

四川军粮民食的解决是卢作孚工作中的重中之重，为弄清实情，卢作孚上任后不断到各地调研，"他以最迅速的行动，对粮食供应情况做了全面的调查了解，在一个多月内，先后调查了12个专区中的

[①] 张守广：《卢作孚年谱长编》（下），中国社会科学出版社2014年版，第872—875页。

30多个县"①。他发现粮食供应不上的原因，很大程度上是运力不足。

为解决运输问题、加强川粮管理，1940年9月1日四川省粮食购运处在成都成立，9月3日国民政府派嵇祖佑为四川省政府粮食管理局局长，何乃仁为副局长。9月6日，全国粮食管理局公布《管理四川省粮食办法》《四川省粮食调查暂行办法》。9月25日，卢作孚拟定的《四川省粮食管理局购运粮食办法大纲》公布，就购运主管机关、购粮对象、购粮价格、购粮现款等方面做了详细规定。

由于各地自行阻关封仓，中央各机关部队派员下乡囤购，粮户期待粮价继续上涨而不肯出售，且粮商有囤积牟利之举，粮价依然高居不下。11月10日至12日，卢作孚主持召开重庆区粮食会议，议定解决军粮采购与民食问题的三项办法：①提前一个月完成军粮购运事项；②严禁各地封仓堵关；③川省民食由各生产区分别统筹供应。

蒋介石对筹集军粮极为重视，多次召见军委会后勤部部长俞飞鹏，要其拟定采购军粮办法，经与卢作孚讨论决定采取摊购方式。为保障按期完成，卢作孚督促四川粮食管理局集中精力筹办购运军粮，提出运粮的"几何计划"，就是将处于偏僻地区的粮食，首先用人力运送到邻近的公路或水路边上的一些特定的点集中起来，然后再用汽车、板车或船只，将集中起来的粮食转运到重庆周围以及各个交通要道上的粮仓中，这些集中粮食的点和地区是卢作孚对着地图思考，经过计算而来。②为实施这一计划，卢作孚动员了大量的人员和运输工具，农民们用肩挑背扛将成千上万吨粮食从偏远农村运到指定地点，仅在巴中地区就动员了30万人运输粮食。

1940年年底，全国粮食管理局提前一个月完成军粮购运任务，在四川102个县共筹办军粮450万石，卢作孚对此成绩表示满意。③

---

① 卢国纪：《我的父亲卢作孚》，人民出版社2014年版，第271页。
② 同上书，第272页。
③ 张守广：《卢作孚年谱长编》（下），中国社会科学出版社2014年版，第901页。

1941年1月16日,卢作孚对征购军粮、捐献军粮及管理粮食三个方面,各县办理成绩优良者,开具名单呈文蒋介石请求奖励。

在民食解决方面,除按《管理四川省粮食办法》实施外,1940年12月全国粮食管理局拟定了《各县供应重庆市及疏建区粮食办法实施纲要》,卢作孚还在《四川省政府管理全省粮食暂行办法大纲》中提出谋求粮食开源节流的办法,即由四川省农业改进所提出冬季食粮作物增产计划;限制粮食酿酒数量;禁止以粮食熬糖。[①] 1941年3月22日,全国粮食管理局快邮代电四川省政府,要求通饬各县加强粮食管理工作。4月28日,卢作孚再次要求中央选派大员督促四川省府采取紧急措施,彻底推行粮政法令。

对于四川的粮食工作,1941年2月卢作孚在全国粮食会议开幕词中有所回顾,全国粮食管理局成立后,"工作侧重于四川,统购了廿九年全年的军粮。当时人民心理本来不免恐慌,政府复大量购买军粮,愈发感受刺激,纷纷存积,各县各乡镇又先后封仓阻关,消费区域的民食,遂发生恐慌,增加了粮食问题的严重性,于是不得不回头来做民食的准备,经过很大努力,才算把各地的封仓阻关现象打破,同时又以各大消费市场为中心,划分供需的区域,严格督导进行,力求四川的民食问题,得到解决"[②]。应当说在四川粮食统筹方面,卢作孚取得了很大成效。

3. 召开全国粮食会议

为统筹全国粮食产销储运,调节供需关系,卢作孚决定在重庆召开全国粮食会议,电令各省粮食管理局书面提出具体意见,准备相关材料,以备讨论军粮供应、各省民食管理、省际粮食调剂等办法。1941年2月20日,全国粮食会议正式召开,到会共有17个省的粮食管理负责人及中央各部会代表百余人,收到提案94件,分为粮食行

---

① 张守广:《卢作孚年谱长编》(下),中国社会科学出版社2014年版,第879页。
② 凌耀伦、熊甫:《卢作孚文集》,北京大学出版社2012年版,第397页。

政、粮食运济、粮食增产、粮食制度共 4 组。

卢作孚提出会议目的就是集合各方意见共同解决粮食问题，会议的使命"要从生产联络起，管理的本身工作，要自消费市场，以至于农村是极其复杂的事体。同时我们的机构，更要健全，乃能发挥管理的效能"。[①] 2 月 21 日、22 日，参会代表就相关提案报告进行了审议，24 日经讨论作出的决议有四个方面。行政组主要是围绕健全机构、严格管理市场、对粮源调查及控制、改良仓库及发起节约消费运动；运济组主要是粮食调剂、运输、资金及军粮筹办等，其中粮食调剂分为省际调剂和省内调剂，分别由全国粮食管理局和各省粮食管理局负责；增产组主要是增加粮食作物生产和实施农田水利工程；制度组涉及公营及管理人员经营、计工授粮、田赋征实、积谷问题、捐献军粮等。[②] 会议经过 6 天于 25 日闭幕，卢作孚对会议成果进行了归纳，要求各省互通情报，取得联络，并就今后的工作提出了若干要点。

全国粮食管理局成立后，卢作孚最初打算由正副局长分往各地巡视，以便明了各省的情况，据以制定切实的管理办法。但由于全国粮食管理局成立后，工作重心一直在四川，所以卢作孚未能抽出时间赴各省调研。应当说召集各省来重庆开会，便于汇集各地粮政情况，明确全国粮政主旨，有助于推进各省粮政工作。

（三）卢作孚的粮食管理思想及主张

由于卢作孚任职期间工作重心始终围绕筹办四川的军粮民食，这就需要面对当地粮商、粮户乃至地方势力。蒋介石要求严惩囤积居奇粮户，采取行政手段进行粮食统制。然而卢作孚深知四川政治复杂，

---

① 凌耀伦、熊甫：《卢作孚文集》，北京大学出版社 2012 年版，第 398 页。
② 张守广：《卢作孚年谱长编》（下），中国社会科学出版社 2014 年版，第 909—912 页。

他与蒋介石的思路不同，在粮食问题解决上主要采取经济手段，依托基层与民间力量，弄清粮源，以市场价格购运，并试图兼顾各方利益。

蒋介石、唐纵、徐堪等人认为必须实施粮食统制，以高压手段达到彻底控制，且蒋介石对短期内平抑物价期望甚高。1940年8月3日，蒋介石电令四联总处尽早购办军粮，否则"居室奸商，得以抢先囤积，操纵居奇，以致军民食贵"①。8月11日，蒋介石在黄山官邸召集临时粮食会议要求彻底控制粮价。② 同月唐纵日记中写道，"咸谓非惩办囤积居奇者，不足以平抑市价。闻重庆囤户甚多，委座下令缉捕"③。"我乃签呈委座，下令查封各囤户。"④ 8月28日卢作孚提出首先需要"查明各县乡镇所有民间存量及上年收获数量，管理重在各市场间之联络调查"。⑤ 9月6日行政院召集谈话会，讨论卢作孚拟定的《全国粮食管理局粮食管理纲要》，徐堪认为"办理不善，非酿成大乱不可"。⑥ 9月7日蒋介石电示，"所定办法，恐无效果"，"在此紧急生死关头，若不能除正统派自由贸易观念，则所谓管制者，必等于纸上谈兵，必误大事"。⑦ 9月11日蒋介石发表《告川省民众书》，表示粮价高涨不是粮食有没有的问题，而是卖不卖的问题，因此必须以最大决心对本省实施粮食管理。⑧

唐纵呈文蒋介石提出解决粮食问题的六点办法，主要内容是限期调查各地囤户，一律查封囤户仓库，要求粮食管理总局用公价收买囤

---

① 张守广：《卢作孚年谱长编》（下），中国社会科学出版社2014年版，第868页。
② 同上书，第869页。
③ 公安部档案馆：《在蒋介石身边八年——侍从室高级幕僚唐纵日记》，群众出版社1991年版，第147页。
④ 同上书，第153页。
⑤ 张守广：《卢作孚年谱长编》（下），中国社会科学出版社2014年版，第870页。
⑥ 同上书，第875页。
⑦ 同上书，第880页。
⑧ 同上书，第881页。

第四章　战时粮政管理人物与粮政机构

米和余米,并从速制定计口售粮实施办法。① 不过,唐纵对其六点办法的实施也有担忧,"查禁囤户,事恐不能行得通。何北衡他们本身便是地主,便不主张查封。何北衡曾作如是表示,如果查封,会出乱子,且无效果"。"我们的政策,依然放在资本家、地主、土豪劣绅基础上,米荒的基本原因,是无法解决的。"② 9月30日,卢作孚向蒋介石报告公价收买粮食困难情形,也即对唐纵的六点粮食统制办法进行驳斥。卢作孚认为不论从收购资金、仓储运输,还是加工调制、计口售粮及管理机构等方面均存在困难,粮食完全统制,问题多多。当然,唐纵对卢作孚的驳斥和自由买卖的想法并不认同,主张实行粮食统制,对于卢作孚将粮食运输放在乡镇保甲长身上,他认为也是不对的,"地方政治如此之坏,将来成效如何,尚不可知。惟米价之继续上涨,则可断言也"③。

卢作孚的解决思路在于弄清粮源所在,依托地方基层,从市场或粮户手中按市价购运,并加大运输执行力度,一定程度上可以说卢作孚试图避开与地主囤户利益的直接冲突。不过,对于粮价的继续上涨,实际上卢作孚并无有效的控制办法。对此戴笠分析认为,粮食管理机构"惟组织太不健全,人员既不敷分配,而又碍于情面,大体上只能做到征购军粮,而未能做到粮食管理,且征购军粮,采取摊派办法,亦极不公平"。④ 11月22日卢作孚在重庆市临时参议会上也提到,全国粮食管理局成立"为期未久,地方各级机关,尚未配备完成,先用力于排除粮食问题所有一切人为的原因,积极管理,间有未能发挥效能之处,以致未能立即将全局控制"。⑤ 11月25日行政院开

---

①　公安部档案馆:《在蒋介石身边八年——侍从室高级幕僚唐纵日记》,群众出版社1991年版,第153—154页。
②　同上书,第156页。
③　同上书,第164—165页。
④　张守广:《卢作孚年谱长编》(下),中国社会科学出版社2014年版,第896页。
⑤　同上书,第897页。

会讨论粮食管理办法，卢作孚提出了治本治标办法，他认为治本办法应查明各粮户、粮商、购粮居民各自确额，限令陈报余粮。治标办法主要落实到各县执行粮食的集中、运输及严令囤积。

蒋介石、徐堪等人认为粮价高涨主要来自囤积居奇，特别是一些地主大户，主张采取非常手段严惩囤户，立即拘捕。"又闻将派青年一千二百人查巴、江两县粮食，举动操切，恐多失当，动摇人心。"[1] 1940年12月23日前成都市市长杨全宇被执行死刑，据称调查其于9月伙同他人购囤小麦数百石。12月28日、29日，平价购销处处长章元善、中国国货联合营业公司的寿景伟、王性尧，还有农本局办理棉布粮食平价人员共10人被军统特务拘讯。

1941年1月2日卢作孚拜访翁文灏，卢作孚谈到"物价不宜骤平，必须信托主管，次第进行，中途偶有波折，不宜朝令夕改。现在求治太急，形势困难，故拟辞粮食局局长"。[2] 多年后何廉回忆，"每每回想起那些日子，我都深感不寒而栗"，"那些出席会议的人通常提不出任何建设性的意见，多数的情况是抱怨"，"委员长仍是发一顿脾气，并且几乎都是责骂那些负责向市场供应商品单位的负责人"。[3] 由于蒋介石对相关情报和建议无法深入了解，"常常是冲动地作出反应，而冲动和暴力只能引起更多的问题"[4]。

事实上，市场或农户手中确有存粮，种种原因推动粮价高涨。卢作孚认为应摸清粮源，组织粮商按市价公平采购，稳步推进粮食管理，兼顾各方利益，而非一味以行政手段来强压。不过，在粮食管理过程中，卢作孚依然触动了不少地方利益者。1941年5月25日，川康建设期成会第二届常务会上粮食问题讨论激烈，"事缘川绅士对粮食局卢作孚、何北衡所为多表不满"，"缘其中不少大田主。情形极

---

[1] 李学通、刘萍、龚心钧：《翁文灏日记》，中华书局2010年版，第523页。
[2] 张守广：《卢作孚年谱长编》（下），中国社会科学出版社2014年版，第903页。
[3] 何廉：《何廉回忆录》，中国文史出版社1988年版，第176—178页。
[4] 同上书，第187页。

复杂"。① 1941年6月川康绥靖主任的邓锡侯公开声称，要全盘解决粮食问题，"最好是准许大家公开囤积，奖励大家囤积"，"必须禁止的是居奇"。② 可以说确有地方豪绅从己利出发把持粮食，从而影响了粮食管理工作的推进。后来国民政府筹划成立粮食部，卢作孚推荐财政部次长徐堪担任，徐堪在被任命前，托熊式辉与卢作孚商议"四川粮食交四川省份自办"。③

卢作孚任职全国粮食管理局局长期间，试图以平稳方法来推进对粮食问题的解决，实难适应战时体制需要，而蒋介石等人过于将粮食问题解决的障碍放在地方囤户上，亦非完全符合实情的思考。客观而言，抗战时期的粮食问题实为棘手问题，一定程度上卢作孚推进了全国粮食管理工作，特别是在筹办四川军粮民食方面取得了很大成效。由于购运任务艰巨，卢作孚日夜操劳，终因患脉搏间歇症和肺膜破裂，卸任后即被迫回家疗养。全国粮食管理局存在时间不到一年，权力有限，加上粮食危机愈益严重，未能满足各方期待。为适应战时需要，国民政府决定改组粮食机构，于1941年6月撤销全国粮食管理局，7月1日正式成立了粮食部。

二 穆藕初与农产促进委员会

穆藕初（1876—1943），上海人，早年曾留学美国，学习农学、纺织和管理等，回国后创办纱厂，组织上海华商纱布交易所，在业界颇有名气。1938年5月农产促进委员会成立，穆藕初任主任一职直至1943年9月去世。对于穆藕初的研究，学界在不少领域已有较为

---

① 张守广：《卢作孚年谱长编》（下），中国社会科学出版社2014年版，第919—920页。
② 邓锡侯：《抗战八年之川康后防》，川康政府绥靖主任公署秘书处编印1946年，第39页。
③ 张守广：《卢作孚年谱长编》（下），中国社会科学出版社2014年版，第918页。

深入的探讨,在穆藕初与农业方面,不少学者对其农业教育、农本思想也有研究。[1] 围绕穆藕初任职的农产促进委员会来进行研究,通过梳理农促会的职能、工作及成效,分析穆藕初的农业推广主张及思想,进而对战时背景下农促会及穆藕初的工作作一评价,亦具有一定的学术意义。

(一) 农产促进委员会的设立及其宗旨

南京国民政府建立后,对农业问题较为重视,设置了相应机构,颁布了农业方面的政策与法规,一些农业专家在稻、麦、棉试验,兽疫、病虫害防治方面也取得了不少成绩。不过,"事实上真正的利益,直接达到农民身上的,似乎异常的渺少,并不能如政府所期望。最大的原因,就是这些工作的推动,仅到省为止。县政方面,则还没有认识和体念到政府的农业政策"[2]。抗战爆发后,国民政府迁都重庆,抗战的胜利在于持久作战,这就需要增加经济力量,如何促进农业生产,维持军民需要,就成为一个突出的问题。

1938年5月,农产促进委员会在汉口奉命成立,直接隶属于行政院。孔祥熙任命穆藕初为农产促进委员会主任。先前在国民政府成立后,1928年穆藕初曾出任过工商部次长和实业部中央农业实验所筹备主任。"中央更命我筹备中央农业实验所,和各筹备委员从事进行,不到两个月,即将计划拟定,设所办事。不料半年以来,经费没有着落,功亏一篑。后来政潮突起,孔部长辞职,我也隐退。"[3]

农产促进委员会的委员有21人,多为当时国内知名的农学专家,如邹秉文、钱天鹤、卜凯、谢家声、沈宗瀚等,还有经济部部长翁文

---

[1] 林刚、纪辛:《穆藕初、农本局与手工纺织业——略论农户经济与本土现代化》,《中国经济史研究》2014年第1期;洪认清:《穆藕初的农业教育思想》,《中国农史》2004年第4期;钟祥财:《穆藕初农业思想初探》,《中国农史》1990年第3期。
[2] 穆藕初:《穆藕初文集》(增订本),上海古籍出版社2011年版,第360页。
[3] 同上书,第256页。

灏、农本局总经理何廉也为该会委员。委员会下设总务、技术两组，分别负行政及督导、训练、宣传、计划、调查研究之责，其职责主要是统筹全国农业推广事宜。"本会既负担这种重大的使命，为实事求是起见，因为政府对于农业行政、农业技术、农业金融，都在积极进行，而且办理得都有良好的成绩。所以本会要避免事业的重复，即省人力和物力，先把促进中国农业生产的积极推动工作负担起来。但事实上前面所说的三个机构和本会都有密切的联系，是四位一体的。本会的工作范围，就目下的需要，是辅助经济部，洽商各省调整各省农业实验机构，树立各县农业推广组织，改进及发展各省的农会和合作社，调整各省农业金融机关，改进农村贷款制度及办法，计划扩充各省耕地面积，推进农业改良工作，改良农田水利，发展乡村交通和改进公共卫生，疏通积滞农业产品，防治兽疫及植物病虫害，提倡及协助乡村工业的经营，办理农村宣传和指导事宜。"[1]

农促会鉴于政府已有相关部门办理农业，因此将重点放在农业推广方面，为专事权而增实效，努力方向就是加强与中央各农业机关的联系，同时协助各地推广机构的设立。该会的工作路线，可以分为纵线和横线，"纵线是指从本会联系中央农业机构，经各省农业机构，转到各县农业机构，一直线的推动起来。横线是指由本会从旁推动各地和农业有关的组织，如省县农业学校、乡村农业学校、各地教会、合作社、农会等和其他种种的新组织"。穆藕初从经费和人手方面考虑，提出各省各县的农业机构，要集中人才，择要切实工作，如果计划切实扼要，本会即予援助。"切勿尚空谈，不管是一县、一区、一乡、大或小的区域内，只需以农民大众利益为出发点，不论是改良农业技术，或者是疏通积滞农产品，或者办理农村手工业和小工业，或者是组织合作社事业等，要是它的计划得合本会的上述宗旨，我们就

---

[1] 穆藕初：《穆藕初文集》（增订本），上海古籍出版社2011年版，第361页。

可以立刻把技术人才来援助，把经济力量来援助。"①

农促会为切实推进农业生产，为免去重复，因此需要利用农林司、农本局、中央农业实验所的原有机构，联系实际，协调促进。根据农业推广原则，该会规定工作如下："全国农业推广之督促指导及设计暨人员之训练；协助各省建立县农业推广机构；推广稻麦棉等作物之面积；推广农业优良方法、种子、种畜、肥料农具、防治病虫害及兽疫血清；增进农民知识技能；协助各级农会、合作社、农业仓库之发展及改进；提倡协助乡村手工业之经营；协助调整各地农村金融机构，改进农村贷款制度及办法；辅助中央及各级农业行政、农业试验、农业金融及农业教育机关之推进工作；其他农业推广。"②

农促会要处理如此多的业务，费用不多，机关不大，工作方法就很重要。实际上，农促会的工作方法和主旨就是，"尽量利用全国各省各地原来有的各式各种农业机关和农业人才，要他们把各省各地关于农业推广的各种详细切实的具体计划送到本会来，由本会技术组加以研究，只要该项计划确实有利于农民大众，而又有刻苦耐劳负责执行的人，本会便可尽力协助。缺少经费的，便赞助他们经费，缺少人才的，便帮助他们人才，务期以最少的钱，最快的时间，收最大的效果。因此本会这一个小小机关，便可以把各省各地的农业推广工作都推动起来了"③。

（二）穆藕初的农业推广主张及举措

1. 推广组织系统的建立

1938年5月农产促进委员会在汉口成立，8月迁重庆，12月增设驻成都办事处，聘乔启明为技术组主任。到1941年，工作范围已从

---

① 穆藕初：《穆藕初文集》（增订本），上海古籍出版社2011年版，第361页。
② 同上书，第392页。
③ 同上书，第393页。

最初的川、滇、桂 3 省，逐渐普及至川、陕、黔、桂、滇、湘、豫、浙、鄂、甘、康、闽、赣、粤、宁 15 省。其工作人员从筹集时的 3 人，增至包括各地主办事业在内 3 千人以上。① 应当说，农促会在不断与其他农业机关协作开展工作同时，自身的机构也得到了发展。

农业推广的实施，首先需要健全制度，能够达到中央以至省县，皆有专门负责计划农业推广之机关，分别督导推动或实地办理农业推广事务。1938 年 8 月穆藕初组织召集农业界人士开会，讨论《全国农业推广实施计划纲要》的制定，分组织、人才训练、推广业务、推广实验区、人员与工作之支配、推广经费各节。最终议定，全国农业推广事务由农产促进委员会督导，委员会下设总务、技术两组，其中技术组设主任一人，推广专员及督导员若干人，负责督导各省推广工作，训练推广督导人员，供给宣传材料，计划推广事业，调查推广效果及研究改进推广方法等项。农促会并与地政司、农林局、社会教育局、农本局、中央农业实验所及其他有关团体密切联络合作。

各省设农业改进所或农业改进处，下设农业实验处、农业推广处，各省建设厅会同有关农业推广事业机关，设立省农业推广协进会，为全省农业推广主管机关之咨询机关。农业推广之最要阶段，在于各县应集中人力财力建立统一推广组织，由于各县区域大小及经济情形等不尽相同，可以分别采取由省农业推广主管机关推动设立、由县政府推动设立、由农民团体等推动设立或由中央主管机关直接推动设立等多种方式。② 县农业推广组织按层级下设主任、农业指导员、助理指导员，通过农会联络农民。推广业务主要体现在农业生产和农业经济两方面。

应当说，要实行全国农业推广，必须有一个系统的健全机构，以

---

① 穆家修、柳和城、穆伟杰：《穆藕初年谱长编》（下卷），上海交通大学出版社 2015 年版，第 1164 页。
② 同上书，第 1173—1178 页。

便于协助各省各地农业工作的调整改进，训练推广人才，进而增加农产。农促会自1939年起已能较有规模地派遣技术人员分驻各省。

2. 重视基层农民及农会

穆藕初认为进行农业推广，最终落脚点在农民，要能考虑农民的方便和利益。同时在基础有效组织农民的方式就是依托农会，因此农会就成为农业推广的基础组织。

全面抗战以后，东部产米麦丰盛省份不断沦陷，遗留了不少耕地。为增加粮食产量，不少人士建议组织移民前往西南和西北边远地区垦荒。而穆藕初从实际考虑，认为在抗战的非常时期，"应该以办事快捷、费用小而收效大为原则，以整顿治安为前提"。他提出两个最简单的移垦办法，"一是要近。垦荒地带的选择不可太远，一般多主张边疆荒地，大量垦殖。但即使强迫移垦，而交通上的困难，费用上的浩大，时间上的浪费，收获上的不可期，都非今日环境所许，而须有待于承平时期。二是要肥。土地肥沃则收获量丰富，可事半功倍。荒地的肥沃与否，可以看荒地上野草的密茂与否为标准，不必待有关专家的费时考察，而且普遍各县都曾经调查，选择起来，非常便捷"。并且对于垦荒，穆藕初主张应以省为单位，由省督导各县政府负责去办。"中央酌拨经费，各县的荒地，尽先分配给各县当地的农户，某农户如耕种十亩土地而尚有余力者，县政府当局应设计就近选择荒地数亩令其负责耕种。"① 穆藕初提出的移垦办法是从农民本身便捷考虑的。

1938年10月9日，穆藕初出席战时经济问题座谈会，会上他认为农业推广不能只有规程，"要想推广农业，一定要使农民本身得到利益，然后方能收效。而过去的办法，所谓改进与推动，也就是头痛医头的方式，未能彻底进行"。对于组织合作社，他"希望各位从实

---

① 穆藕初：《穆藕初文集》（增订本），上海古籍出版社2011年版，第365—366页。

地研究，要从实际合作的各方面去看，比看起书本来是要好看。否则不从实际方面去参加研究，就是你们要和我合作，也许我不和你们合作了"①。

对于基层农会作用和农民利益，穆藕初一直重视，"本会年来尽力倡导以乡农会为农业推广之基层机构，良以农会为农民本身之组织，农业推广为农民本身之利益，利害一致。近来各地推行，日臻普遍。此为事业永久基础之所系，亟应加紧辅导农民，用蕲开展也"②。

穆藕初委任乔启明为技术组主任，并在成都设立办事处，以便其更好开展工作。对于基层农会，乔启明认为"农业推广主旨在改造整个农村，过去农业推广只有上级组织，省县以下无下层民众机构，以致无法推广，今日农村中虽有合作社等组织，然若不设立一个总组织，则推广主管机关，仍须与各组织分别接洽，而有许多方面缺乏现成组织的便无法推广。农会乃是代表农村的接受推广的总机构，凡有应推广事项都经过他去支配办理。应有的新组织也由他去推动，这样农业推广的效能才可以提高，困难也可以减少了"③。

3. 训练培养人才

农业推广，需要专门的人才去实施，因此农促会既需要培养高级人才，设计并督导全国农推事业，也需要注重训练基层人员，任重耐劳。以往农推人员多由各地自行训练，标准不一，缺乏通盘之筹划。因此农促会首先确定中央集中训练，然后中央制定训练标准，各地再依标准训练。训练对象有农业推广督导人员、农业指导人员、下级干部、战时农业推广服务团等，规定每班人数不得超过40人，时间不得少于6个月等。

对于农业推广人员的训练，农促会分别制定了《各级农业推广人

---

① 穆家修、柳和城、穆伟杰：《穆藕初年谱长编》（下卷），上海交通大学出版社2015年版，第1169页。
② 穆藕初：《穆藕初文集》（增订本），上海古籍出版社2011年版，第404页。
③ 乔启明：《乔启明文选》，社会科学文献出版社2012年版，第310页。

员训练纲要》《各省训练农业推广人员办法大纲》等具体的实施方案。就督导制度而言，实行分省督导、派员分各省实施督导、督促各省树立督导制度、组织农业推广巡回辅导团等。

对于某项事业农促会制订专项训练方案，如1940年3月为筹设棉毛纺织训练班，穆藕初由重庆去成都，草拟手纺织管理人员养成所、手纺织训练所计划等，计划设立训练所10所，每月可训练学工千人。农促会还与一些单位合办训练班，如1939年开始与金陵大学农学院合办高级推广人员训练班，补助四川省设立了66个县的农业推广所。广西、陕西、贵州等省也都积极训练推广人员，由农促会予以补助经费。①

穆藕初对于农业推广人员的培养在不同场合有系列的讲话，其中1940年5月，他在成都农业推广座谈会上讲演了农业推广人员的修养，指出推广是一种专门的学问和本领，关键在于推广人员的修养和努力，他认为作为一个好的推广员，应该具备主动性，需要以诚待人，要有责任心，应提高自己的亲和力，并且能有识人的方法。农业推广员分散各县"深入乡村，是否真正工作，只有自己知道。虽然推广也有督导制度，但其意义在积极领导发展事业，而非消极的考查勤惰，故平时工作，根本上毕竟仍靠推广员自身的尽职守分"。"推广人员的责任，较诸推销商更难，其人除了必须具有丰富的常识，更要有专门的学问和技术，但是推广人员的待遇却很微薄，故投身推广的人，要同信仰宗教一样，须有坚强的信念，抱着牺牲服务的精神，尽本分，成事业。"②

穆藕初考虑到，为使各地农业推广事业彼此联系，互相借鉴，需要随时沟通推广消息，这样便于随时发现问题，检讨利弊得失，自然亦有助于农业推人员提高其学识与经验，编辑出版了不少期刊、浅

---

① 穆藕初：《穆藕初文集》（增订本），上海古籍出版社2011年版，第394页。
② 同上书，第399—400页。

说、丛刊等。如 1939 年 8 月创办了《农业推广通讯》，作为农业推广人员交换经验、研讨问题的平台。自 1941 年起，举办全国农事通讯工作，编印浅显易懂的《推广画报》，以供各地农民阅读学习、了解农情。此外，穆藕初就任农本局总经理后，还创刊《农本副刊》，该刊物意在互通声气、交换工作经验。

农促会成立后至 1941 年，就其本身举办训练班来说，前后拨用训练费达 20 万元以上，举办了 40 个班，训练人数近 2 千人，分布各省，实地促进农业推广。①

4. 推广手工纺织

战时由于机械纺织厂遭到破坏，机纱来源减少，内地出现纱荒，直接影响后方军民衣被的需求。农产促进委员会注重衣粮生产保障，开始推广手工纺机，利用这种改良纺机，达到棉纱增产，农民增收的目的。七七纺织机系 1938 年 5 月起穆藕初在湖北、四川多方搜集各式土纺机，并得四川建设厅协助，亲自装置试验，历时 4 个月研制而成。1938 年 9 月，穆藕初与何北衡、何廉等发起成立四川省棉纺织业推广委员会，着手筹备原料供给，训练纺织技工，推广棉业实施等项工作。1939 年 3 月穆藕初以农产促进委员会主任和四川省棉纺织推广委员会发起人的资格，在四川棉纺织推广委员会上第一届技工训练班上讲演推行手工纺织的相关条件与要求，农促会酌予经费，扶助各省训练七七棉纺机或其他纺纱机之手纺工人。截至同年 8 月，各省设立手纺织训练所者，已有四五十处。

手工棉纺机短期内得以推广，原因在于农促会以多角形之训练推广方式进行，不集中于一地一隅。先设训练所训练学员，再由学员技工指导纺手。对于各地创办训练所及设备等费用上之困难，均力加援助，或补助资金，或补助机械，或派技术人员协助。为便捷仿造，穆

---

① 穆家修、柳和城、穆伟杰：《穆藕初年谱长编》（下卷），上海交通大学出版社 2015 年版，第 1267 页。

藕初本人将各机图样，详细绘出，印刷数千份，分送各方，刊行多种小册子予以技术指导。如穆藕初本人撰写的小册子有《改良七七棉纺机简易说明书》《解决棉纺问题（附答客问）》《推行手纺的六大条件》等。此外关于各地手纺织工厂及训练所之经营计划及预算编制，机械数量之配置，工场设计等咨询，农促会均随到随覆，加以指导，减少其办理上之困难。①

穆藕初改造纺织机的目的和希望是以最少的金钱，最快的时间，而产生最大的效果。七七棉纺机，少用钢铁材料，仿造便利，管理便当，包括清花机、弹花机、搓棉机、纺纱机、普通摇纱机、加捻度摇纱机、打包机和强力试验机共计 8 种。七七棉纺机的推广是从 1938 年下半年开始，依托四川省棉纺织推广委员会，作为四川省手纺推广的总枢。截至 1939 年年底各省已推广棉纱机 25959 架，截至 1940 年年底，已达 40559 架，其中四川一个省达 36297 架。1940 年年底已办训练所或训练班、合作社、示范厂等 132 处，毕业学员 281 人，技工 6404 人，辗转传习人数达 92480 人。②

当然各地因地制宜，对于推广其他土纺机，同样可得农促会补助，至于造纸、毛纺、制糖等，农促会也都在考虑如何改进制造，满足战时需要。

（三）农促会的推广成效及不足

1. 取得的成效

应当说农促会成立后，在穆藕初的领导下，各级农业推广机构的树立、人才训练、各类推广业务的展开、农业增产及推行乡村手纺工作等方面均取得了不少成绩。

农促会的工作范围由最初的川、滇、桂 3 省，逐渐普及于川、

---

① 穆藕初：《穆藕初文集》（增订本），上海古籍出版社 2011 年版，第 413 页。
② 同上书，第 412 页。

第四章 战时粮政管理人物与粮政机构

滇、桂、陕、黔、湘、豫、浙、鄂、甘、康、闽、赣、粤、宁十五省，在冀、鲁、苏三省战区亦有不少农业推广工作的开展。工作人员由最初的三人，达到三千余人。从1938年到1941年，共推广棉花230余万亩，水稻约1900万亩，小麦160万亩，马铃薯22000余亩，其他如大豆、小米、玉米、高粱等约55万亩。推广收益达78265954元。在病虫害防治、水利垦殖、畜牧兽疫、肥料、蚕桑、园艺、农村副业、特用作物、造林、棉毛麻纺织训练及推广、农业推广实验与调查等方面都有进展。[①]经费"动支七百余万元，增加收入几达二万万元。各省推广费用，据估计几居农业经费百分之九十"。农业推广事业由上层督导到下层的全面铺开，由过去的局部到全面，由以往的个别推广到集体推广。农促会特别倡导农会组织为农业推广对象的下层机构，倾力于乡县机构的普设与下级干部人员的培养，各省有的得到农促会的资金技术资助，有的认识到农业推广的重要性，已自筹经费，自办推广。[②]

穆藕初在1941年1月发表《促进农业生产之展望》，在食粮作物、工艺作物、外销特产、畜牧兽医、手纺训练与推广等方面均有成效，而川省成效尤著。以经费及效果而言，"二十八年经费为百万元，其中能以具体数字表示者，计补助各地39万余元，连同各省自筹59万余元，共增加农民收入达1560余万元，竟15倍于该项经费之金额。二十九年经费增至180万元，具体效果可资统计者，计补助经费占681519元，各省自筹约达3377614元，合计4059133元，农民获益共为36963002元，亦达经费总额之9倍"[③]。

1941—1943年共增产粮食21000余万市担。1941年度增产9000余万市担，1942年度增产7000余万市担，1943年度增产约5000余

[①] 穆家修、柳和城、穆伟杰：《穆藕初年谱长编》（下卷），上海交通大学出版社2015年版，第1266页。
[②] 同上书，第1254页。
[③] 穆藕初：《穆藕初文集》（增订本），上海古籍出版社2011年版，第403页。

万市担。就良种推广而言，抗战初期后方各省种植改良稻麦面积，不及5万亩，到1943年年底，已有改良稻550万亩，改良麦200余万亩。①

穆藕初作为农促会主任，从实际出发，身体力行，秉承孔祥熙提出的"费小、效速、实惠及于农民"十字方针，同中央各农业机关密切协作，督导各省各县落实农业推广任务，关注基层农会运作及农民利益，从而有助于农业推广并取得了相应成效。

2. 存在的不足

农促会肩负战时农业推广、促进农业生产之重责，穆藕初胸怀宽广，没有狭隘的部门意识，谋求同相关部门及机构的协作，穆藕初认为农业推广能够取得成效，"唯藉农业研究之成果，农业行政之便利，与夫农业金融之助力等等，而竭尽其协助发扬之功能。而省县为实际推动事业之单位，尤有赖于省县当局之精进努力"②。

事实上，从中央到基层，从四川到全国，举凡农作物良种、病虫害防治、肥料使用、蚕桑园艺、造林垦殖，以及健全机构、训练人才、培养农民智识等，农业推广包含内容甚多。农促会重在与各农业机关联络，协作促进，因陋就简，弥补不足。本会今后"自应尽其最大之努力，唯力量有限，所有机构树立，事业推行，不过等于砌造房屋，外形虽具，而如何充实设备，布置利用，则不能不寄其愿望于一切农事机关矣"③。

战时农业推广有所发展，但穆藕初认为还存在诸多问题，首先就是人才的缺乏。"到处感觉到农业人才的不够，这似乎反映着中国农业的进步，但我们细细究其实际，却看不出真正的进步在哪里"，问题主要体现为：机关无人才，农业机关纷纷设立，农业学校"粗制滥

---

① 穆家修、柳和城、穆伟杰：《穆藕初年谱长编》（下卷），上海交通大学出版社2015年版，第1264页。
② 穆藕初：《穆藕初文集》（增订本），上海古籍出版社2011年版，第403页。
③ 同上书，第405页。

造",杂凑毕业生充满机关,实际上真正的人才少,于是出现"抢人",事业往往因缺人而停顿。在训练方面,重量不重质,动辄训练几十人、几百人,训练时间又多,结果出来不能做事。计划庞大,不是数百万元,就是数千万元,没有考虑到政府财政困难,这种大计划的结果,无异是一种"蝗虫政策",浪费政府钱财。报章杂志上登载的农业文章,非常之多,但大部分仅为宣传作用,没有报告性质,没有实验所得,不合实际,瞎说空谈。①

再者经费方面,一直不足。虽然穆藕初量力而行,"唯经费补助,中央得视本身力量与事业需要,在原则上省方仍应自筹相当成数,而事业本身能直接生利,可得收入者,尤应力图自给,以策久远"②。穆藕初体谅政府财力困难,试图以少量经费来顺利推广农业,以达到费小速效。"二十七年四万六千元,二十八年一百万元,二十九年、三十年各为一百八十万元。经常费二十八年仅占总额百分之八,二十九年百分之六点六,三十年百分之十,且年有余款交还国库"。③ 不难想象,年度费用多的也只有一百多万元,还要补助陕甘宁边区生产费,作为承载全国农业推广重任的农促会,只能靠精打细算过日子,一些推广项目自然难以进行。

1941年2月农本局进行改组,穆藕初被任命为农本局总经理,农业仓库业务移交全国粮食管理局,专营棉花、棉纱、棉布购销供应等业务。穆藕初上任后,调整局内机构,业务上采取放花收纱,以纱换布办法,并积极推广手工纺织。1942年1月政府设立物资局,农本局归物资局管辖,穆藕初为副局长,仍专营花纱布的运储调整,平抑物价。应当说穆藕初自1941年2月就任农本局总经理至1942年年底因福生庄事被撤职查办这一段时间,业务重心已转向农本局,虽然其

---

① 穆藕初:《穆藕初文集》(增订本),上海古籍出版社2011年版,第407页。
② 同上书,第404页。
③ 穆家修、柳和城、穆伟杰:《穆藕初年谱长编》(下卷),上海交通大学出版社2015年版,第1265页。

仍继续任农产促进委员会主任一职，但其日常工作多围绕花纱布工作而展开，而1943年穆藕初几乎都在病中，直至是年9月去世。

农产促进委员会为适应战时农业生产需要，在农业推广组织架构、农业人才培训、粮食增产、农民智识提高等方面做出了不少努力。为避免工作重复，穆藕初本着"费小速效实惠及于农民"的工作方针，密切与各农业机关协作，借助各省力量，有效促进了农业增产。

客观而言，农产促进委员会先是隶属于行政院，1942年3月被划归农林部。当时在中央层面的涉农机构较多，如地政司、中央农业实验所、农本局、农林司、四联总处农业金融处等。1940年7月国民政府成立农林部，后设粮食增产委员会，1940年8月成立全国粮食管理局。应当说农产促进委员会权力不大，职位不高，甚至地位尴尬。

时任农本局总经理的何廉就认为"孔祥熙决定在行政院成立一个由他控制的新组织——农产促进委员会。它和经济部的农业工作是重复的，而且利用我们的农业工作方面的人员。这个委员会的领导人是穆藕初，委员会的成员包括中央农业实验所所长和稻麦改进所所长。换句话说，委员会的成员也就是我在内地赖以工作的人，利用我们的人员做一些和我们的工作重复的工作"。[1] 不难得知，一定程度上何廉与穆藕初存在关系上的张力，直到后来穆藕初又接任何廉农本局总经理一职。"1941年，当何廉因遭遇一个政治阴谋被解除农本局总经理职务之时，穆先生被指定继任此职务。由于何廉兄自1923年以来一直是我最密切的同事和朋友，而穆先生是我的恩师与学业资助人，这件颇为尴尬的事情由我居中调停，得以顺利解决。"[2]

人才缺乏、经费不足，却又肩负全国农业推广事宜，虽然穆藕初

---

[1] 何廉：《何廉回忆录》，中国文史出版社1988年版，第182页。
[2] 方显廷：《方显廷回忆录》，商务印书馆2006年版，第20页。

本着费小速效的原则,但农产促进委员会作为一个机构的权限不够,很多问题自然难以深入展开,即便如此,穆藕初从实际出发,量力而行,在树立农业推广机构、密切联系中央各涉农机构、协助各省农业推广事业的开展等方面还是取得了不少成绩。

三　徐堪与粮食部

抗战爆发后国民政府迁都重庆,军、公、教等各类人员需求粮食大增,粮价一时高涨,国民政府不断采取措施稳定粮价,平衡军粮民食的供需,然收效不大。为加强全国粮食管理,提高粮政机构地位,国民政府于1941年4月即筹划将全国粮食管理局改组为粮食部,随后7月1日正式成立粮食部,当时的财政部次长徐堪被特任为部长。学界不少学者如朱玉湘、金普森、陆大钺、陈雷、郝银侠等人或论文或专著对抗战时期的粮食问题有过探讨。但对粮政主管部门粮食部及其部长徐堪研究较少,通过对徐堪主政粮食部后采取的相关粮政措施梳理,分析抗战期间粮食部的主要职能、取得的成效及存在的粮政弊端,具有一定学术意义。

(一) 粮食部成立和徐堪任职

1938年年底,国民政府要求经济部兼管的农本局承担储运军粮任务,购销大米以维持米价供应。1939年四川粮食丰收,行政院指示农本局收购囤粮,结果刺激了米价回升。四联总处孔雪雄经过视察各地囤粮后,认为"政府大量购囤之空气,反先行宣传,往往足以促起粮价之昂奋",粮价飞涨与造成畸形民食恐慌之现象,与囤粮空气不无关系。[①]从1939年冬季到1940年夏季,农本局在重庆按政府控

---

① 张守广:《卢作孚年谱长编》(下),中国社会科学出版社2014年版,第857页。

制价格将大米投入市场，试图使市价下降。① 然而收效甚微，粮价继续上涨并引发危机，成都、昆明等地出现抢米风潮。

1940年8月全国粮食管理局成立，下设行政管制处、业务管制处、研究室、财务处及秘书室等机构。各省设省粮食管理局，隶属于省政府，各县设粮食管理委员会，隶属于县政府。整体而言，在全国粮食管理局存在期间，只四川一省有初步架构的组织，其他各省与中央联系并不多。作为全国粮食管理局局长的卢作孚，由于埋头于四川一省特别是重庆、成都等地的供粮，也无暇去其他各省推动粮管工作。"前全国粮食管理局时代，各省设有省粮食管理局，各县设有粮食管理委员会，此等机构，近乎独立性质，与省县政府关系并不密切，故对一切法令之执行，不易收效。"②

全国粮食管理局自1940年8月成立至1941年7月1日粮食部成立，存在时间近一年，主要工作内容就是派售余粮、平价配购、取缔囤积，卢作孚试图以经济手段，采取平缓办法来推进粮食工作，时任四联总处秘书长的徐堪对其方法并不认同，他认为卢作孚如办理不善，"非酿成大乱不可"③。徐堪认为应采用强硬手段，以行政命令方式去推动粮管工作。

粮食部成立后，徐堪履职部长直至抗战结束。徐堪，四川三台人，曾先后任中政会财政专门委员会主任、四联总处秘书长、财政部次长等职。国民政府任命徐堪为粮食部部长，一是其人深得蒋介石、孔祥熙信任；二是考虑到战时粮政极为重要的工作是在四川，而徐堪是四川人，有助于工作开展。

徐堪上任后首先对全国粮食管理局的组织机构进行改组。7月4日即颁布《粮食部组织法》，确定粮食部内部分工，并对各省各县粮

---

① 何廉：《何廉回忆录》，中国文史出版社1988年版，第167页。
② 徐堪：《粮食问题》，中央训练团党政训练班演讲录，1942年11月。
③ 张守广：《卢作孚年谱长编》（下），中国社会科学出版社2014年版，第875页。

食部门进行改组，明确粮食部的职责是办理军粮民食的收购、仓储、运输、调拨等事务，同时对于各地最高行政长官执行粮食部主管事务有指导监督之责。部下设总务、人事、军粮、民食、储运、财务六司和调查处一处。各省设粮政局，局长出席省务会议，本省粮政命令得以省府名义行之，各县设粮政科，这样便于利用省政府及县政府的职权，更有效地执行一切粮政法令。

粮食部设政务次长、常务次长各1名，分别为刘航琛、庞松舟。刘航琛，四川泸县人，曾为刘湘整顿税务并取得成效，后任省财政厅厅长，在四川与各地要人都有关系，因此徐堪又呈请政府任命刘航琛兼任四川粮政局局长，另任彭勋武为四川粮政局副局长，协助刘航琛。

对于各地粮政局，徐堪先后呈请国民政府任命一批地方粮政局局长、副局长，进行人事安排。如任命涂重光为重庆市粮政局局长、汪培实为河南省粮政局局长、张志俊为陕西省粮政局局长、李培天为云南省粮政局局长、黄述为西康省粮政局局长、黄铁真为广西省粮政局局长、胡铭藻为广东省粮政局局长、何玉书为贵州省粮政局局长、徐桴为浙江省粮政局局长、朱怀冰兼湖北省粮政局局长、胡嘉诏为江西省粮政局局长、林学渊为福建省粮政局局长、苏民为安徽省粮政局局长等。

（二）徐堪主政下的粮政措施

徐堪面对粮价高涨、粮食供应紧张这一现实问题，通过弄清米麦供应情形，拟定相应施政纲要，制定军粮民食的统筹办法。

徐堪上任伊始，即在不同场合就粮食问题发表看法，从粮食生产、征收、运输、仓储等环节提出了一系列解决粮食问题的主张。对于粮食问题，他提出计口授粮方案，并认为应当耕者有其田，并"重申孙总理以技术方法增加农产之遗教"，他"主张政府在各县设立仓库，储存余粮，以备将来之用，并主张禁止酿酒，以节省粮食"。徐堪又称"除在本年下半年实行以谷米完纳钱粮外，政府并决定以官方所定价格大规模收买粮食"，不过实行这一粮政措施的最大阻碍来自地主，其占"所产全部粮食之百分之六十至七十三，但彼此等仍不愿向政府输将"，而一般佃户之收入，皆不足以维持其生计。[①] 对于地主囤粮这一棘手问题，徐堪就任部长前，曾托人与卢作孚商议"四川粮食交四川省份自办"。[②] 应当说徐堪在主政粮食部期间，通过制定一系列措施，基本上解决了军粮民食的需求，其政策措施主要体现为以下几点。

1. 田赋实行"三征"

1940年9月，蒋介石就决定在四川实行田赋征实政策。1941年4月2日，国民党中央召开五届八中全会，会议通过《为适应战时需要，拟将各省田赋暂归中央接管，以便统筹而资整理》一案，该案决定把从1928年起划归各省征收的田赋重新收归中央征收，同时决定实行田赋征实政策。[③] 5月10日，财政部设立整理田赋筹备委员会从事具体工作。7月23日，行政院根据财政部拟定的《战时各省田赋征收实物暂行通则》，公布实施田赋征实政策，各省成立田赋管理处，一律征收实物。田赋征实工作由财政部、粮食部共同完成，经征、经收划分开来，经征主管串票制造及分发，由财政机关负责，经收由粮食机关负责，负责粮食征收集中与仓储运输等，1942年下半年经征经收合一，统由粮食部负责。征收实物的种类主要有稻谷、小麦、玉米、甘薯、豆类等。

田赋改征实物后，以原有赋额为折征标准，除东北四省及河北、察哈尔及新疆外一律实行（新疆于1945年起实行）。后来因为赋额有限，

---

① 《渝计口授粮证，业已印就，将由警察分发》，《申报》1941年7月24日。
② 张守广：《卢作孚年谱长编》（下），中国社会科学出版社2014年版，第918页。
③ 同上书，第915页。

加上征实出现困难，徐堪认为"尤其是关于获取佃主及商人所持有之余粮，彼等一向不欲以政府所定之价格将余粮售与政府，因政府所定之价格当较市场之高涨价格为低也"。① 为解决这一征收困难，政府采取以谷米定纳地税和发行粮食债券向谷主借谷，发给债券，许予两年后连同利息用谷米偿还。国民政府1941年8月公布定价征购稻谷办法，9月正式公布粮食库券条例，面额九种，分稻麦两类，"于是征实之外，另办定价征购，依各省当时需要，核定征购数量，参酌市场价格，付给一部分现金及一部分粮食库券。三十二年度后（本年十月一日起至次年九月底止为一个年度）改征购为征借，不发现款，避免通货膨胀，三十三年度并试办大户累进征借，籍以平均人民负担"②。

为有效推进田赋"三征"，使人们明了粮食政策之内容，粮食部特制定《各地粮政宣传实施办法》，主要任务是建立征收征购宣传网，拟定宣传要点、标语，准备宣传材料。其宣传要项为：解释田赋征收实物及征购粮食之意义及办法；说明政府管理粮食对人民正当利益固当之维护，对囤积居奇等违反粮食管理政策法令者，必严厉取缔，依法惩处；说明政府对于军粮民食之供应，均有绝对把握，以激励粮户粮商抛售余粮；宣传方式应结合当地情形，如利用广播电台，敦请党政首长及名流学者播讲，发动党员团员学生组织宣传队等。宣传手段可以采取请报章杂志撰写评论文章，发行粮食特刊，印刷标语或小型图画传单，请电影院放映粮政标语，等等。③ 此外，为报道各地粮政消息、指示储运加工技术、刊布粮管法规资料等，粮食部督导室还于1943年4月开始编印《粮政月刊》。

通过田赋"三征"，粮食危机得以化解，据徐堪报告称，从1941年至1945年，三征总共稻谷213321773市石，小麦46792286市石，

---

① 《粮食部确定计划》，《申报》1941年8月9日。
② 粮食部督导处：《粮政季刊》第二、三期（合刊），中央印刷所1945年版，第2页。
③ 闻汝贤、闻亦博：《中国现行粮政概论》，正中书局1944年版，第34页。

就来源来说，田赋征实所得最多，约占总额的52.5%，征购占24.5%，征借占23%。①

2. 调剂军粮民食，加强运输

1941年6月，徐堪走马上任前，曾向蒋介石呈报粮食部施政计划纲要，拟定了推进粮食统制的相关办法，以求军粮民食能够获得有效解决。

为严格各类人员的配拨，粮食部制定了一系列的法规，如军粮交接办法、公务员、党务工作人员、团务工作人员、国立学校教职业战时生活补助办法及细则，中央军事机关学校官兵战时生活补助办法等。对于军粮、公粮一般直接配发粮食，而对于一些民食需求往往以代金券的形式发放。分配米麦的原则为在产稻地发米，产麦地发麦，至于缺粮的地方，则按当时当地之粮价折发代金券，并且各省设公粮稽核委员会进行督办。

在具体实施过程中，粮食部将粮饷进行划分办理，"军粮按每人每日米二十四两或面粉二十六两发给。1941年本部成立后，增加为每人每日米二十五两或面粉二十六两，对各地区征实征借。缺粮之处辅以征购，接近战区之地，更以高价抢购，以免资敌。军粮而外，次为公粮，按人员年龄大小眷属有无，公教人员每人每月发给食米六斗、八斗、一石不等，工役人员则每人每月发给食米六斗，实施范围初限于重庆，后来扩展至全国"②。6斗、8斗、1石按年龄段来划分，25岁以下6斗，26岁至30岁8斗，31岁以上1石，当时配额为每人每月2斗，如果所领粮数超过其家庭人口所需食米数额，超过部分则发代金券。对于一些眷属领粮不足部分同样以代金券顶替。

为了改善士兵生活，优待新兵，1944年8月蒋介石命令趁农产丰收，发动大户献粮，初步定为2千石至3千万石，以纾国困。随后粮

---

① 《近代中国》第51期，近代中国杂志社1986年2月，第99页。
② 粮食部督导处：《粮政季刊》第二、三期（合刊），中央印刷所1945年版，第3页。

食部颁布《各省市大粮户之调查办法》，拟定细则，规定大粮户是指以业主所有自种或佃出田地合并计算在100市亩以上者。不过由于处在战事之中，各省难以有效推进，截止到1945年11月底，大户捐献实物仅达3246588市石，代金556464413元。①

粮食运输是一大问题，粮食部在各省设粮食储运局，各县设粮食储运分局，乡镇设粮食储运办事处并附设仓库。在战时，人力、畜力、板车、汽车、火车、帆船、汽船甚至飞机都曾作为运粮工具。粮食部成立后，为求解决粮食运输的困难，首先充实粮运工具，"由于运输困难，各地粮食不易输出之故。要想解决内地山乡运输问题，专靠汽车轮船不成功，非制造大量木船不可"②。辅助船户添置船只，优给民夫驮马工资与口粮，加强运输。③ 除在川江上添造木船外，一度还从美国订购汽车作为运输工具。

为保障军粮民食供给、平抑粮价，就需要加强市场管理，粮食部为此设立调查处，各地组成调查网，对粮情进行调查，以做到掌握粮食生产、存储、运输与分配。由于粮食调剂需要粮商来完成，1942年2月粮食部公布《粮商登记规则》，规定所有从事经营、购销、仓储、加工、经纪等业务的粮商一律登记，合格的发予执照，要求按月填具营业状况呈报。并"改专商为认商"，"兼采定价征购办法，使与田赋征实相辅而行，办理结果非仅军粮问题完全解决，且有余粮以为供应公粮、调剂市场、控制粮价之用，缺粮省份由中央拨粮周转，使盈亏均冲，不致感觉恐慌"。④ 同时健全粮食同业公会并管理粮食市场，严禁囤积操纵。为革除粮政弊端，粮食部还设立了督导处予以监管。

大体而言，粮食部通过各项措施解决了战时军粮民食的需求，如受军粮补给人数，"1941年度为425万人，1942年度为512万人，

---

① 粮食部督导处：《粮政季刊》第二、三期（合刊），中央印刷所1945年版，第4页。
② 凌耀伦、熊甫：《卢作孚文集》，北京大学出版社2012年版，第384页。
③ 粮食部督导处：《粮政季刊》第二、三期（合刊），中央印刷所1945年版，第4页。
④ 《粮食部徐部长堪报告该部最近工作》，《申报》1941年11月20日。

1943年度为546万人，1944年为681万人"①。各级公教人员食粮基本得到配发，余粮用以调剂民食，这些对于稳定人心，支持抗战起了重要保障作用。

3. 增建仓库，办理积谷，推进增产

在粮仓建设方面，之前农本局为促进农产运销，给小存粮户和佃农建立了一系列的仓库。"首先在粮食生产地区的乡村建立仓库，然后在集镇而后在大城市。"由于没有实际资金来建造仓库，就利用公共财产，如乡村中的祠堂、关帝庙、观音庙以及集镇的会馆或庙宇。最初的工作集中在乡村集镇，而在城市的仓库必须邻近水路运输。②农本局为粮食仓储做了不少工作。

田赋改征实物后，就需要改建、扩建、增建新的仓库，除拨款交各省就公共祠堂寺庙等改修为简易仓库外，在1941—1945年另外建了不少新仓。粮食部将仓库分为三类，即收纳仓库、集中仓库和聚点仓库，集中仓库一般设在水陆交通地点上，而聚点仓库往往作为粮食转运、军粮交拨及粮食消费地点而设。"三十一年度，对于集中仓库、聚点仓库，有计划建造；三十二年度，中央与地方分担办法，在重要交通地点、地方积谷处建仓。四年来，共计全国设仓地点达49800多处。"③战时仓库的修建，限于物力财力之艰难，有的仅勉强适应征购军粮存储之需要，至于收纳仓库，始终不足使用。还有不少仓库因陋就简，在粮食存储及除虫除湿方面不够理想。

粮食部成立后还推行积谷政策，一面清理各省从前积谷，一面积极推进新的积谷旨在救济备荒。粮食部一度曾计划，"三年以内，将全国积谷数额存到全国人口全部三个月以上的粮食需要"④。同时粮食部积极倡导节约粮食，限制米麦加工精度，禁止用粮食酿酒、熬

---

① 何应钦：《日本侵华八年抗战史》，台北：黎明文化事业公司1982年版，"附表十三"。
② 何廉：《何廉回忆录》，中国文史出版社1988年版，第148页。
③ 粮食部督导处：《粮政季刊》第二、三期（合刊），中央印刷所1945年版，第4页。
④ 粮食部督导室：《粮政月刊》，粮食部督导室编印，1943年4月16日创刊号，第8页。

糖、饲养牲畜。

粮食部主掌全国粮食行政事宜，主要任务为征收征购、运输存储、供应分配等，而 1940 年 7 月国民政府成立的农林部，内设粮食增产委员会等机构，负责统筹督导粮食增产，1942 年 3 月，又将隶属于行政院负责农业推广事务的农产促进委员会划归农林部。为推进粮食增产工作，1942 年 2 月粮食部发起邀请农林部合组两部粮食增产工作联席会议，嗣后因业务需要，又邀请农民银行及水利委员会两机关参加，截至 1945 年 4 月，先后共举行 22 次联席会议，在各级增产机构与粮政机关之配合、增产机关组织之健全等行政方面，在稻麦改良、肥料使用、病虫害防治、小型农田水利工程修建、增产贷款等技术方面，都取得一定的进展。[1]

（三）战时粮食管理的评价

抗战时期徐堪奉命组织粮食部，采取一系列的措施保障了军粮民食的供应。为解决战时粮食问题，提高管理效能，粮食部机构、职能也处在不断调整之中。如 1941 年 7 月设立粮政计划委员会。[2] 1942 年 9 月，撤销军粮、民食两司，其业务并入分配司，增设了管制、分配两个司，并将储运司改为储备司。1943 年 1 月，粮食部的主管业务再作调整，为加强管理全国粮食生产配给事宜，增加粮食生产事务，新设增产、调节两个司，裁撤人事、分配、财务与调查处，另将分配司划为调节司，管制司改为管理司。为简化机构、集中事项，1943 年 4 月将各省粮政局与田赋管理处合并改为田赋粮食管理局，直接隶属于财、粮两部，各县则组成县田赋粮食管理处。1945 年 3 月，将田赋征收归粮食部专管，财政部田赋管理委员会改隶粮食部，

---

[1]《全国粮食概况》，载张研、孙燕京：《民国史料丛刊》(538)，大象出版社 2009 年版，第 400 页。
[2]《粮食部设粮政计委会》，《申报》1941 年 7 月 16 日。

粮食部将其改为田赋署,① 以利事权统一。

粮食部成立后非常重视训练粮政人员,粮政人员来源途径一是通过招考,一是通过调训当时在粮政机关服务的人员。训练的人员共分七类,即粮食行政人员、粮食调查人员、粮食检验人员、仓库人员、加工及制造人员、运输人员、会计人员等。② 专业化的分工有助于粮食管理各个环节的把握,当时各地都进行不同类别的人员培训,并建立考核奖惩机制。

抗战时期粮食问题的基本解决与蒋介石的重视、各级粮政人员的努力有关,更与广大农民的辛勤劳作分不开。1946年3月徐堪在六届二中全会上说,"自三十年度起至三十三年度止,多数省区政府收入之粮勉强能应付军公粮之需要,不再在市场大量收购,且可略有余裕,用以调节民食供应市场,各地粮价确能收相当平稳之效"③。通过田赋征实及征购、征借,政府得以控制余粮,减少了现金支出,充裕了财政。

不过,在粮食管理的过程中,各方利益博弈,存在种种粮政弊端,对此徐堪也有清醒认识,"在征收则有擅改粮册、浮收勒索、吞没征粮、虚报征额;在仓储则有亏挪掺杂盗卖生息或原仓卖谷,易地购交,以侵吞运费及两地粮价差额;在加工则暗增成率,勒索回扣,串通或化名承包侵蚀赋粮;在运输则有克扣运费、挪用运费勒索船户;在船户则有倒卖粮食泼水掺杂,或竟于盗卖米粮以后凿沉船只讹报损失;在交接则拖延时日籍端需索,斗手秤手则使用技巧,重重弊端,不一而足"④。

---

① 粮食部督导处:《粮政季刊》第二、三期(合刊),中央印刷所1945年版,第3页。
② 闻汝贤、闻亦博:《中国现行粮政概论》,正中书局1944年版,第33页。
③ 秦孝仪主编:《抗战建国史料:粮政方面》(二),《革命文献》第111辑,台北:"中央"文物供应社1987年版,第93页。
④ 徐堪:《徐可亭先生文存》,台北:徐可亭先生文存编印委员会1970年版,第162页。

第四章 战时粮政管理人物与粮政机构

实际上,不仅在这些管理环节上出现弊端漏洞,在一些政策设计及执行过程中同样存在诸多问题。如为了弥补军粮民食征收的不足,粮食部通过征购供给,征购一般是三成法币,七成粮食库券,1941年9月颁布粮食库券条例,其中第三、四条为:"本库券于民国三十年九月一日发行,自民国三十二年起分五年平均偿还,即自是年起每年以面额五分之一抵偿各该省田赋应征之实物,至民国三十六年全数抵清。本库券利率定为周息五厘,以实物计算,即自民国三十二年起随同券面额按年抵缴各该省田赋应征之实物,利随本算。"① 1943年后全部改为粮食库券。但是当1943年粮食库券该返还时,粮食问题依然紧张,国民政府却拖延不还或者不按规定执行,加上通货膨胀等因素存在,在计算库券利息时又存在种种舞弊行为。

这些弊端无疑加重了百姓的负担,本来"农民于抗战期中,其负担綦重,在平时所纳田赋及其附加等税已占地方岁入之大宗,战时更有国难捐等捐款,既属国民固不容逃避其责任,惟应注意者农民之负担既重,而其农事生产反多因战事遭受损失"。② 国民政府在此过程中理应体恤百姓痛苦,然而在粮管管理的各个环节中,都有人上下其手,甚至地主、商人、官员大获其利,这些显然加剧了百姓的怨恨和负担。徐堪坦承,"战事开始以后,佃主之收入增加十倍至二十倍,结果米之价格亦增高,因此佃户所获不足以糊口,此乃对于中国农村经济及生产最恶劣之影响"③。

整体而言,抗战时期粮食部的成立,在于执行国民政府的粮食政策,解决军粮民食问题,徐堪任部长期间为谋这一问题之解决,采取诸多措施,取得了相应成效。不过,粮政弊端的存在和难以解决也是国民党政权腐败的重要方面。

---

① 《国府公布粮食库券条例》,《申报》1941年9月23日。
② 乔启明:《乔启明文选》,社会科学文献出版社2012年版,第302页。
③ 《发行粮食库券并解放佃农》,《申报》1941年8月9日。

结　　语

　　抗日战争是中国近代以来规模最大、持续时间最长、斗争最激烈的一次全民族反抗外来侵略的战争，也是第一次最终取得全面胜利的反侵略战争。在战争中，中国全境、全民族、各阶级、阶层浴血奋战，前仆后继，团结抗战，彻底打败了日本帝国主义，捍卫了国家主权和民族独立，并为世界反法西斯战争的胜利做出了巨大贡献。

　　这次战争是中日两国的全面对抗，是综合国力的较量。由于日本是强大的资本主义国家，世界列强之一，对华侵略蓄谋已久，准备充分，依仗其强大的经济、政治、军事实力，在战争中始终处于优势，给中国造成了巨大破坏，是一场空前的民族灾难。中国虽然人口众多，国土辽阔，但是处于半殖民地半封建社会，经济、军事落后，政治上四分五裂，在战争中处于劣势。但中国"得道多助"，日本"失道寡助"，最终中国取得了抗日战争的最后胜利。

　　战争是残酷的，过程是艰辛的。日本的侵略给中国社会造成了严重后果，经济衰退，社会动荡，军事惨败。为抵抗日本的侵略，中国人民奋起抗战，在废墟上重建家园，筑起血的长城。战争摧残了中国经济，特别是粮食问题，它关乎军粮民食、战争胜败、社会安定，意义重大。并且，随着战争的持久和规模的扩大，其影响也随之加大，因此，粮食及粮食问题与抗日战争密不可分，其相辅相成，相互影

结 语

响,并由此产生了一系列关于粮食统制、粮食管理的政策措施,其出发点和目的均为了解决日益严重的粮食问题,坚持抗战。

抗战时期,粮食问题一直是困扰国民政府坚持抗战、稳定社会秩序的头等重要问题,它关乎社会稳定,军心民心的安定,更是持久抗战的物质基础。为此,伴随着抗战形势的发展和艰困,国民政府不仅面临着日益严重的战场形势,更面临着严重的经济形势和物资困难。随着日本占领区的扩大,战争的持续,以及对国统区的封锁和物资争夺,国民政府的压力与日俱增。后方人口的增加,国统区面积的缩小、交通断绝、物资供应不畅等问题,导致后方物价上涨、人民生活困难。特别是自1940年开始,粮价上涨及粮食问题成为后方各种问题的焦点,各地出现了抢米风潮,军心民心动摇,严重威胁着国民政府的统治。为加强统治,坚持抗战,稳定社会秩序,国民政府制定、实施了一系列统制经济的政策措施,其中加强粮食统制,实行田赋征实,统一军公民粮供应配给,管制粮价等,成为国民政府在抗战中后期应对、解决粮食问题的主要政策措施。

本书在论述抗战时期国民政府粮食问题时,主要从粮食与粮食问题、战时国民政府粮食政策措施与管理成效、战时各地解决粮食问题实践与成效、战时粮政管理人物等几方面来考察、探讨,通过对不同问题、不同地区、各项具体政策措施、相关粮政人物的研究,来进一步深化抗战时期粮食问题的研究,并提出相应的看法、观点和主张,作出较为客观的评价。

在对粮食与粮食问题的研究中,通过对抗战时期粮食问题、田赋征实问题的讨论,一方面进一步明确了粮食及粮食问题在抗战中的重要性,并对粮食问题、粮食危机产生的复杂原因进行了探讨,指出产生这一问题的根本原因是战争的影响和破坏,其他因素只是在抗战的大环境下加剧了这一问题的严重性和紧迫性。因此,抗战时期粮食问题的产生、发展及其解决有其历史的必然性、复杂性和长期性,是与抗战相伴随、相始终的。另一方面，通过对战时粮食问题、田赋征实问题及其解决方案的讨论，分析、归纳民间社会和政府官方对粮食问题、田赋征实问题的不同看法和主张，可以进一步加深对此问题的理解，增强对国民政府应对粮食问题，实施田赋征实政策的复杂性、紧迫性及战略性的认识，从而为客观、公正地评价国民政府的粮食政策措施奠定一定基础。

在对战时国民政府粮食政策措施与管理成效的研究中，通过从国家这个层面探讨战时国民政府是如何应对和解决粮食危机问题的，从不同的方面对战时国民政府应对和解决粮食危机所采取的政策和措施进行研究，客观公正地评价了战时国民政府应对和解决粮食危机的实际成效。其采取的粮食政策措施主要包括两方面：加强农业生产，提高粮食产量，奠定粮食基础；实行田赋"三征"，强化粮食管理，保障粮食供应等。在执行和实施这些粮食政策措施中，国民政府进一步加强和强化了粮食管理、粮食供应、储运、分配等各个环节，从而在一定程度上满足和适应了战时的需要，使国民政府度过了抗战最困难阶段，为抗战胜利奠定了物质基础，并最终取得了抗战的胜利。

在对战时各地解决粮食问题实践与成效的研究中，主要从地方这个层面探讨战时各地是如何在国民政府指导下应对和解决粮食危机问题的，主要从田赋征实、粮食管理、仓储管理、粮价管制以及粮食增产等方面系统探讨了战时各地应对和解决粮食问题所采取的办法，同时对各地解决粮食危机的具体实践所产生的效果给予客观的评价。抗战时期各地按照国民政府的决策和部署，为解决战时粮食问题、支持和坚持抗战而采取的一些重要粮食管理措施。由于各省各地区情况不同，各地解决粮食问题的实践也各有侧重，有的从田赋征实方面着手，有的从改进农业生产技术入手，还有的则结合本地粮食市场状况从调整粮食价格、稳定粮食市场秩序方面着手解决粮食问题。战时各地解决粮食问题的举措均收到一定的成效，并在一定程度上缓解了日

结 语

益紧张的粮食危机,为抗战的顺利进行提供了有力的保障。

在对战时粮政管理人物的研究中,通过对卢作孚、穆藕初、徐堪等人的研究,分别探讨了他们在全国粮食管理局、农产促进委员会、粮食部中的作用,并对抗战时期不同阶段的粮政机构变迁进行了详细分析考察,指出不同粮食机构成立的背景、目的、职能及其采取的管理措施、成效等均不尽相同,但都是抗战不同时期的特定产物,是随着抗战形势发展演变及国统区粮食问题不断恶化而不断变迁的,其采取的政策措施、目的也是如此,均是为了稳定抗战形势,坚持抗战,缓和、解决粮食问题,保障军粮民食的正常供应,以安定社会,稳定军心民心。应当说,通过卢作孚、徐堪、穆藕初等一些著名粮管人员的努力,战时国民政府和国统区的粮食问题在某种程度、某些方面、领域取得了一定成效。如在国民党最高层重视下,这些高层粮政人员对不同时期的粮食机关均进行了相应的机构建立和制度设计,以便因地制宜、统筹规划,无论是粮食生产、运输、仓储、分配等,还是粮食管理、粮政宣传、人员培训、组织建设等都给予了具体指导与实施。可以说,不论是全国粮食管理局、粮食部和农产促进委员会等粮政机构的设立,还是卢作孚、徐堪、穆藕初等粮管人物,都在这场全民抗战历程中留下了他们的痕迹与风采,当然也在战时粮食问题的解决上写下了他们的智慧与丰碑。因此,通过对一些重要相关粮政人物的研究,进一步深化了我们对粮政机构和粮食政策措施执行问题的认识,进一步认识到粮管工作的复杂性、困难性和重要性,加深对有关问题的认识和了解,对于正确评价战时国民政府粮食政策措施、粮政机构、粮政人物有一定的帮助。

综上所述,通过对抗战时期国民政府粮食问题与粮食政策措施及其执行成效的考察探讨,我们进一步认识到:

(1) 战时粮食问题的产生是与抗日战争密切相关的,是战争环境下的产物;其问题的解决及其过程也与支持抗战、坚持抗战相互联系，相辅相成，是战时统制经济的重要组成部分。

（2）抗战时期国民政府各项粮食政策措施的理论依据是战时统制经济思想，其目的是为了适应和支持抗日战争。其各项粮食政策措施是国民政府战时经济政策和统制经济的重要组成部分，为坚持抗战、稳定社会做出了一定贡献。

（3）抗战时期国民政府各项粮食政策措施有一个发展演变的过程，它是随着抗战形势的发展和变化而逐步确立和形成的。

（4）抗战时期国民政府各项粮食政策措施的实施，对中国人民坚持抗战并最后取得胜利产生了重要的作用和影响，应当给予其相应的历史定位和评价，肯定其对抗战所起的积极作用和贡献。

主要参考文献

中文资料目录

1. 理论著作

陈旭麓：《近代中国社会的新陈代谢》，上海社会科学院出版社 2006 年版。

高德步：《经济发展与制度变迁：历史的视角》，经济科学出版社 2006 年版。

和擅长主编：《国防经济学》，湖北人民出版社 1988 年版。

李邦君主编：《政治经济学原理》，暨南大学出版社 2006 年版。

吕中楼：《新制度经济学研究》，中国经济出版社 2005 年版。

盛洪主编：《现代制度经济学》（上、下卷），北京大学出版社 2003 年版。

宋振铎、库桂生：《国防经济学概论》，湖南人民出版社 1986 年版。

《苏联军事百科全书》总编译组：《战争与战略》，中国社会科学出版社 1983 年版。

汪立鑫：《经济制度变迁的政治经济学》，复旦大学出版社 2006 年版。

［德］柯武刚等：《制度经济学——社会秩序与公共政策》，韩朝华译，商务印书馆 2000 年版。

［美］科斯等：《财产权利与制度变迁——产权学派与新制度经济学派译文集》，上海人民出版社1995年版。

2. 档案类资料

陈真等编：《中国近代工业史资料》第1—4辑，生活·读书·新知三联书店1957—1961年版。

第二历史档案馆编：《中华民国史档案资料汇编》第五辑第一编，江苏古籍出版社1994年版。

第二历史档案馆编：《中华民国史档案资料汇编》第五辑第二编，江苏古籍出版社1997年版。

复旦大学编译：《日本帝国主义对外侵略史料选编》，上海人民出版社1983年版。

龚古今、恽修：《第一次世界大战以来的帝国主义侵华文件选辑》，生活·读书·新知三联书店1958年版。

胡树荣编：《抗战建国史料类编》，广东新建设出版社1941年版。

南京第二历史档案馆藏：军事委员会 行政院 经济部 资源委员会 四联总处 财政部 贸易委员会 粮食部 交通部 战时经济会议 国家总动员会议 国防最高委员会等部门档案。

彭明主编：《中国现代史资料选辑》第四册、第五册，中国人民大学出版社1989年版。

荣孟源主编：《中国国民党历次代表大会及中央全会资料》（上、下），光明日报出版社1985年版。

王桧林主编：《中国现代史参考资料》，高等教育出版社1988年版。

魏宏运主编：《中国现代史资料选编》（4）（抗日战争时期），黑龙江人民出版社1981年版。

严中平主编：《中国近代经济史统计资料选辑》，科学出版社1955年版。

章伯锋、庄建平主编：中国近代史资料丛刊《抗日战争》第五卷

（经济），四川大学出版社 1997 年版。

中国第二历史档案馆 中国人民银行江苏省分行 江苏省金融志编委会合编：《中华民国金融法规选编》（上、下册），档案出版社 1989 年版。

中国第二历史档案馆 中国人民银行江苏省分行 江苏省金融志编委会合编：中华民国史档案资料丛刊《中华民国金融法规档案资料选编》，档案出版社 1989 年版。

重庆市档案馆：《抗日战争时期国民政府经济法规》（上、下），档案出版社 1992 年版。

重庆市档案馆 重庆市人民银行金融研究所编：《四联总处史料》（上、中、下册），档案出版社 1993 年版。

3. 学术专著

陈雷：《经济与战争——抗日战争时期国民政府的统制经济》，合肥工业大学出版社 2008 年版。

戴建兵：《金钱与战争——抗战时期的货币》，广西师范大学出版社 1995 年版。

董孟雄：《中国近代财政金融史》，云南大学出版社 2000 年版。

郝银侠：《社会变动中的制度变迁：抗战时期国民政府粮政研究》，中国社会科学出版社 2013 年版。

抗日战争时期国民政府财政经济战略措施研究课题组编写：《抗日战争时期国民政府财政经济战略措施研究》，西南财经大学出版社 1988 年版。

李世佑：《抗战时期的大后方经济》，中国财政经济出版社 1988 年版。

陆仰渊、方庆秋主编：《民国社会经济史》，中国经济出版社 1991 年版。

罗元铮主编：《中华民国实录》第三卷抗战烽火（上）（1937.7—

1941）、（下）（1942—1945.8），吉林人民出版社1997年版。

罗元铮主编：《中华民国实录》第五卷（上、下）资料统计（1912.1.1—1949.9.30），吉林人民出版社1997年版。

石柏林：《凄风苦雨中的民国经济》，河南人民出版社1993年版。

寿充一、寿乐英编：《中央银行史话》，中国文史出版社1987年版。

孙大权：《中国经济学的成长——中国经济学社研究（1923—1953）》，上海三联书店2006年版。

王洪峻：《抗战时期国统区的粮食价格》，四川省社会科学院出版社1985年版。

许涤新、吴承明主编：《中国资本主义发展史》第三卷，《新民主主义革命时期的中国资本主义》（1921—1949），人民出版社2003年版。

杨培新：《旧中国的通货膨胀》，人民出版社1985年版。

杨荫溥：《民国财政史》，中国财政经济出版社1985年版。

虞宝棠编著：《国民政府与民国经济》，华东师范大学出版社1998年版。

周天豹、凌承学：《抗日战争时期西南经济发展概述》，西南师范大学出版社1988年版。

朱英、石柏林：《近代中国经济政策演变史稿》，湖北人民出版社1998年版。

4. 台湾史料

关吉玉、刘国明：《田赋会要第三篇：国民政府田赋实况》，台北：正中书局1944年版。

关吉玉、刘国明、余钦梯等：《田赋会要第四篇：田赋法令》，台北：正中书局1944年版。

郭荣生编著：新编中国名人年谱集成第十五辑《民国孔庸之先生祥熙年谱》，台湾：商务印书馆1981年版。

何应钦：《日本侵华八年抗战史》，台北：黎明文化事业公司1982年版。

侯家驹：《中国经济史》下册，台北：联经出版事业股份有限公司2005年版。

黎世衡编：《中国经济史》，台北：文海出版社1970年版。

秦孝仪主编：《抗战建国史料：粮政方面》（一），《革命文献》第110辑，台北："中央"文物供应社1987年版。

秦孝仪主编：《抗战建国史料：粮政方面》（二），《革命文献》第111辑，台北："中央"文物供应社1987年版。

秦孝仪主编：《抗战建国史料：粮政方面》（三），《革命文献》第112辑，台北："中央"文物供应社1987年版。

秦孝仪主编：《抗战建国史料：粮政方面》（四），《革命文献》第113辑，台北："中央"文物供应社1987年版。

秦孝仪主编：《抗战建国史料：田赋征实》（一），《革命文献》第114辑，台北："中央"文物供应社1988年版。

秦孝仪主编：《抗战建国史料：田赋征实》（二），《革命文献》第115辑，台北："中央"文物供应社1988年版。

秦孝仪主编：《抗战建国史料：田赋征实》（三），《革命文献》第116辑，台北："中央"文物供应社1989年版。

秦孝仪主编：《中华民国经济发展史》，台北：近代中国出版社1983年版。

上海银行学会编：《民国经济史》，台北：京华书局1967年版（影印本）。

沈雷春、陈禾章编：《中国战时经济志》，台北：文海出版社1987年（影印本）。

沈云龙主编：近代中国史料丛刊三编第二十辑，沈雷春、陈禾章编：《战时经济法规》（一、二），台北：文海出版社1987年（影印本)。

沈云龙主编：近代中国史料丛刊选辑 第九辑，谭熙鸿编：《十年来之中国经济（1936—1945）》，台北：文海出版社1987年（影印本）。

许士云：《中国经济史》，台北：世界书局1970年版。

中国通商银行编：《五十年来中国经济》（1896—1947），台北：文海出版社1983年版（影印本）。

周开庆：《民国川省纪要》，台北：四川文献月刊社1972年版。

5. 报章、杂志

《安徽政治》

《财政年鉴》

《财政评论》

《川农所简报》

《大公报》

《大路半月刊》

《东方杂志》

《东南经济报》

《工商调查通讯》

《广东粮食问题研究》

《国民公报》

《国闻周报》

《解放日报》

《金融导报》

《经济汇报》

《经济建设季刊》

《经济统计月报》

《经济周报》

《粮食月刊》

《粮政季刊》
《粮政月刊》
《农报》
《农村复兴委员会会报》
《农村经济》
《农业通讯》
《农业推广通讯》
《陕政》
《申报》
《申报年鉴》
《申报月刊》
《四川经济季刊》
《四川省政府公报》
《四川田赋改制专刊》
《四川文献月刊》
《统计月报》
《西南实业通讯》
《新华日报》
《新经济》
《训练月刊》
《益世报》
《银行周报》
《战地党政月刊》
《政治建设》
《中国农民月刊》
《中华民国统计年鉴》
《中华日报》

《中农所简报》

《中农月刊》

《中央日报》

《中央银行月报》

《中央周刊》

《重庆日报》

《资源委员会公报》

《资源委员会季刊》

日文资料目录

1. 文献资料

板垣征四郎刊行会编：《秘录·板垣征四郎》，芙蓉书房1972年版。

角田顺编：《石原莞尔资料·国防论策》，原书房1971年版。

堀场一雄：《支那事变战争指导史》，时事通讯社1962年版。

日本防卫厅战世研究所编：战史丛书，《中国事变陆军作战》（1），《大本营陆军部》（1）（2），朝云新闻社1967—1975年版。

日本外务省编：《日本外交年表及主要文书》（1840—1945年）》，原书房1965年版。

土肥原贤二刊行会编：《秘录·土肥原贤二》，芙蓉书房1972年版。

《资料日本现代史》（8）（9）（13），大月书店1984年版。

2. 日文著作

服部卓四郎：《大东亚战争全史》，原书房1970年版。

高仓彻一编：《田中义一传记》，原书房1981年版。

古屋哲夫：《日中战争史研究》，吉川弘文馆1984年版。

江口圭一：《十五年战争小史》，青木书店1986年版。

金原左门等：《昭和史》，有斐阁1987年版。

历史学研究会：《太平洋战争史》（全5卷），青木书店1979年版。

桥川文三编：《近代日本思想大系》（36），筑摩书房1978年版。

桥川文三编：《近代日本政治思想史》（Ⅱ），有斐阁1973年版。

三轮中公：《松冈洋右》，中央公论社1971年版。

生田惇：《日本陆军史》，教育社1980年版。

《体系·日本现代史》（全7卷），日本评论社1978—1979年版。

后 记

本书从不同层面、地区、领域、人物等角度对战时粮食问题的产生、国民政府的应对措施、各地粮食政策措施的实施及成效、粮政管理与粮政人物等方面内容进行了探讨和论述，进一步深化了对有关问题、政策措施及相关人物的研究，具有重要的理论价值和学术价值，推动了抗战经济史和民国史研究的深入和发展。

本书共分前言、第一章粮食与粮食问题、第二章战时国民政府粮食政策措施与管理成效、第三章战时各地解决粮食问题实践与成效、第四章粮政管理人物与粮政机构、结语等内容，分别由我院教师陈雷、郭从杰、刘家富等撰写完成。在资料收集、整理过程中，我院历史专业学生范嘉、赵黎花、石上校、高巧林等参与了部分工作，在此表示诚挚的感谢。

本书前言、结语和第一章、第二章由陈雷撰写，第三章由陈雷、刘家富撰写，第四章由郭从杰撰写，全书由陈雷统稿、审定。

最后，在此对在本书写作过程中引用、参考和借鉴的学术界各相关成果、档案资料、论文论著的作者表示衷心的感谢！

"史海无涯"，学术研究的领域是广阔的，个人的能力是有限的，我们只要坚定信念、孜孜不倦，乐于奉献，勤于钻研，一定能在学术上有所收获。

陈 雷

阜阳师范学院历史文化与旅游学院

2018 年 6 月